云儒文汇

独泊

文化论文选（一）

肖云儒 著

陕西师范大学出版总社

图书代号　SK20N1753

图书在版编目（CIP）数据

独泊/肖云儒著．—西安：陕西师范大学出版总社有限公司，2020.8
（云儒文汇）
ISBN 978-7-5695-1778-1

Ⅰ.①独… Ⅱ.①肖… Ⅲ.①地方文化—西北地区—文集 Ⅳ.①G127.4-53

中国版本图书馆CIP数据核字（2020）第126478号

独泊
Du BO
肖云儒　著

出 版 人	刘东风
责任编辑	张旭升
责任校对	王红凯
出版发行	陕西师范大学出版总社
	（西安市长安南路199号　邮编 710062）
网　　址	http://www.snupg.com
印　　刷	陕西龙山海天艺术印务有限公司
开　　本	680mm×1000mm　1/16
印　　张	19
插　　页	4
字　　数	259千
版　　次	2020年8月第1版
印　　次	2020年8月第1次印刷
书　　号	ISBN 978-7-5695-1778-1
定　　价	88.00元

读者购书、书店添货或发现印刷装订问题，请与本公司营销部联系、调换。
电话：（029）85307864　85303635　传真：（029）85303879

肖云儒

目录 CONTENTS

世界格局的古代中国读本 / 1

文明冲突的当代趋势
　　——在"原点"论坛的演讲 / 7

论中华民族文化结构及其活力 / 14

文化的混交林带和次生林带 / 36

中华传统文化的精神母题和人格模型
　　——文化学眼光中的轩辕黄帝 / 54

佛教和中国的民艺民俗 / 64

被拷问的中国人文精神 / 78

从大生命系统看人文精神 / 95

地球之虹 / 99

丝路精神　博望眼光
　　——《光明日报》访谈 / 109

中国之塔与地球之虹
　　——谈长安与丝路 / 113

赛丽丝之路　融美之路 / 122

小论市场文化 / 128

建设和谐文化三题 / 132

当前地域文化研究的特色 / 137

长安应有学
　　——评《长安学丛书》/ 141

与白君夜谈"长安文化" / 145

确立陕西、西安文化形象 / 158

大秦岭为大中华造像

  ——序《秦岭四库全书》 / 162

诗心酒绪的人生境界 / 173

新葩和厚土

  ——序《法门寺文化研究（文学艺术卷）》 / 181

秦头楚尾的文化 / 184

九宫遗雄风　金鸡啼新阳

  ——关于西秦文化 / 186

信马由缰谈"优势" / 189

黄河不息

  ——电视文化片解说词四章 / 192

追日

  ——电视文化片解说词二章 / 212

陕人文化心态的切实议论

  ——读《话说陕西人》 / 227

朱鹮和世界的文化对话 / 230

税的文化断想 / 232

都市需要精神营养

  ——宋馨登门访谈都市文化 / 236

美哉，西部 / 243

西部潮与当代潮 / 250

世界格局的古代中国读本

我两次坐汽车，追寻张骞和玄奘的足迹走丝绸之路，回国时记者提的最多的问题就是，"能用几句话谈谈行走丝路的感想吗？"几乎脱口而出，我说："'三热'！一带一路在各国很热乎，各国对中国人很热情，丝路经济正在热销！"又加上一句，"不走出中国难体会中国的好，走进了丝路才知道丝路千年情未了！"即兴之话当然不准确，只是想说，两度亲历丝路让我换了一个角度、一种眼光看中华、看丝路、看世界，对中国和中国文化是更有信心了，更有依恋了。

现在世界上已有八十多个国家要参与中国提出的这个倡议，"一带一路"辐射的人口已有四十亿，超过世界人口的一半，涵盖的消费市场达到八万亿美元，占世界总量的29%。从对当代世界宏大而深远的影响来看，"一带一路"构想实际上是我们给当代世界和平发展提供的一个"中国读本"。

要说中国的好、中华民族的好，最集中的一点就是她永不枯竭的创造力。在每个历史阶段，我们民族的精英常常会将人民群众的创造实践提升为新的创造理念，向历史、向世界提出社会发展的"中国读本"。这些"中国读本"不但引领了当时中国社会的发展，也为世界历史的发展提供了许多创造基因和助推力量。以我个人读史的体会，试举几例。

远在炎黄时代，轩辕黄帝除自己致力于创造发明，还以一种"融汇—创新"的中国思维和实践模式，融汇、推广仓颉部落的文字，神农后稷的农耕，蚩尤部落的冶炼，有巢氏的房屋，嫘祖的蚕桑等文明创造成果，将各部落局部性创造整合推广为全社会的共同财富。各部落在这种交互交流的过程中有了共同的语言，建立共同的记忆，逐步凝聚成了文化共同体，进而构成民族共同体。黄帝也在这种"融汇—创新"的实践中树立了威望，成为中华民族的人文共祖。传说他活了三百年，孔子解释得好，"生而民得其利百年，死而民畏其神百年，亡而民用其教百年，故曰三百年"。历史证明孔子的解释还略显保守，黄帝之利、之教，早已惠及中华民族三千年，而且会永远活在我们心里。这是中国思维的一个读本。

由于民族迁徙、部族和亲、血缘混杂，加之对强大汉族政权的攀附心理，除了汉族和一些南方少数民族（百越及其分支），认同自己是夏朝后裔、炎黄子孙外，许多北方少数民族也认同自己是华夏一脉。《史记·匈奴列传》第一句就写道，"匈奴，其先祖夏后氏之苗裔也"。后来，由于汉高祖以宗女和亲，匈奴曾改姓刘，自称刘邦是他们的太祖，同属炎黄。鲜卑慕容氏称"先祖乃有熊氏（即黄帝）之苗裔"。匈奴系的赫连勃勃虽然认为子从母姓非礼，不再姓刘，仍声称"朕之皇祖乃汉人"。北魏拓跋氏自称"魏之先出自黄帝轩辕氏"。到了元、清两朝，由于蒙古、满民族主体的强大，虽然不再认同自己是炎黄一脉，但依然十分尊重炎黄作为人文初祖的地位，定期派重臣要员隆重祭祀、修缮黄帝陵，黄陵第一个禁伐令就是元代颁发的。这一切都表明，炎黄作为人文共祖得到了中华许多族群的文化认同。一个多民族大国民众的这种"共祖认同"现象，在世界其他国家很少见。它是构成中华民族凝聚力、向心力的重要源头。这是中华民族心理的一个读本。

周礼，周代礼乐制度是又一个"中国读本"。它的创造性在于，以诗采信言志，以乐抒情明序，以礼定制成教，实行诗之教、乐之序、礼之制三者的融合。诗与乐文化了礼，家族辐射了国家，亲情秩序又柔化政治统驭。所以《诗经》远不是一部普通的诗歌选本，它是经，是六经之首，是"中国读本"的一个诗歌版。闻一多先生说得好，《诗经》在中国是宗教，是政治，是教育，是社交，是全面的社会生活。胡适先生也说《诗经》是历史。因为诗是与礼、乐三位一体的啊。

古文字中象形的"德"字,本是市井街巷旁有一眼睛,喻当政者要眼里有百姓,要看得见民间的疾苦。但这还不够,后来又在眼睛下面加了一颗"心":不但眼里要有百姓,心里也要有;不但关注,还要关心、上心、操心。于是礼乐便从夏代的一种祭祀礼仪,发展为周代的"礼制",一种制度;"礼治",一种管理方式;"礼教",一种实践与理念相结合的经营社会的方案。周礼,这又是中国古代社会管理的一个"读本"。

从理性层面看,以老子、孔子为代表的先秦诸子,不但与希腊、中东和印度的先贤们一道构成了群星灿烂的古代文明轴心时代,使人类文化出现了大爆炸,而且在对世界诸种元典性思考中,提供了独具东方特色的"中国读本"。在苏格拉底强调法制和法治,并且以身殉法的时候,东方的中国哲人却在探索将文化坐标、审美坐标尽可能深地融入社会管理实践,建构了自己独特的路径。

秦朝不但建立了统一的大帝国,而且正像刚刚王立群老师说的这种中央集权的统一帝国在中国存在了两千多年。我们可以追问一句,为什么秦帝国只存在了十五年,他建立的制度却能延续那么长呢?决不是强权和武力,这些早跨了。这就必然要触及秦始皇对中国历史更为深刻的贡献。这个贡献就是,秦帝国在短短的时间里,适应大一统的需求在国家管理上创造了一整套社会管理的"标准件"。这些标准件是:在宗法血缘分封制之后,全国实行统一的由朝廷任命的郡县分级管理体制——郡县制,全国使用统一的文字——书同文,全国统一规划修、建秦驰道和秦直道——车同轨,全国使用统一的计量单位——度同量,全国推行统一的道德伦理规范——行同伦,等等。这一系列社会管理标准件,是大秦帝国,也是以后中华帝国各代王朝大一统的有力保证。王朝可以更迭,统一的标准件却持续、保证统一大格局不致分崩离析。这是我们为世界古代历史,尤其是东、西方各个多民族统一大国提供的"中国读本"。

汉代，如我们所知道的，将亚欧大陆自发、分段的民间交流，提升为凿空西域的国家行为，张骞第一次以"博望侯"的身份开启了和平外交的历史进程。他给我们提供了最早的政治的和平的外交理论和实践，提供了一个广博瞻望的眼界和跨国交流的格局。自此世界发现了中国，开始形成了世界的中国观；中国也发现了世界，逐步形成中国的世界观。这是古人在国际交往层面如何构建新型合作关系，向世界交出的"中国思路"。

汉武帝采纳董仲舒的谏议，"罢黜百家，独尊儒术"，确立了儒家思想的核心和指导地位，也许是汉代提供的最重要的一个"中国读本"。它告诉我们，一个多民族、大一统的国家，一定要有社会各方认同的核心价值观，这个核心价值观应该进取、有为、向上；一定要树立、维护这一核心价值观的引领、指导地位。这是中华民族极具凝聚力，中华文明得以永续不断的深层原因。千万不能忽视的是，汉武帝独尊之儒学，已非战国时期儒学的原貌，而是融汇了道、法甚至阴阳五行的更为包容的新思想。所以它又告诉我们，核心价值观决不能是单一的静止不变的，应该具有极强的融汇能力，而又能在一种开放动态结构中发展、更新自身，才能稳固并具有凝聚力。

从公元7世纪开始，当时欧洲的罗马帝国、南亚的笈（及）多王朝都开始走向衰败，为什么地处世界东方的唐朝却开始崛起？最主要的原因就是唐朝很大程度上结束了数百年的分裂和内战，在文化、经济、社会各方面对外大幅度地开放，将黄帝时代奠定的"融汇—创新"民族文化心理结构推向极致。唐代以前所未有的宏大气魄，面向世界、开放包容。古丝路引进来的不仅是"胡商"，而且带来了异国的礼俗、服饰、乐舞和整个生存方式，熔铸为长安盛极一世的世界风尚、国际范儿。长安城里汉、胡民众相邻以居，域外人才争相任职于朝廷，东、西市里丝路贸易兴旺红火，五花马、千金裘簇拥着五陵少年相邀游乐于酒家，与当垆的胡姬共笑春风。盛唐这一气度，将长安造就为国际化大都会，使长安成为世界文明的制高点。

面向世界、兼容并汇的"盛唐之音"和"盛唐读本",由是成为如雷贯耳的"中国声音",传遍了域外。

唐代盛极之气势,使祖居中亚康居的粟特人,也表示自己是黄帝子孙,祖先是周武王的弟弟,后来成为世居会稽山阴的江南康家。民族、宗教交汇,儒、道、释以及景教、拜火教、祆教、大食伊斯兰教,各种本土和外来的宗教由斗争而磨合而和谐相处,交互吸收,崇儒尊道礼佛蔚成风气,唐长安成为一个世界主要宗教流派和谐共处的都城。在唐懿宗殿前演参军戏,竟可以善意地调侃三教。说佛陀乃妇人,《金刚经》有云"敷座而坐"——丈夫坐了儿子坐,非妇人耶?老子乃妇人,《道德经》有云"吾有大患是吾有身"——妊娠者非妇人耶?孔圣亦妇人,《论语》有云"待价而沽"——待"嫁"而沽,非妇人耶?那真是一派道教风行、佛教兴旺、儒学昌明的兴盛景象。

而唐诗作为那个时代中国人的心声和豪情,更是自由和奔放,无所禁忌地创造出新。丰沛的、充满骚动的热情和想象,渗透在唐诗之中。即便是忧郁和颓丧,也依然闪烁着青春生命本有的、驱之不去的自在和欢乐。唐诗创作于唐代,唐音何止在唐代?它是中华民族一代代人心里燃烧的"中国情绪"。

盛唐时期的中国人可以说是生活在三个世界中:多民族聚合的现实生存世界,唐诗唐乐的文化审美世界,多种宗教和谐相处的理想信仰世界。他们以此向人类提供了中国人的一种"生存读本"。

宋明以来,中国更出现了一个世界文明史上很独特的现象:以两河递进、接力传递的方式,接续中华文明的永续发展。唐之后,黄渭、河洛一带,由于养育周秦汉唐几大王朝,加之战乱频仍,生态与社会承载过重,渐渐显出式微之势。政治社会重心开始东移开封而后南迁。长江文明渐次崛起,这对黄河文明是一种极为有效的接力性传递。前一千年中,黄河文明渐次南传直达珠江,以致韩愈的流放地潮汕,百姓都自称"邹鲁子民",自认是孔教之后。现在，崛起的长江文明开始用自己的富裕反哺北方，支撑起中华古国的下一步发展，同时让疲惫不堪的黄河文明得以休养生息。这种两河递进式传递，使得长江文明的发育既有黄河文明的基础，又有新的阔大的空间。宋明两朝经济社会发展因而在总体上保持了上扬趋势，商品经济繁茂，由以农立国向工商惠国转型。中国南方由"化外之地""瘴疠之乡"一变而为"湖广熟，天下足"。另外，科学技术也在宋明时期有了长足发展，产生了沈括、毕昇这样的大科学家、大发明家，而两江文化的精彩更是续写了黄河文明的辉煌。宋明时的综合国力远远超过了汉唐。

两河南北接力传递这一模式，使中国历史发展的空间结构，除了中—西模式（西部给东部输钙质输内力），又增加了中—南模式（南部给北部输物产输财富），中、西、南三足鼎立，支撑着中国稳定持续发展。

几千年来，中华民族给历史、给世界提供了多少中国坐标、中国思路、中国心理、中国经验、中国成果！它们无一例外构成了人类精神宝库中耀目的瑰宝。而"一带一路"，就是我们向当下世界提供的一个最新的"中国方案"和"中国读本"，就是我们向当下世界提供的最大的"好"！

2017年9月2日于西安，华山论剑中国精神高峰论坛演讲

文明冲突的当代趋势
——在"原点"论坛的演讲

世界文明、人类文明实际上是悬浮在人类精神宇空中的太阳。各国各民族各地域的文明,各种信仰孕育的文明,实际上是经过不同云霓折射的阳光,产生的各不相同的斑斓色彩。虽然色彩不一样,最终追求的都是人类精神的阳光,都是为了向善向美地改善自己的生存状态和精神状态。人类是在不同云彩的折光下,探索、追求、奋斗,最终沐浴在文明之光的辉煌中。不同的光谱色谱,使各种文明之间的差异和冲突永恒存在着,对人类终极文明境界的追求和趋近,又使不同文明之间的对话永远可能。

人类文明有一个基本的特征,这便是孔子说的和而不同。为什么不同?因为人类文明是多民族、多地域、多集体和无数个体创造的总集合。创造文明的主体不同,原生价值、本体价值坐标不同,创造的成果也就不可能相同。不同是永远的、恒在的。

不同的文明又为什么要和谐呢?孔子说"君子和而不同,小人同而不和"。和不是同,不是要求把各种文明的不同都变成同一。强迫所有的文明都一样,实际上等于是用强者的文明话语强制性统一弱者的文明话语,反而会导致冲突。和是尊重文明不同的创造主体和创造成果,将各种不同而有可能协调的部分协调到一起,那些不可能协调的地方也相互尊重,求和存异。通过和平、和谐、和惠、和宁,形成不同文明相互尊重、协调、融汇的共同体,这是那种和而不同、求和存异的共同体。这个文明共同体是一个大海,生存着亿万种不同的生命,才有了大海永不枯竭的活力。

冲突的表现是多层面的。有恶性的表现，例如流血冲突、军事冲突；有亚恶性或者亚良性的表现，比如政治社会的冲突，激化后的宗教冲突，等等。也有良性的冲突，比如在不同历史文化背景下的各种文化，在共处中容纳着差异和冲突。

相异，是指异角，不同的视角；异质，不同的质地；异向，不同的向度；异态思维，不同的思维方式。东方和西方，中国和外国，文化既有相似性，也有相异性。这种相异在大多数情况下是良性的相异，是一种良性循环。只有处理不好的时候才会被激化，上升为亚良性冲突、亚恶性冲突，甚至恶性冲突。历史上不同价值观的国家、地域和宗教之间不是发生过多次流血战争吗？

解决冲突最基本最有效的方式就是对话。对话是冲突双方的倾听、交流，是情势的缓解乃至解决。在对话中寻求话语共同点、心理共同点、感情共同点，乃至利益共同点，事情便可能出现转机，出现趋近和解决的希望。不同方位不同深度的对话，有可能将冲突限制在良性与亚良性层面而不致恶化。朝鲜半岛的南北冲突，曾经恶化到战火一触即发的地步，但经过这半年以习、金会谈垫底，文、金会谈，还有马上要举行的特、金会谈，形势有了极大的变化。海峡两岸，原来国民党马英九地方政府在承认"九二共识"基础上与我们开展各层面的对话，是一种向好的形势。这两年民进党蔡英文地方政府不承认"九二共识"，两岸对话中断，形势便急转直下。不对话，不沟通，隔膜生矣，隔膜常常是隔断和对立的前奏。

对话是倾听、沟通和理解，也少不了妥协。妥协是政治社会生活和人生的大智慧，其中有着一个人、一位领导者，乃至于整个国家民族的素质、境界、胸怀，有着人生的、思维的智慧。在对话中深入反观自身核心价值体系以增强自信自立，也审视自身文明可能有的盲点和缺失；在对话中用异质文明因子对自身做嵌入性冲击，以获得文明更新的动力；在对话中倾听并理解对方意见的真情和真谛，以寻找趋近的可能性，或寻找取胜的切入口。解决不同的冲突，需要有不同的对话方法、不同的话语体系，甚至不同的对话环境。习近平主席与特郎普和莫迪对话，都选择了家乡、庄园，在故宫和东湖闲庭信步。这是举重若轻，营造亲切的气氛，将严肃的政治对话个人化、情调化，为倾听、沟通造境造势。

纯粹的文化学术冲突，完全可以通过百家争鸣、平等讨论来解决。宗教和民族冲突，在尊重、理解对方信仰和民情风俗的基础上也是可以得到化解的。我们唐代就有过由灭佛到礼佛的例证。化解冲突、求和存异，使唐代出现了崇儒、尊道、礼佛这样一种多宗教和谐共处的大气象。

有一些社会性冲突，双方不妨换位思考，多从总体的和长远的利益出发，多从理解和兼顾对方并寻找双方共同点出发，常常可以得到解决。包括铁血战火，在现代也愈来愈倾向于政治解决，也就是用谈判和对话的方式解决。开战是冲突的爆发，停战则是对话的奏效，其中当然包含着妥协。妥协从来就是对话和解决冲突的一个重要智慧。

总的来说，不同是人类文明的永恒现实，和谐是人类文明的共同愿望，对话也便成为成熟社会的最佳选择。人类文明就这样在冲突—对话—和谐，与再冲突—再对话—再和谐的规律中起伏前行。这是我谈的第一个问题。

第二个问题是：人类文明和每种民族、地域文明，都是动态发展的，都是一条变动不安的长河。文明在动态中发展，呈现出时间和空间上多重叠加式的变化。我们说到传统形态的文明冲突，主要是指国家、民族、地域文化的不同，宗教信仰的不同，包括民俗民艺的不同，亦即不同生存方式之间引发的不同程度的冲突。进入现代社会，特别是进入智能社会，这些传统的冲突形态依然存在，但是又有许多新的文明冲突涌现出来。二者在时间、空间上形成多重的叠加。

当下文明冲突新的表现，我在这里试着举出四个方面。

第一方面,就是速度对人类时空观的改变,可能引发文明新的冲突。高速公路、高速铁路、高速航空使天堑变通途,天涯成咫尺,地球正在成为村落,国家和民族正在成为近邻,这极大改变了人类的时空观念。它促进了人类和平友好共居体、国家和民族命运共同体的构建,也给大空间经济区、大城市群和现代大旅游、大农业、大分工合作提供了产生的空间。但也因为人类群体生存在时空上的靠近,使利益摩擦加剧的可能性和概率大大增加。新的时空关系一方面有利于人类在更密切的交往中共同发展,另一方面又以生存的拥挤、需求的超载,加剧了人类冲突的风险,这就诞生了新型全球化与逆全球化,多边共进的多边主义和单边优先的单边主义的冲突。马克思说人是社会关系的总和;恩格斯说,世界是按多个力的平行四边形的对角线的合力的方向前进的,人际、群际、族际和国际的关系变化了,力的平行四边形的对角线走向变化了,文明冲突与对话的方式也不能不变化。

第二方面是代际文明冲突呈现出新趋势,主力舆论群体和相应的主力消费群体已经日趋年轻化与平民化。据统计,39岁以下的网民已占到79%。他们与传统舆论人群和消费人群的差异,正随着岁月的延展日见扩大。有资料表明,甚至"90后"和"00后"的意见差异度也已经开始显现。这是从纵向看。

横向看,传统的城乡人群、城乡文明矛盾中的相当一部分,正在转化为城市社区中传统市民与新居民的矛盾。在这个矛盾运动过程中,由一代农民工转化生成的新市民阶层正在势不可当地形成,而留守农村乡土的原住民群体也正在社会主义新农村跨越式的创建中,逐渐转化为新农民群体。新市民和新农民两个群体的利益诉求,会引发新的冲突,更会因为发展的需要,在文明和社会实践两个层面趋近、交集,在对话和合作中携手共进。

第三方面,就是人类作为一个整体与大自然的冲突。不妨通俗地表述为社会生命与自然生命、社会人与外社会人的冲突。这是消费侧与供给侧的不平衡和冲突。人类作为一个总体，要生存、要消费、要发展。满足人类这个总体愿景是合理的。人类日益扩大的族类和日益增长的需求，与自然资源承载能力之间形成尖锐的供需矛盾。大自然（包括矿物、植物、动物、大地和天空）相对无声，虽然不能用人类的语言来参与这场冲突，但大自然从个体到整体，都是一个生命的自洽体系。人类如果破坏了它生命系统的良性循环，它就要无声地甚至是自戕式地报复。它会用自己生命的枯萎、枯竭，用自己生命链的断裂、崩塌，拒绝满足人类恶性膨胀的过度需求。一旦大自然这个供给侧出了问题，宣告不能再像原先那样承载人类的需求，作为消费侧的人类将如何为继呢？

西方以人与环境两个对立面的相互关系为立足点，创造了生态哲学、生态体系。中国则以人与环境均为不同形态的生命为立足点，从"天人合一""阴阳相生"的观念出发创造了"生生哲学"与"生生美学"。这里的"生生"是动宾结构，即天地生成了人与万物旺盛的生命。人与环境都是天地生成的生命形态，而不是人与环境、人与生存背景的关系。这就从根本上扭转了人与自然的对立，而走向人与自然的生生和谐。

第四方面就是人类作为一个生命整体与新的智能时代发生的文明冲突。也不妨通俗地说成是自然人与智能人、生命人与外生命人的冲突。例如智能时代到来引发的与原有社会管理规则、法制条律、伦理关系、价值体系、致思方式、审美观念，以及相应的生活方式等领域的冲突。

这里说到的后两个新的文明冲突，由于不是人类内部民族、国家、人群的冲突，而是人类作为一个整体和外人类的冲突，所以它不容易撕裂人群，倒是在与非人类的冲突中激发了人类的内聚力，构成人类团结和谐的一种内在动力。

那么，当代社会中人与自然的冲突，人与智能人的冲突，人类跨时空快速交往与传统交往方式的冲突，导致了怎样一些新的文明现象呢？也就是说，由工业社会到信息社会再到智能社会，文明冲突和文明对话有了哪些新的形态和路径呢？我即兴讲几点自己感觉到的。

比如说，由在传送带旁强制的枯燥的传统制造劳作，转而到了智能生产时代，智能制造更重视也更能发挥人的个性化创造空间，人的劳动变得更有人性也更有创意乐趣。而很多高科技，尤其是智能技术越发展，越是为了叫人类离开那些枯燥重复的低端制造。我们的医疗越来越智能越精准，人类远离医院的原有治疗方式的可能性反倒越大，张扬人性感情的空间也就越大，这是一种新的心态。

与此相联系的就是，你原来从事的生产和工作，是在一个集团、一个企业，或者一个机构的管理指令下进行。而现在有了另外一种方式，就是自助式生产，我自己需要的，通过智能自己设计、自己制造、自己购买、自己享用，整个生产、消费过程都有很大的自由度，有更多的个性空间和创造乐趣。这是对原有的集群化规模化生产的一种瓦解。

还有就是，当下社会除了仍然保留了原来的等级性、行业性秩序这种纵向结构，又补充了横向的或纵横交错的网络结构和社群结构。当下社会的人群，一方面在单位、在企业、在纵向管理系统中生存，另一方面我们又通过智能网络和五光十色的跨越纵向体系的社团和准社团，进入了无计其数的横向社区体系。我们每个人都生活在纵向体系和横向网络两种结构的交错之中。这两种结构之间，当然也会产生新的文明冲突。

最后，各种新的社会文化现象，还会凝结为思维的冲突和改变，新旧之间在思维冲突中更新换代。传统的非此即彼的二元选择和多向的、多维的现代选择，既构成文化冲突，又构成文化张力。这是新的东西，它不再是二元对立，也不永远是一分为二，而是一分为三，一分为多，网状叠加，多维共存。

在中国哲学里，老子说一生二二生三三生万物，他是把"三"作为从一到万物的一个转捩点的。"三"在古代就是"参"，是指在一与二两个对立元素之间，不能没有第三元素、第三范畴。"三"或"参"即"参议""参考""参照""参数""参验"，这也就是多维参照，多方对话，是处在二元对立中的一个对话空间、沟通纽带和协商余地。中国文化讲究"执两用中"，执其两端，取用其中。也就是说，每个事物都存在一分为三的左、中、右状态。这是个动态存在，随着左、右两边力量的不断变化，"执两用中"的这个"中"也在不断变化，也在动态中发展。

中国宋代哲学家方以智秉承禅宗的思想说，人的最高境界是用三只眼看世界，第一只眼睛看前面的景象，第二只眼睛看背后的景象，第三只眼睛是天眼，就是在一个非常高的站位上，俯瞰这个世界，看众多事物在一个大全景中的种种关系，这才能够构成一个人对于世界比较完整的认识。天眼常常是不落于有无的，不见得是有或者无。你前面看到一个人，这是有；后面看到没有人，这是无。天眼由于站位高，是在飞行器上取景，是在一个宏大的关系中来观察的，既看到前面有人，也看到后面无人，说有说无都不全面。它可以既有既无，或有或无，若有若无，等等，那才是大千世界之万象呀。

2018 年 5 月 20 日，西安

论中华民族文化结构及其活力

中华民族文化是僵滞、封闭的超稳态结构，还是具有内在活力的多维动态结构，是近年来文化研究中争论的一个焦点。由于涉及对中华文化的基本看法，这一争论超出了学术文化界，引起了普遍的社会关注，产生了深广的社会影响。超稳态结构论者，对中华文化持一种全盘封闭的观点，必然引出彻底抛弃民族文化传统、走全盘西化道路的主张。从这个意义上说，全盘封闭论实际上是全盘西化论的理论基础。

任何一种具体的民族文化，就其文化因素在功能和传播上的特征而言，都有三个层面：适应性层面，指那些对人适应环境与自身需要有直接功用的文化因素；归属性层面，指用来表示文化主体是属于某一个群体的那些文化因素，这一类文化因素在其本义上是不传播的；审美性层面，这里审美是泛指人们独创的、用以表现个性的创造性活动，不仅包括文艺，也包括各类自然科学与社会科学的创造性活动，因而审美性文化因素具有扩张自己人群性背景的趋向。这三个层面的文化因素常常是交叉地体现在具体的文化门类中。习俗、娱乐、社交、伦理，常常同时体现适应性、归属性层面的文化因素；艺术文学常常同时体现审美性与归属性层面的文化因素；技术、科学、历史感则常常体现出三个层面的文化因素。应该承认，中华民族文化传统的局限，在于过分夸大适应性与归属性层面，所以表现出沉滞、封闭的一面。但是深入到中华文化的深层结构中考察，审美层次的创造活力是强大的、不容忽视的。

在前些年的讨论中，不少人常常就文化传统既在性内容来谈中华文化的优劣，这当然是对的。因为中华文化既在性内容中含纳着中华民族精神的精华、继承、发展精华，淘汰、扬弃糟粕，是民族文化具有活力的重要表现，是中华文化发展壮大的重要原因。但仅仅在这个范围内来讨论问题还不够，眼光应该向更开阔、更纵深的层面拓展。

我们的民族文化从内在结构看，其实是稳态和动态两种传统精神的对立统一。几千年来形成的中华民族的许多精神素质、文化结晶，包括团结凝聚、自信自强、艰苦奋斗和奋发进取的民族精神，包括天人合一、家国同构和伦理中心的传统文化特色，包括种种政治、法律、伦理、科学、学术、艺术成果和集体无意识心理，构成我们民族相对静止的、稳态的精神传统。所以说这种稳态是相对的，是因为它们是在几千年的历史运动中不断创造、积累而成的，而且还在不断变化、发展之中，也是因为它们并不是单面的、纯一的，而是一个庞大的体系，一个多维复合体。这个多维复合体的各部分、各层次，这个大系统中的各个子系统之间，构成许多对立统一关系，处在不停的矛盾运动之中。这是一方面，我们可以称为民族文化既在性结构。它具有时间、空间双重多维复合特色。

还有另一方面，那就是民族文化过程性结构的开放融会特色。中华文化在自己的发展过程中总是不断地汲取各方面新的文化因子，经过汰选、改造、融会，化为自己的血肉生命，使中华文化能以周期性更新、发展、进步。这是历时地看。共时地看，它总是以本位文化为核心，多方融会各种文化因子，作为一个开放的复合体存在着。以对异质文化的开放、融会来促进本位文化的开拓、发展，是一种多维开放的动态结构。这构成了中国文化内部又一个矛盾过程。

只有将民族文化传统作为一个在历史进程中活生生的运行机制，在多层的联系和矛盾运动中研究它在发展中的优势和内在活力，才能窥见中国文化几千年来生生不息地绵延、发展、壮大的秘密，从而在更深广的意义上继承、发扬民族传统，使之转化为促进社会主义文化建设的现实力量。

一

民族文化的既在性内容，是指这个民族在长期历史实践活动中创造、积淀下来的文化遗存。中国文化既在性内容的一个重要特点，是它的多维复合结构。有人形象地将它比喻为一条粗大的电缆，里面拧合着许许多多电线，共同担负传递中国文化各方面信息的重任。

中国文化的发端是多源流的。愈来愈多的发掘考古证明，中华文化不是一线单传，而是东西南北中多源流汇聚而成的。既有北京周口店人，也有广东马坝人、湖北的长阳人、山西的丁村人；既有西安的半坡文化，也有浙江的河姆渡文化、山东的大汶口文化。遍布祖国黄河流域、长江中下游、华南和西南地区、北方地区、青藏地区的上百个文化遗址，足以证明中国文化发端的多源说。

中华文化是多民族文化的组合，是汉、蒙古、回、藏、维吾尔、苗、满、朝鲜等五十多个民族共同创造的。千百年来，回鹘文化、吐蕃文化、蒙古文化、南诏文化、辽金文化一直和汉文化多维共存，在交流互补中竞相发展，构成统一的中国文化的多维有机整体。从公元前5000年的远古时期开始，中原彩陶文化就陆续西传至新疆伊犁河流域的和阗、皮山一带。在商周时期，中原华夏文化和西北部的草原文化就有了早期的接触，这种接触后来发展为日益深广的交流，一直在中国文化发展史中绵延下来，构成中华民族各族文化交流、融会的一个重要特征。

需要特别指出的是，我国西部和北部的兄弟民族文化大多为游牧文化，和汉族地区的农耕文化形成鲜明的反差，成为中华民族文化的重要一翼。其中对中华文化最重要的两点贡献，我认为一是游牧民族在世代移畜就草生存方式基础上形成的动态生存观和竞争、选择意识，以及相应的价值观、道德观、思考方式。这对汉族农业文化区在历代守土为业生存状态基础上形成的静态生存观和相应的文化心理是重要的补充,它给中华民族稳态心理圈中注入了动态的、竞争的活力。二是这些兄弟民族文化作为汉文化和世界一些主要文明区的通道,不但通过丝绸之路、唐蕃古道、草原之路以及贯通陕、川、滇、缅的南方丝绸之路引进了大量的波斯文化、地中海文化、印度文化,而且在这一文化传播过程中使中华文化和外来文化得到初步的融合,为建设发展中华文化做出了贡献。它是民族文化结构多维性和开放性的重要原因,使中华文化受用不尽。

就汉文化内部来说,又是多地域、多流派的。既有先秦时期的秦蜀、三晋、燕齐、邹鲁、吴越、荆楚等地域文化的多板块组合,又有其后的儒、道、墨、法、兵、名、农、阴阳的多流派、多学派竞荣。后来虽然由于政治上秦、汉、隋、唐的大统一,多维的地域文化和流派文化也在交融发展中逐渐趋同,儒学以官学的形态授受于庠序、流布于民间,形成以儒学为中心的文化格局,但原先的多维性却潜藏下来,形成文化统一体中的隐形结构,在漫长的封建社会中形成了以儒为核心、儒道释为主干,融合各种文化成分的多维文化复合体。

中华民族文化的多维性还表现在其他各个层面上。我们上面讲到的首先是主体文化结构层面上的多维性。其实,次生文化结构层面的多维性更为丰富。文化的次生林带常常处在若干主体文化圈的交汇地带,既在各圈之外,各圈又在其中。比如江、河、淮、汉四个文化流域中,江文化,即长江文化流域,以道铸魂、以水表意、以骚寄情,覆盖着整个南中国;河文化,即黄河文化流域,则以儒铸魂,以山表意,以诗寄情,覆盖着整个华北。江河文化构成民族文化的主体结构层。而处于江、河文化衔接、过渡地带的淮河、汉水文化流域,大致属于民族文化的次生林带,表现出更为明显的多维特色。汉水中上游是秦陇、巴蜀、荆楚文化的多维交汇区,淮河两岸则是齐鲁、燕赵文化和吴越、荆楚文化的多维交汇区。陕甘宁边区、祁连山腹地和川滇西部则是中原汉族农耕文化和西部兄弟民族游牧文化两大主体文化圈的衔接、过渡地带,都表现出明显的多维交汇特色。在宫廷文化、庙寺文化、贤哲文化和民间文化各层次中,庙寺文化因宗教的多样,贤哲文化因流派的多样,都显示出一定程度的多维特色。民间文化融会在最具活力的群众日常生活之中,更是异彩纷呈。

传统文化既然是这么丰富的一个多维复合体,我们也就不能从单一的坐标出发来评断整个传统文化的优劣。比如,认为中华文化世代相沿的主要形态是"礼",礼治维护三纲五常,使人的个性、主体性消融在贵贱有差、尊卑有等的等级隶属关系之中,形成了"主奴根性"的卑劣品格。这样分析"礼"的消极方面并非没有道理,但却没有看到"礼"在指定历史时空范围内相对积极的方面——"礼"也增进了人与人、人与家、人与国之间强韧的亲和力,这正是中华民族具有凝聚力的一个历史原因,是我们民族传统爱国主义的一个基础;更没有看到"礼"只是中华民族传统精神的一个方面,并不是全部。因而用对"礼"的否定来贬抑整个中华民族文化传统,就不那么科学了。

在对民族文化复合体的分析中,最主要、最本质的是从思想和文化性质上进行分析。这种分析是以文化是否具有人民性为其标准的。列宁提出过"每一种民族文化中,都有两种民族文化"的著名论断,实质上是以人民性为标准对民族文化中不同思想政治倾向的文化成分进行分析。他指出要和反动的、落后的民族文化糟粕做斗争,并在这种斗争中"全力抓住、利用和巩固",同进步、健康的,亦即具有人民性的文化精华交流和联系,深刻地揭示了民族文化内部最深刻的矛盾运动。毛泽东对文化的人民性也做过明确、完整的解释。他说:"无产阶级对于过去时代的文学艺术作品,也必须首先检查它们对待人民的态度如何,在历史上有无进步意义,而分别采取不同的态度。"①毛泽东把一定文化对待人民的态度和历史上的进步意义统一起来,使我们在对传统文化进行倾向性分析时有了科学的标准。凡是直接间接表达了人民的要求和愿望,符合人民的物质和精神利益,归根结底有助于促进生产力发展、推动历史前进的文化,都是具有人民性的文化。人民和统治阶级都是一个历史范畴,知识分子在思想倾向上又常常具体归属于人民或统治阶级,人民的文化和统治阶级的文化处在民族文化的矛盾统一体内,又斗争又同一,相互影响、渗透、制约等,这样一些复杂情况使"两种民族文化"在具体表现形态上是复杂的、多维的、色彩斑斓的。民间文化中常常夹杂这样那样落后、愚昧的糟粕,统治阶级文化在特定情况下也会具有某种人民性的因素。当统治阶级作为新兴革命力量出现在历史舞台上时,他们的文化常常代表新生产力的要求,有利于历史的进步;当遭到外族侵扰时,统治阶级内部某些集团或个人抵御入侵、保卫民族共同利益,在客观上与人民的愿望相一致;当统治阶级走向没落时,内部也常常分化出一些叛逆者,尽管原因很复杂,却会在不同程度上传达人民的要求,甚至成为人民的代言人。因此,统治阶级文化中往往交叉呈现着这样那样具有人民性文化的因素,对此我们要做历史的、辩证的分析。

从这个意义上看,作为多维复合体的中国文化在思想倾向上最大的特点,就是具有人民性的文化历来处于矛盾的主导方面,从总体上构成了我们民族优秀的精神传统。许多文章都详尽地、系统地列举了这方面的论据,我只想介绍其中关于古代神话、寓言的几个例子。因为神话是"最初一些民族的文明史"(维柯《新科学》),是民族精神最早的浪漫主义体现。而"任何民

---

① 毛泽东:《在延安文艺座谈会上的讲话(结论)》,见中共中央文献研究室、新华通讯社编:《毛泽东新闻工作文选》,新华出版社 2014 年版,第 130 页。

族的历史都肇始于寓言"。神话和寓言常常以隐喻、象征的方式传达出一个民族对现实世界形而上的反应和感悟，从而透露出民族的深层精神气质和理想。

外国的创世神话，比较普遍的是上帝造人、造物说，而中国的创世神话则是盘古用斧头开天辟地创造了世界。这个开拓神的形象，体现了我们民族认为人是天地之母、宇宙之主的英雄气概。女娲补天的神话，说明天并不是完美无缺，要靠人用地上的石头来补。羿射九日，手下留情才保留了最后一个太阳——中国人民征服自然中有何等的英雄气概。精卫填海、愚公移山、夸父逐日、刑天舞干戚等神话，是我们民族自强不息精神的体现。天仙配、牛郎织女则是穷苦的劳动人民对幸福生活的向往。在我们民族的宗教文化中，民间神祇多数是为社会做出过杰出贡献的英雄或道德楷模，如孔圣人、药王、鲁班、杨家将、岳飞、屈原、武侯、关公、包公等行业神与人格神。民间传说中的鬼也不完全是恶的象征，有许多是死不瞑目的反抗者、幸福和理想的追求者。我们从这些民族的精神原型中，可以窥见内化于其中的中华民族精神优秀、美好的一面是如何处于主导方面了。

二

中华民族文化演进的运动规律是什么呢？从发掘它内在活力的角度，最值得我们重视的一条规律，是在主体文化的基础上，不断汲取内外多维文化的营养，在开放融会中发展。即以本位文化为基础，大量汲取、融会异质文化的精华，以对异质文化的开放，促进本位文化的开拓。从这个意义上看，中国文化是一种多维开放的动态结构。

中国原始哲学其实是将运动变化作为自己认识的基础的。有人谈到，"易"即是"变动"与"不动"，"周"则是"周行"与"周期"。"周易"的本质含义即是"运动的规律"。"天行健，君子以自强不息"的思想也是以运动与开放为特征的人本哲学。在远古的自然科学中,"五行"是讲"五种基本元素"的运行法则。中国人按动物飞、走、爬、游的运动方式将它们分成鸟、兽、虫、鱼的类别(陈绶祥《漫谈中华文化的开放性特征》)。任继愈先生谈到过这样的观点:"融合是民族文化发展的规律","文化发展,是不同地区的文化,不同民族的文化,不断融合的过程,同时也是不断分化的过程。停滞不动的文化,既不融合也不分化的文化,是考古的对象,不是活着的文化"。① 在中国和外国,凡融合交汇色彩强烈的文化,凡重视文化交汇、对文化交汇能因势利导的民族,常常呈现出蓬勃的生命力,从而构成世界文化总格局中生机盎然的一元。

中华民族文化演进规律的开放、融会特色,是中国文化能以罕有的活力自立于世界优秀民族文化之林的重要原因。

也许可以说,我国古代原始认知方式的独特性为后来的开放融会规律埋伏了最早的基因。正如有人分析的,这种认知方式不重视数量、质地所显示的性状的实证分析,而重视感觉模式造就的直觉把握;不重视概念的精确所造成的事物质的界限,而重视关系的总体协调与统一;不重视事物的发展、概念演绎的逻辑规律,而重视从文化感受和实践经验中得到的印象和概率;不重形体、数量之间的物理关系的剖别、破坏与改造,而重视状态、过程在自然、人际之中心理与创化关系的判定、控制和平衡。这种认知思维的混沌性认识、文史性理念、中庸性方式、关系性本源等哲学特征,正是开放文化体系所要求的模糊性与相对性的前提。

中国文化在关于"本源"的原始"二气"说中,不但确立了相对与相抱、相离与相即、相斥与相合的初衷;同时要在"二"中加上"运动"这个第"三"

---

① 任继愈:《民族文化的形成与特点》,见丁守和、方行主编:《中国文化研究集刊》(第二辑),复旦大学出版社 1985 年版,第 5 页。

元素，才能"三生万物"，才能在运动中产生新质的事物。这和辩证唯物主义在主张内因决定论的同时，重视外因的作用，强调外因是事物发展必不可少的条件，强调要主动地发挥外部条件的作用，积极地将外因转化为内部动力的理论，和现代哲学中关于导入、借助新阶范畴——"第三范畴"（即"三"）推动、促发矛盾对立面（即"二"）在斗争中转化为新事物的理论，是多么相通、相似。这实际上以朴素辩证法的形态反映出关于事物在开放、融会中发展的观念。中国文化在关于"本体"的原始"五行"说中，不但肯定了相克与相成、相辅与相抑、相生与相灭的关系，同时还要在这个"五"中突出"中"这个人文与社会的自我把握，才能使世界成为运行中完善的"六合"。它们在关于本质的原始"八卦"说中，不但提出有与无、知与行、动与静、序与乱的原则，同时还要在这个"八"中注入对无穷时空与无穷认识的演排，才能使"九九"世界"归一"到"人类"自身。

因而，它的开放性表现在对构成这个体系的所有元素之既独立而又不孤立，既肯定而又无所不包的要求中，存在于那种所谓的"一粒米藏着大千世界"之理念认识里，而不是表现在某一局部的稳恒与限制等"科学"计算中。它的开放性还表现在对体系构架既单纯而又不单一，既规则而又捉摸不定的要求中，存在于所谓的"了而未了"的本质关系所决定的"大道无极"这总体包容性上，而不是表现在某一局部的进取性上。它对任何新的对象都要经过反复的"文"而"化"之的过程（外部实体元素化的过程），都要在实体对象变成某种文化观念（体系内元素符号化过程）之后，才又以原有的文化模式接受下来（体系无序耗散之开放发展过程）。这些中华文化最基本的特征鲜明地体现出无序而耗散构架的开放本质。中国的"字"与"词"作为基本的视听符号元件，都具有不变与万变的双重特征。一方面，它们有开放体系中元件最本质的独立特征：可在任何构架中保持自身的恒定模式与最牢固的自体结构，不像西方文字有性、数、格的变化。另一方面，它们又具有开放体系中构架最广泛的结构与最强大的结体功能。"车"字,即可组合成"汽车""纺车""风车",构成一重含义,又可组合成"车过身来",构成另一重含义。"打"字,既可以组合成"打球""打狗",又可组合成"打酱油""打酒""打主意""打算"和"一打",构成多种不同含义。这种"测不准"性,正是中国文化体系开放特征的表现。

事实证明,中华文化在它的发展长河中,是在开放性、兼容性和封闭性、排他性的对立统一中前进的,而且开放性、兼容性是矛盾的主要方面。

早在七八千年以前,西藏的旧石器、新石器文化就对南亚次大陆产生了一定的影响。西藏的细石器进入印度东北部,达到恒河中下游,对印度这一时期非几何细石器产生了重要影响。在以后漫长的历史中,中华文化发展的三次高峰,即汉代、宋代与现代,都和文化的开放交汇有着深刻的内在联系。

先秦诸子百家作为中国学术文化的第一批建造者,大都能以开放的思维体系,从现实的需要出发对传统文化加以更新、发展。孔子虽自称"述而不作,信而好古",其实他所谓的"述",并不是泥古之述,而是根据现实的需要对古代的文化典籍来作阐释,是在"相因"(继承)传统的基础上有所"损益"(增删、抉择)。从当代释义学观点来看,这本身就是一种改造、创新的形式。正因为如此,春秋时代才能出现这么多新的思想理论观点,出现"百家争鸣"的局面。那个时代儒家的道德意识和尊重知识、尊重人才的思想,道家的个性意识和艺术人生观,墨家的"兼爱"思想和积极救世精神,法家的社会进步思想和法制精神,等等,莫不是融会当时社会各个政治集团和社会思潮不同的现实需要而创造出来的。后来又经过秦汉之际董仲舒等思想家对各家学说的融会贯通、创造性综合,才奠定了代表封建大一统专制社会体制的秦汉文化。这个文化后来成为中华民族文化的重要基石之一。

那以后,汉魏隋唐以至宋明,中华文化对从印度传入的佛教文化进行了上千年的吸收、改造、融合,终于将佛教整合为中华文化的有机组成部分,形成了中国佛教自身极富生命力的文化复合体。近于《中庸》的天召宗，近于《周易》的华严宗，近于《孟子》的禅宗等中国化佛教相继创立，儒道释三位一体成为中华文化的支柱。同时，采纳了佛学内容的儒学——宋明理学也因此产生、壮大。可以说，佛教文化的导入和融会，对于代表中国封建社会转变时期哲学和思想解放的魏晋文化，对于代表中国封建社会思想文化高峰和中外文化交流融会的隋唐文化的形成，都起到了不可忽视的作用。不但促进了中国文化的发展，对世界佛教文化和整个世界文化也做出了贡献。而耐人寻味的是，不注意交融，过分强调外来文化"原版性"的佛教流派，如唐玄奘及其弟子窥基创立的一味追逐"天竺化"（印度化）的法相唯识宗，由于没有整合进中华文化体系之中，却成为中国佛教宗派中短命的一支（刘修明《中国传统文化的承续、扬弃和开拓》）。

明清之际外域传教士东来，马可·波罗以一部《世界珍闻录》对中国的东方文明特别是风土人情做了详细的展现，令欧洲人惊叹不已。随后郑和下西洋开辟海上丝绸之路，使中国的四大发明、瓷器、玻璃工艺和航海技术在世界得到展示和流布。15世纪的意大利画家达·文西曾以中国画的笔意描绘托斯卡景色。17世纪明代工匠曾为法国国王路易十四专门设计烧制青花盖碗。利玛窦、汤若望、熊三拔、南怀仁等欧洲人将西方的科学技术、生物医学和文学艺术介绍到中国，影响和造就了以徐光启为代表的一代科技人才，促进了我国科学技术的发展。

在封建社会的衰败期，特别是近代社会东西方文化碰撞对封建体制的存在产生威胁的历史时期，怯弱的封建统治者用封闭的手段排斥先进的外来思想和文化。但就在这个时候，整个民族文化的开放机制也还在起融会作用，甚至如老子说的"反者道之动"，反倒激发出渴望开放、渴望在文化融会中前进的强烈社会需求。

这也许正是近百年来先进的中国人向西方去寻求真理，以构筑新的思想体系，救国救民、振兴国家民族的一个原因。康有为宣称他的学说是渗合中西哲理、穷究天人之变的产物。孙中山说："余之谋中国革命，其所持主义，有因袭吾国固有之思想者，有规抚欧洲之学说事迹者，有吾所独见而创获者……"[①]青年时代的毛泽东给自己提出的学习原则是"庇千山之材而为一台，汇百家之说而成一学"[②]。这不是无批判的兼收并蓄，而是要"挈其瑰宝""绝其缁磷"，以达到"取精用宏，根茂实盛"。20世纪初，马列主义在中国的传播，李大钊、陈独秀等思想文化先驱者发动和领导了五四运动，掀起了中国新文化运动的高潮，产生了崭新的文化生力军，涌现出以毛泽东、鲁迅为代表的一大批革命家、思想家。在中国社会运动中，马克思主义与中国革命实际相结合，产生了毛泽东思想，指导着具有中国特色的新民主主义革命和社会主义革命。从这个意义上来说，马克思主义在中国的胜利，既是马克思主义与中国革命相结合的胜利，也是马克思主义与中国本土文化相结合的胜利，这一胜利的历史进程揭示了本土文化成功地融合外来文化的一般规律。

毛泽东思想和中国民族文化的渊源，可以从理论的独创性、历史的继承性和形式的民族性几方面去思考。

毛泽东思想在理论上的独创性，主要是他运用马克思主义理论指导并具体解决中国现代革命和建设中一系列问题的结果。同时，也是他以马克思主义与中国现代革命实践为基座，融会、汲收中国民族文化精华和民族革命传统的结果。毛泽东特别重视以民族历史斗争的经验为借鉴，以历代论著的精华为资料，来探讨和提出具有中国特色的革命和建设的战略与策

[①] 孙中山：《中国革命史》，见《孙中山全集》（第七卷），中华书局1985年版，第60页。

[②] 毛泽东：《〈一切入一〉序》，见《毛泽东早期文稿》，湖南人民出版社2008年版，第20页。

略、路线与政策。而且常常以民族特有的表现形式来表达和体现马克思主义的普遍原理,使之具有为中国广大人民群众喜闻乐见、易于接受的中国作风和中国气派。

在政治思想方面,毛泽东把古代关于"仁政"与"刑政"、"礼治"与"法治"的思想紧密结合起来,批判地吸收了儒、法两家的合理因素,特别是吸收了荀子把二者统一起来的思想,运用马列主义的阶级斗争观点加以改造,用以阐明我国社会主义革命和人民民主专政的"治国"理论。在"用人"上,毛泽东对中国古代"尚贤""任能"的思想极表赞赏。他指出在"使用干部"的问题上,"我们民族历史中从来就有两个对立的路线:一个是'任人唯贤'的路线,一个是'任人唯亲'的路线"[①]。共产党的干部政策是主张"任人唯贤",反对"任人唯亲"的,明确指出了中国共产党人关于"贤"的标准,并且对这一古老命题做了根本的改造与发展。

在军事思想方面,他在对古代著名战例研究的基础上,对孙子等古代军事家提出的一些正确的作战原则加以改造和发展,使之成为中国革命战争和战略的组成部分,如由孙子的"知己知彼,百战不殆"提出重视调查研究,重视敌我双方情况的对比;由吴起的"一可去十"、司马迁的"以一当十"提出战略上的"以一当十",战术上的"以十当一";对孙子的"避其锐气,去其惰归""以逸待劳"、项羽的"先发制人"进行改造,提出"后发制人""诱敌深入""待机破敌"的积极防御的作战方针。至于对中国历代农民战争经验教训的分析总结,更是闻名于世。

在经济思想方面,民主革命时期,他重视借鉴历代农民起义的"均平""均田"思想传统,坚持把农民的土地问题作为中国革命的中心;在社会主义革

---

① 毛泽东:《中国共产党在民族战争中的地位》,见《毛泽东选集》第二卷,人民出版社1966年版,第493页。

命时期，他多次号召向中国历代的改革家和探索者学习，去掉保守，解放思想，不断推动社会主义制度的自我完善。

毛泽东的文化、哲学思想，是对历史文化遗产学习得较多、成绩也较大的领域。比如他对中国古代所谓"法先王"与"法后王"的争论做出历史结论，提出"古为今用""推陈出新"的方针，作为新民主主义和社会主义文化发展的重要战略；根据春秋战国时期在思想文化方面的历史经验，提出"百花齐放，百家争鸣"的方针。在认识论上，对中国古代在知与行相互关系上的各种观点进行综合的研究和辩证的思考，得出新的结论，用来阐明马克思主义辩证唯物主义的知行统一观。在辩证法方面，把中国古代许多思想家的朴素辩证法思想加以批判的吸收和正确的发挥，用以说明马克思主义的辩证法原理。而作为认识论和辩证法高度概括和集中体现的实事求是的思想，更是毛泽东对马克思主义哲学的突出贡献。可以说，所有这些，都是毛泽东和他的战友们发挥中国传统文化的开放性优势，以中国革命实践为土壤，融会中国以及世界优秀文化的成果。

在中国现代革命历程中，有三次思想解放高潮，即五四运动时期、延安整风时期和十一届三中全会之后。这三个中国现代思想史上文化思想最为活跃、最有成果的时期，也正是中国文化最为开放，最为重视交汇，而且利用、发挥、伸延文化交流成果最好的时期。周扬同志已有专文，恕不赘述。

以上的叙述说明，第一，中国民族文化演进规律的开放交汇特征，既从文化史发展的每一个阶段中显现出来，又从哲学、宗教、政治、科技、文艺各方面显现出来。相似现象以历时态和共时态反复出现，说明它确定无误的规律性。

第二，中国民族文化既有内交汇（即指民族文化大系统内部各民族、地域、流派、层次、子系统之间的开放、交汇），又有外交汇（即指本土文化和外域文化的开放、交汇）。内外两方面的开放、交汇，都是从特定历史时期社会经济、政治、文化发展的现实需要出发,从中汲取营养和动力,并且无不纳入到本民族人民群众的历史实践和社会运动的总体中,得到最后的完成,并在推动历史进步中开花结果。

第三,中国民族文化在开放、融会中不断演进发展,不断丰富壮大,同时也在这一过程中向世界传播,为促进各民族文化的更新、发展,为丰富世界文化宝库做出了贡献。中国民族文化正是在这种演进规律中纳入世界总的文化格局,愈来愈成为世界文化的一部分,在世界文化总的矛盾运动中前进。

三

事物的结构形态是在事物发展过程中以相似或同秩的内容、以相似或同构的形式反复呈现,经过漫长的历史积累和转化,经过多级抽象逐渐形成的。结构是事物构成和运动方式的固化。结构反映了事物较为固定的内部联系,和规律是同一序列、同一等级的概念。因而这种固化过程,是由现象向规律的转化。特定的文化结构一旦形成,又会对文化既在内容的构成起能动的反作用,促进、规范和影响着民族文化的构成方式,一个内容永远是下一级内容的形式,而一个形式是比它更高级的形式的内容。

中华文化既在内容的多维复合结构和演进动律的开放融会结构中形成,表明民族文化的多维复合和开放融会特色由"是这样"深化为"必然是这样";由"过去、现在是这样"深化为"将来也必然是这样"。当然,这种必然性最终能否转化为现实性,取决于社会的能动作用,取决于文化建设的组织者、领导者和文化成果的创造者、传播者对这一规律把握的自觉性、实践方针的正确性和主观努力程度。但不可否认,民族文化优秀传统(结构也是一种传统)自身也是积极的推动力。"当人们一旦做到了把某个知识领域归结为一个有自身调整性质的结构时,人们就会感到已经掌握这个体系内在的发动机了。"①

　　中华文化的活力，首先存在于民族文化多维复合体各部分、各方面的联系之中。事物的普遍联系，同事物的运动、变化、发展密不可分。恩格斯曾经说道："我们所面对着的整个自然界形成一个体系，即各种物体的相互联系的总体……这些物体是相互联系的，这就是说，它们是互相作用着的，并且正是这种相互作用构成了运动。"②任何事物不可能孤立存在，也不可能在孤立的运动中发展。事物的联系越广泛、深刻，事物的发展越有活力；对这种联系认识得越透彻，把握得越深刻，这种活力也就发挥得越充分。我们说中华文化的多维复合性，不是表面地指它是各种文化成分简单的相加。多维复合性是一个整体性概念，它主要是指复合体各部分内在的连贯性。这种连贯性，使中华文化中每一个局部的文化具有了双重属性和意义，一是局部文化自身的属性和意义，一是联系在多维复合整体结构中产生出来的新的属性和意义。比如说，多民族、多板块文化组合在一起之后，在比较、鉴别中产生的选择、竞争机制会形成一种新的运动"场"，即在竞争、互补中发展的氛围和环境，这是孤立的文化板块不可能具有的前进活力。学术界谈道，当某一文化所处的生态环境或人文环境发生重大改变（例如迁徙）时，文化将发生急剧变化，实际上就是指事物在进入一种新的联系结构中会激发出巨大的活力，从新的联系中汲取能源，去竞相发展，以适应、克服环境的变化。民族文化发展史上这方面的例子太多了。"辩证法是关于普遍联系的科

---

　　① 皮亚杰：《结构主义》，倪连生、王琳译，商务印书馆1984年版，第9页。
　　② 恩格斯：《自然辩证法》，曹葆华、于光远、谢宁译，人民出版社1963年版，第47页。

学"①,"规律就是关系"②。我们应该从这个角度对中国文化的多维复合结构所蕴含的发展优势及其规律做深入的开掘。

中华文化的活力来源于内部的矛盾运动,任何联系都蕴含着矛盾。对民族文化稳态和动态结构的分析,使我们看到,所谓多维复合结构,其实就是多维复合的矛盾运动体系;所谓开放融会,其实也就是在更大范围内的一种多维复合的矛盾运动。中华文化体系中每个民族的文化,每个地域、流派的文化,每个层次的文化内部,都由两个或多个既相互联系、相互依存又相互排斥、相互对立的部分、方面和趋势组成,它们都是一个矛盾运动的子系统。它们之间也在不同情况下构成了矛盾统一体。如汉文化内部,早期儒、道、法、墨各家在对峙中共进的矛盾运动和中期儒、道、释又排斥又融合的矛盾运动,儒学内部南北朝时期两种发展趋势之间的内部运动。主体文化结构与次生文化结构之间、主体文化结构内部"仁者乐山"的北方文化和"智者乐水"的江南文化,中原农耕文化和西部游牧文化的反差、对峙、互补、熔融,也都构成各种各样的矛盾运动过程。

从文化的表现形态看,民族文化一方面有政治文化、伦理文化、宗教文化、科学文化、学术文化、艺术文化、风俗文化以及社会政治经济文化制度、行为规范、语言体系等有明确外在形式的外显文化模式。另一方面,又有内隐文化模式。这是指民族文化所包括的价值观念、情感系统、思维方式等方面的内容,它们常常没有具体的外在的表现形态,作为一种精神、心态、情绪即民族文化心理,构成民族文化的既在内容。它们虽不能为人的感官所直接接受,却无处不在,十分强固,常常作为一种意向性力量或趋向性力量,

---

① 恩格斯:《自然辩证法》,曹葆华、于光远、谢宁译,人民出版社1963年版,第1页。

② 列宁:《黑格尔"逻辑学"一书摘要》,中共中央马克思恩格斯列宁斯大林著作编译局译,人民出版社1965年版,第81页。

推动、制约着社会生活、社会心理的发展。

民族文化的外显模式和内隐模式之间也构成矛盾运动。文化内隐模式并非全部都能在文化的外显模式中呈现出来，这种差距中蕴含着矛盾冲突。它常常表现为外显文化模式的流动性、确定性和内隐文化模式的继承性、随意性，即相对意义下的动与静、实与虚的矛盾。在这个矛盾中，继承制约流动，流动激活着继承。文化的确定性使精神的随意性在形式外壳中定格显影，而精神的随意性又不断突破其形式外壳寻求新的外显形态。如此等等，都构成民族文化的又一重活力。

民族文化属于社会的上层建筑、意识形态领域，但这个复合体的各部分和基础（即生产关系与生产力）的关系并不能一视同仁。其中像政治、法律、文化更直接地反映了生产关系和社会制度的要求，而科学、审美、学术、风习文化则离基础较远，和生产关系、社会制度的关系较为间接，具有相对的独立性。其中科学文化常常更直接地反映了生产力发展的要求，而审美、风俗文化又常常更多地传递着人民群众心灵的欲求。在民族文化复合体的两部分之间，也构成一种矛盾运动——政治文化除了直接反映生产关系和生产力的要求，常常通过科学、学术、审美、风习的反馈、聚合来反映历史的呼声，同时也对这些文化起统筹和制约作用。而这些文化作为相对独立的文化现象，在受政治文化制约、统筹的同时，也免不了发生这样那样的对抗、失调和差距。这同时，又常常直接间接地以生产力的发展和人民群众的要求为后盾，反过来影响、制约着前者的运动。

矛盾引起运动。运动过程中虽然有停滞、曲折和倒退，但总的趋势是前进发展的。各个子系统的矛盾运动是中国文化强大活力潜藏于千沟万壑的涓涓源头。

而以是否具有人民性为分野的两种民族文化在政治和历史倾向上的斗争、对抗、制约、互补、渗透，则构成民族文化活力的主源流。在这种矛盾运动中，强制和压抑不但使人民文化得到磨砺，而且激发它从历史实践中、从古今中外的优秀文化成果中汲取力量，更新自己在文化殿堂的声音，以保存、壮大自身。

以上分析的还只是文化内部的主要矛盾和次要矛盾运动。按照历史唯物主义的观点，意识形态和无意识文化内部各种矛盾运动最深刻的根源，在于生产力和生产关系的矛盾、经济基础和上层建筑的矛盾之中。上述各个层面的矛盾运动，归根究底都是这一社会基本矛盾在文化领域不同层面、不同形态的呈示和折射。先秦作为由奴隶社会向封建社会过渡的初始，那时的封建地主阶级，如毛泽东同志所指出的，还是生气勃勃的"真老虎"，先秦哲学的主要代表法家是主张唯物主义，而同儒家对立的。秦汉以后，农民起义使地主阶级的历史地位发生了根本的变化。社会基本矛盾的演变，反映到文化哲学领域，便是儒法合流、外儒内法、王霸杂用，儒学得到长足发展，进一步促使儒家学说和黄老学说相结合，促进了汉初社会的稳定和发展。

但儒家学说在自己的演变中维护宗法统治的基点并没有移动，所以能继续为历代专制统治所需要。这也说明社会基本矛盾对文化发展的制约。明代中后期，由于商品经济的迅速发展、资本主义因素的萌芽和市民阶层的出现，反映到哲学上，便是李贽对宋明理学的批判，他针对道统的"存天理，灭人欲"说，提出了"人必有私"的观点，认为满足人在生活上的欲望是道德的基础，"虽大圣人不能无势利之心"；反映到文学上，则是描写西门庆这样一个官僚、恶霸、富商三位一体的典型人物的长篇小说《金瓶梅》和《三言二拍》中许多以市民为主人公的世情小说的创作和风行。从这个角度看，中华文化的活力最终根植于中国社会传统的多维复合和开放融会的内在结构中，为这一基本矛盾在推动中华文化发展中发挥作用提供了广阔的天地。

多维动态结构使各子系统的矛盾运动活力集中传输到文化的和社会的主要矛盾运动机制中，成为主要矛盾内部运动的多层面的活力源；又将主要矛盾运动的活力分解传输到多维动态结构的各个侧面，传输到各子系统的矛盾运动中去。中华文化多维复合体于是形成一个活力传输网络，这不但使文化的主要矛盾运动具有了丰富的形态，而且将社会发展的基本动力演化为文化复合体各部分现实的活力。

一个文化在自己的发展中，其内部矛盾运动不断激发着对立面的选择、竞争、创新，积累到一定程度，就会导致新文化要素的出现，或是产生新的价值观念、行为准则，导致其他部分相应地变化，从而最终引起整个文化体系的变迁，其结果就是文化的创新和发展。

中华文化的活力还来源于这个多维动态结构作为一个开放体系，能将外域文化和异质文化的营养适时地转化为自身发展的动力。或者说，能够重视外力的作用，在异质文化的冲击交汇中加速自身的内部运动。唯物辩证法虽然认为外因只是变化的条件，而只有内因才是变化的根据，却并不轻视外因的作用。甚至认为在特定的情况下，没有适当的外在条件，事物的发展是难于实现的。毛泽东指出："在帝国主义存在的时代，任何国家的真正的人民革命，如果没有国际革命力量在各种不同方式上的援助，要取得自己的胜利是不可能的。胜利了，要巩固，也是不可能的。"① 当然，能否最后取得革命的胜利和建设的成功，主要还是取决于国内革命政党和革命群众的自觉努力，同时也取决于国内革命力量能否积极争取外部援助，并充分发挥它的作用，来推动内部矛盾的发展，使之转化为内部运动的力源。

有人认为，中国文化在汲收、融会外来文化，将外来文化的营养转化为内部活力时，鲜明地体现这样一些特点：它总是从自身发展的内在需要来选择先进的外来文化成分与之交流、融会；它总是在自身文化系统内部产生旧

---

① 毛泽东：《论人民民主专政》，见中共中央文献研究室、中央档案馆编：《建党以来重要文献选编·1921~1949》，中央文献出版社 2011 年版，第 506 页。

文化的社会批判力量时，先进的外来文化成分才有可能被整个中华文化系统汲收、整合。积极行进、融会先进外来文化的往往是旧文化系统中最坚决的社会、思想、文化批判力量。中外文化的融会过程，大都表现为在中华文化主体精神的基础上，中外文化"双向扬弃"的过程。在这种"双向扬弃"过程中，本土文化才能真正有机地整合融化异质文化，并且在这种整合融化中达到改造自身的目的，这个融会过程，不仅体现为文化领域的交融，而且体现为外来文化和中国社会实践的交融过程，在这个层次的交融中，外来文化受到远比在文化领域中更深刻的改造，从而可能参与到中国的实际生活进程中来，逐渐融会为其中的有机成分。① 为大家熟知的马克思主义和中国革命实践、中国文化体系相结合，产生毛泽东思想的过程，全面而又典型地体现出这些特点。

需要补充一句的是，中外文化交流对中国文化结构来说，是将事物发展的外部条件转化为内部活力的过程，但从更大的范围来看，又是世界总格局内部的矛盾运动。这使中国文化对世界文化做出了贡献。这种贡献不仅表现为中华文化在交流中对其他国家、民族文化的发展提供了有益的营养，更表现为这种交流激发、促进了世界文化总体的内部运动，为世界文化的发展增进了深层活力。

漫长的人类历史曾形成多种灿烂多彩的文化系统：埃及文化、巴比伦文化、亚述文化、玛雅文化、希腊文化、罗马文化、中国文化、印度文化以及作为近代欧洲文明前驱的文艺复兴文化……它们都以自己的个性和色彩谱写了人类文化史的辉煌史册。但并非每支文化系统都能保持源流的一贯性。美洲玛雅文化，已经成为供人凭吊的遗迹；西亚文化已被林立的油田井架所覆盖；印度文化在蜕变中；欧洲近代文化正在以现代的方式表现它的活力；古

---

① 参见文竹：《弘扬民族优秀文化的几个问题："天津市弘扬中国民族优秀文化理论讨论会"纪实》，载《理论与现代化》1990年第8期。

老的中华文化，不但仍然以它独特的英姿和色彩在现代世界文化格局中表现出它的魅力，而且和现代物质文明、精神文明相融合，创造了类似于"亚洲四小龙"这样的奇迹。虽然中华文化还有落后、保守、封闭的一面，但的确涌动着深藏于内部的不可遏止、不可窒息的活力。

不妨说，中华文化相对稳态和多维动态的两种传统，前者是一块碑，是中华文化的既在标高；后者是一条河，将引导中华文化向更宽、更远的方向奔流。在碑石上，你可以看到河水跃动的光彩，而河床却又总是以碑石为参照坐标，活力充盈地向前奔流。凝结在碑石上的民族文化的既在精华和流动在河流中的民族文化结构和动律中的活力，都是我们应该继承、发扬的。

1991年9月，西安岚楼

文化的混交林带和次生林带

文学艺术乃至社会科学的研究评论有各种坐标。其中文化这个坐标，作为生活和艺术的底色，举足轻重。文化底色对文艺和社会思潮、文化心理的影响，是传统的，又是现实的，表现为意识文化（甚至凝结为论点、论著、学派、学科），也表现为无意识文化，渗透进一定社区人们的社会心理和现实言行之中。它无处不在于生活，无处不在于作品。论社会历史不能不论及文化，论文学艺术不能不论及文化。

关于文化的研讨，近年来思想文化界纷纷参与，以至成热。成果很多，亦有不足。其中一条，是不是可以说——宏观的研讨较多，地域的、社区的研究较少。这对纯文化理论的研究也许不能算是弱点，但对以个别性、独特性、形象性反映社会生活（其实是地域生活）、社会心态和情绪（其实是具体社区的心态、情绪）的文学艺术来说，就显得是个遗憾。

一

陕西在中国文化地图上是个极有特色的省份。这种特色，概括起来说，就是纵向的全息性和横向的流失性。纵向看，它以黄河文化系为主体（关中和陕北南部），北面直接衔连着草原文化系（陕北北部），南面毗连着长江文化系（陕南汉水流域）；横向看，作为一个整体，它是我国中原文化和西部文化的交接地带，是中原文化向西部传播，西部文化（以及它所融化、含纳着的地中海文化、伊斯兰文化、印度文化）向中原传播的主要通道，这主要体现在关中平原这一文化走廊的结构意义上。传播既是一个汇聚，同时也是一种流失。拆开来看，由于交通和地势的阻隔，陕西南、北、中三块，横向的流失性胜于纵向的凝聚性。陕南文化，更主要的是沿汉江而下，和荆楚文化连成一个脉流。陕北文化，更主要的是和黄河河套以南、长城内外的陕甘宁地区以及雁北文化组成一个版块。关中文化则主要顺渭河而下直接黄河，自古以来和中原文化相组合。陕西文化结构这种空间上的跨越性，使它汇聚了、全息了中华民族各主要文化的构成，在全国各省中可谓首屈一指。将我国江（长江）、河（黄河）文化衔连起来的省份不是没有，如江苏（苏南、苏北分属江、河文化两个系），如安徽（淮南、淮北也分属江、河文化两个系），但是能够将江、河文化和塞北文化这三大文化系纵贯一体，将中原文化和西部文化这两大文化板块横贯一体的省份，恐怕只有陕西了。这种聚汇性、全息性，使得陕西文化在全国文化格局中处于辐集和辐散的重要地位，使得陕西文化的研究对于中华文化的研究有着特殊的意义。也为西安这样的古都如何在当代逐步建成全国文化的一个中心提供了文化土壤，提供了许多思路。但全省三大块在横向上的流失性，对陕西省内文化的凝聚力是起消减作用的，对全省在经济上攥成一个拳头也有不利之处。这与黄河中游水土流失现象有一种耐人寻味的相似和同构。应该说，这是历史上陕西境内文化、经济乃至政治上南、北、中三大社区长期难以浑然一体的重要原因，也是西安这个中心城市辐射力受到影响的一个重要原因。但是问题又有另一面，流失所造成的传播、交汇，传播、交汇所造成的内部运动，内部运动所造成的活力，又使陕西文化从另一面获得了某种深刻的优势。以上种种，都给我们在思考陕西乃至全国文化发展时，提供了许多新的思路和课题。

　　由于周、秦、汉、唐文化在历史上构成中华民族文化的主体，在这方面的研究年深日久，故而陕西的主体文化，即关中和陕北南部的黄河文化，面貌展示得较为充分，而陕北北部、秦西和陕南衔接地区的文化研究则相对薄弱。对这种处在几大文化板块衔接地区的文化，我们姑且名之为文化的混交林带和次生林带。文化的混交林带，含义不言自明。所谓文化的次生林带，是指：它不是一个民族的原基文化，而是由原基文化衍生的文化；它不是主体文化，不是民族文化森林中的乔木伟干，而是丛生的次生林。近年来，陕西文艺界似乎自觉不自觉地意识到文化研究的这个缺陷，从1985年起，陆续专题研讨了陕北和秦西的文艺创作以及文化历史现状。相继召开的两次陕北题材创作座谈会和秦西文艺理论研讨会，可以说踏出了最初的几步。前不久又在安康召开了首次汉水流域文化研讨会，有秦、鄂两省五地市（汉中、安康、十堰、郧阳、襄樊和陕西文联）文化艺术界同志参加，讨论热烈，论文颇多，更显得扎实而有新意。

对于文化混交林带和次生林带的述评，我们不妨以陕西的陕南、秦西、陕北为例，从此三斑来窥其全貌。

二

汉水是长江最大的支流，处在我国暖温带和亚热带的交汇地带，连接着秦陇、巴蜀、荆楚三大古代文化社区和关中、成渝、襄汉三大现代经济区。正如古诗所云，"万叠云峰趋广汉，千帆秋水下襄樊"（清·王士禛《汉中府》），"栈阁北来连陇蜀，汉川东去控荆吴"（清·郑日奎《汉中府》）。它本身又是中华文化不可或缺的发祥和繁衍地之一。这里文化的内在构成，做一个初步的概括，可以说是丰厚主体文化基础上的多维交汇形态，是稳态结构中的开放形态。

汉水流域主体文化的丰厚，只要思考一下汉水—汉中—汉朝—汉族—汉人—汉文化这样几个概念的历史性联系，就不难明白汉水流域文化在中华文化中的代表性地位。公元前206年4月，在秦王朝的废墟上，项羽自立为西楚霸王，封刘邦为汉王，辖巴蜀、汉中，都南郑。刘邦不服，欲攻项羽。萧何谏曰：汉中，"语曰'天汉'，其称甚美"，"臣愿大王王汉中，养其民以致贤人，收用巴蜀，还定三秦，天下可图也"。① 于是刘邦以汉中为基地，养精蓄锐，厉兵秣马，筑坛拜将，起用韩信，于是年8月明修栈道，暗度陈仓，兵出散关，五载击败项羽。其所以以"汉"为国号，正是不忘汉中奠基之故。自立汉朝之后，炎黄子孙才自称汉族，外国人才称我们为汉人。

其实，汉水文化的发祥自远古就开始了，它是中华民族文化多源头之一。据近年在汉水流域的考古发掘，这里出土的古猿人头骨不迟于蓝田猿人和北京猿人。汉水上游的梁山旧石器文化是联结黄河与长江流域旧石器文化的一个重要环节。在文化内涵上，梁山旧石器文化呈现出华北与华南各自特有的一些因素，集合了我国南方北方的石器制作风格，体现出文化过渡地带的特征。新中国成立以来，仅安康地区就发现新石器文化遗址三十余处，从采集到的彩陶、泥质红陶、夹沙红陶、夹沙灰陶来看，远在六七千年以前，这里的先民就已与中原各地有了文化交流。他们或顺汉水而下，或逆汉水各支流而上，或翻越秦岭北进，与中原和蜀、楚、巴、羌各地各族人民友好往来、交流文化。故而安康的新石器时期文物，既有半坡文化类型的特点，也有庙底沟文化特点和李家崖文化、屈家岭文化的特点，当然也形成了自己的特色。其后，神农架关于神农氏尝百草而有农事的传说，关于神农氏和炎帝合而为一的传说，也表明了这里是中华民族由渔猎文化向农耕文化过渡的最早地区。正是汉水流域和黄河流域炎帝、黄帝两个部族以及它们之间的交流，构成了今天"炎黄子孙"这个泛指中华民族的指代性称谓。早在《诗经》中，就已经有了吟诵汉水女神的优美诗句："汉有游女，不可求思。汉之广矣，不可泳思。江之永矣，不可方思……"汉末张鲁以我们本土道教中的一种"五斗米教"作为农民起义的精神旗帜，并建立了政教合一的政权。这是我国政教合一政权的最早尝试。造纸术的发明者蔡伦（洋县）、我国第一个走向世界

---

① 班固：《汉书》（中册），颜师古注，中华书局2005年版，第1554页。

的外交官张骞（城固）、辉煌后汉而又明于自知的李固（南郑），等等，都是中华文化天幕上的熠熠明星。源远流长的主体文化，使汉水流域文化显得灿烂、辉煌，也正是主体文化的丰富，使得它在稳定中又具有极大的容受性、同化外来文化因子的能力。

多维交汇的开放形态，从汉水流域内部看，是山的静止、仁厚、崇高、封闭和水的活跃、灵智、兼容、通达的交汇。这是山水相杂和盆地产生的特色。在这里，汉水是交汇和开放的标志。正是汉水无数条细支末流，涓涓滴滴，汇聚了秦巴和鄂西北山区的千精万华；又正是溯汉水各支流而上、向南向北辐射的无数古道——褒斜道、陈仓道、子午道、金牛道、米仓道、函谷道，等等，切开山的封闭，穿透林的阻隔，将这里和外面的世界——当然也就和外面的文明——连接起来。在这里，固然有千山万嶂造成的"山地意识"或"盆地观念"，不也有水的汇流和路的辐射所产生的交汇、开拓精神吗？

再从汉水流域和外部的关系看。地域空间上，作为秦、蜀、楚的过渡带和交汇带，为中华文化南、北、东、西文化大板块的结合做出过一次又一次的贡献。文学艺术方面，譬如安康汉剧和商洛花鼓戏在音乐上对秦腔和楚剧的衔接和交汇，显示出这块秦头楚尾之地在文化交流上的特殊功能。从美学精神的演变看，先秦理性精神和楚狂浪漫主义的交汇，不但在美学精神上汇成了以楚文化的天真狂放为内核、以秦文化的古拙气势为形式的汉代美学风格，而且在政治上形成了楚的社会文化软件和秦的政治体制硬件相结合的汉代政治结构的交汇风格。

在中华文化发展的总格局中，我们似乎可以说，汉水流域，特别是中上游的秦巴腹地，也许不能算做中华文化主要成果的出产地。在中华文化的大构架中，也许不能算作梁柱。在"江、河、淮、汉"中，江、河是文化的乔木伟干区，淮、汉则似可划为文化的混交林和次生林带，属于中华文化各主要板块流布和交聚的一个重要集散中心。这里也许并不总是历史的闹市，有时甚至可以说是历史偏僻的一隅。正因为如此，汉水上中游常常成为中国历史的一个重要驿站。在好几个剧烈动荡的历史阶段，这里获得了别的地区求之不得的相对稳定和宁静，为文化经济的发展提供了较好的环境。也正是在这些时期，外界处于冲击震荡中的经济文化事业纷纷涌进，在这里休养生息、交融汇合，康复着自己的肌体，孕育着新的生机。然后，在一个新的相对稳定时期出现的时候，由这里出发，再度登程，汇入我国的经济文化主体。我们熟悉的汉末三国时期，诸葛亮劝刘备据守汉水重镇荆州，而后西进占益州（四川），以秦巴腹地为九伐中原的大本营和补给基地，以荆州为联盟孙吴的前沿，使弱小的刘备得以三分天下，与魏、吴相鼎；抗日战争时期这里曾是大后方，经济文化一度极为繁荣；新中国成立后，这里又是社会主义建设的战略后方，著名的"小三线"。历史延长线上反复出现的这些瑰象，都反映了汉水流域对中国社会的意义，也折射出汉水文化在日夜兼程的中国文化大河中独有的色彩。

　　汉水文化一方面源远流长、主体丰厚；另一方面，我们可以看到，它的主体文化内部，又是多源流、多成分构成的。在陕南的历史文化、民间风俗、民间艺术和语言中，随时可以听到秦、蜀、楚三音和鸣，所谓"风气兼南北，语音杂秦蜀"（《宁羌州志》）和"秦头楚尾""其人半楚"（《汉中府志》）即是。现存陕南的民间社火，其形式多与四川、湖北相近似，如"采莲船""挑花篮""阳车车""地蹦子""跑场花鼓"等。在这些社火形式中，明显地存留着湖北"郧阳花鼓"、安徽"凤阳花鼓"、湖南"地花鼓"的一些遗韵。汉阴县王家河村表演的"地蹦子"，竟与湖南的"地花鼓"在形式、风格、动作名称甚至手势、道具都如出一辙。陕南花鼓、山歌、号子主要采取"领唱—帮腔"的程式，那是源于四川。1985年在陕南汉阴安沟出土的宋代编钟和湖北随州曾侯乙墓那震惊中外的编钟竟一模一样。和"半是楚人"相应，这里出土的文物也可以说"半是楚文"，可见受楚文化影响之深。远的文化渊源不说，这种文化交汇，和"自乾隆之十七八年之后，湖南、湖北、河南、江西、四川、两广移民甚多……来此认地开荒，络绎不绝，处处俱成村落"（《兴安府志》），有着直接的关系。

汉水文化还遗存着多民族文化交汇的因子。这和该地区在古代亦系多民族聚居之地有关，有"梁州殷周之间为群夷之国"的说法。早在殷周时期，汉水上游就是少数民族巴、庸、羌、卢、鼓群集的地方。宁强、略阳一带，"春秋为氐、羌所居"，"岷洮等州为大羌国"。宁强即为"宁羌"，略阳古庙中，至今仍有身着羌服的木刻画。安康五里出土的以白虎为图腾的巴族军用乐器"虎钮錞于"（"錞于"是我国西南地区古代民族代表性乐器）等，表明这一地区文化和西南少数民族文化的久远联系。而1985年紫阳县宦姑乡出土的一套北魏"胡旋舞"铜带板，其上五位乐师一律胡服，敞怀袒胸盘坐在胡毯上，执琵琶、笙、腰鼓、羯鼓等西域乐器作吹打状。其乐舞人像的舞姿造型和急速旋转的动律特征以及脚下所踩的小圆毯，与甘肃敦煌莫高窟壁画"佛国世界"中的胡旋舞图有着惊人的相似之处。这说明此地早在南北朝时已与北方少数民族有了文化交流。

这种文化混交林带的特色，不止于文化，也在经济生活中，或者首先在经济生活中体现出来。因为最早的移民，就是为了生存需要而进行的有选择性和目的性的流动。而其后，商品流通和交汇所形成的富贾文化，在秦、巴、楚、蜀文化的交汇中起了重要的作用。

在历史运动中，陕南地区就是这样，以自己的主体文化为基础、为溶剂，广纳百川，博采众长，不断吸收内部外部各种文化因子，丰富自身，调整自身，发展壮大自身。基础丰厚才有容受的胸襟，才有吸收的气度，才有消化的机能，才有更新的勇气。不断容受、吸收、消化、更新，才能永远立于不萎不散不蜕不败之地。这种"佳能"文化结构，不单是汉水流域文化在各大文化高峰包围中得以千古长青的奥秘，也不单是整个混交林次生林带文化能够生存发展的原因，对于我国主体文化区（其中，陕西中部是重要的一部分）如何借助动态开放和多维交汇结构以加快自身的发展，也是极有启发的。

三

西秦和陕北北部文化也和陕南文化有相类似的特点。宝鸡地区的西秦文化底色中，也明显地表现出一种以强大的主体文化为基础的稳态结构，和以中西部交汇之地活跃的文化传播为特点的多维动态结构相结合的特征。一方面是古代周秦文化与近现代在村社经济基础上形成的稳态文化模式，一方面是由现代工业交通和商品经济的发展以及作为中国中部和西部文化、经济重要转运站所带来的动态文化的内驱力。宝鸡地处中国文化东西南北的交叉点上，衔接着中原文化和西部文化、黄河文化和蜀楚文化。稳中有杂，因杂成动。经过这里向西北辐射的古代丝绸之路，以及在这条古道基础上修建的陇海、兰新铁路及其延伸欧亚的大陆桥，向西南辐射的唐蕃古道，以及在这条古道基础上修建的青藏公路和青藏铁路，向正南辐射的南方丝绸之路，以及大体按照这条古道的走向修建的宝成、成昆铁路和滇缅公路，作为物质和精神的通道，激活着宝鸡地区文化中的动态因子。交通枢纽和物质、文化集散中心，引来了大量的移民，四方杂处的移民作为多型文化的载体，汇聚于金台观下，形成了宝鸡——这座金鸡长鸣的现代化城市。现代的城市工业文明，又通过优越的社会主义市管县体制向农村强有力地推进、渗透，这更使宝鸡地区文化的多维动态结构呈现出空前活跃的生命力。这些都告诉我们，在中国地图上，宝鸡不只是一个重要的交通枢纽、经济中心，也正在成为而且愈来愈成为一个重要的文化枢纽、文明中心。

在陕北的文化结构中，主体文化和多维交汇，作为一对矛盾的统一体，矛盾双方都显得很强盛。矛盾统一体内部传播交流、冲突斗争、融合更新的运动过程，也显得特别剧烈而充满活力。陕北地区不但也是中华主体文化的发祥地之一，而且自古至今有好几个历史时期在民族文化总体格局中起着核心的作用。20世纪40年代，著名考古学家裴文中根据自己对这里出土的古脊椎动物一枚门齿化石的研究，提出了"河套人"和"河套文化"的概念。他认为河套文化在人类文明史上放射过夺目的光辉。无定河两岸像村落一样密集的新石器时代，尤其是龙山文化遗址，表明远古时期这里就得到了开发。中华民族共同的祖先——"人文初祖"轩辕黄帝一族被学界和民间公认发祥于陕北，现在仍是华夏之根的象征。我国号称五千年文明古国，就是从黄帝时期算起。从一定意义上说，这是陕北文明第一次在全国得到确认和传播。公元前两千多年的李家崖文化遗址，至今可见当时的小方国城池。那时已经有了自由民，有了青铜器，有了各种家畜，说明当时陕北的文明几乎与中原处在同步发展的地步。到了明末，早期商品经济的发展使封建社会内部各种社会部件无法适应，矛盾冲突加剧，导致陕北的李自成、张献忠率先在米脂起义，一直打进京城，建立了中国第一个全国性的农民政权——大顺王朝。李自成义军不仅显示了他们的政治、军事力量，可以说，也在一定程度上显示了陕北文化的力量。陕北文化随着义军的流动，得到了第二次全国性的确认和传播。第三次全国性的确认和传播，是于20世纪三四十年代的延安时期。毛泽东和中国共产党中央在延安的十三年，使陕北、陕甘宁成为全国的精神核心和世界瞩目的地方。中国特色的民主主义革命，即中国共产党领导的新民主主义革命是马克思列宁主义和中国革命实践、中国历史文化的结合，其中自然也包括和陕北人民群众的革命实践、陕北地区历史和现实文化的结合。党在陕北进行的新民主主义政治、经济、文化的开创性实践，首先是毛泽东思想和民族革命先锋队的历史功绩，也在相当程度上借助于陕北人民群众社会实践的活力，借助于陕北文化的内在活力。而随着新民主主义革命在全国的胜利，随着革命的政治、经济、文化依靠新中国政权的力量在全国各地区确认和传播，陕北的传统文化和革命文化又一次得到了全国性的确认和传播。

这是最深刻、最广泛的一次传播，仅仅从陕北民歌的一些主要曲调、陕北信天游诗歌形式和陕北秧歌舞以及一些陕北风习在北自白山黑水、南至珠江琼崖的中国大地上普及的程度，就可以感受到陕北文化在现代中国主体文化中举足轻重的地位。从这个意义上看，陕北文化似乎走出了中国文化的混交林带和次生林带。其实不然，从下一段的分析就看出，陕北文化在全国文化格局中的这一地位，正是陕北文化在一定程度上逸出立体传统的稳态结构，避开这一稳态结构在某些方面、某些时期可能造成的窒息与沉滞，借助文化混交林和次生林的活力而造成的。

这就要谈到陕北文化结构的另一面——自古以来这里就是胡汉杂居、交汇、同化，多民族共同创建地域文化的地区，也是在反复的、拉锯似的征战中实现多维文化的强制性传播的地区。战争是政治、经济的，也是加压、加速、加酶的文化传播。西周时期，周人和属匈奴族的"猃狁"人在这里就有四次大的战争。秦代，这里白狄、赤狄和戎族之间征战不断，秦末建立了"翟（狄）国"。汉代，中央王朝与匈奴之间征战与和亲交替。晋代，西北许多少数民族内迁，"杂胡"源源入塞者凡二十余万，这里成为汉、匈杂居区，出现过一段"四夷宾服凑集""四方种人皆奇貌异色"，各族文化互相影响，共同促进生产的局面。不久又有了"五胡乱华"的动荡。其后几千年中，匈奴族铁弗部的赫连勃勃在这里的统万城建立过夏国，元昊曾称帝号大夏。其间的西夏则既一面接受契丹"辽"的封号，又一面称臣北宋。蒙古族的成吉思汗由北向南长驱直入，建立元朝，却也有唐、宋、元的杜甫、范仲淹、沈括等汉族的文化科学名流在这里留下的政治业绩和文化成果。不论战事纷争还是和亲交往，都直接、间接地促进了陕北经济、文化在多维交汇中的发展。几千年的延安古道上，邮亭驿站相望于道，既有匈奴游骑的铁蹄，也有出击将士的军幡，还有屯田、筑城兵民的长队。战马嘶号、金鼓雷鸣之后，又传来悠扬悦耳的"和亲"乐声和农民、匠者、艺人、富贾的对话。陕北文化作为汉民族主体文化圈最后的边疆和中华西部各少数民族文化的东部前沿,就是以这样一种远离主体文化的相对自由和灵动,就是以这样多民族经济文化交汇的活力,就是以被军事的冲撞所激化了的强烈形态,不断完成着它的多维文化传播交汇和在这种传播交汇中的更新发展,充分显示着文化混交林与次生林的优势。文化次生林借着主体文化严实荫盖之间的空隙,得以直接承受更多的空气、阳光而蓬勃成长;主体文化则又借着蓬勃成长起来的次生文化来反激自身的发展——这不正是陕北文化在主体文化与次生文化中都头角峥嵘的原因么?这不正是它给予我们的启示么?

如果我们原先仅仅以地貌学的眼光来理解,母亲黄河在面临着由鄂尔多斯台地和毛乌素沙漠组成的土地,陕甘宁边区的土地时,为什么不得不向北向南绕一个大弯,而将她的恩泽远送给河套地区;那么,当我们现在以地质学的眼光重新来看这个大弯道,就发现原来黄河母亲伸开两只修长而温柔的臂膀,搂住的竟是亿万斯年埋藏在高原下的一个金娃娃:煤田、油田、气田!20世纪前半叶,"闹红"曾经使这块土地成为民族的精神能源的一个基地;20世纪最后十年,"闹黑",开掘地下的黑色宝库,使这块土地成为国家物质能源的一个基地。当资源开采和经济开发将陕、甘、宁、晋、内蒙古结为一个浑然一体的结构时,将会给这块土地上的文化混交林灌注新的生机,那是毫无疑义的!

陕北、秦西、陕南三个区域文化这种丰厚主体文化基础上的多维交汇形态,这种稳态结构中的开放形态,具有极大的全息性。在某种意义上来说,它是中华文化混交林和次生林的一个典型。过去我们的文化研究,目光大多集中在黄河、长江文化带和中原、西部文化板块方面,这当然是必需的。但对处于各大文化板块之间的衔接和交汇地带的文化,作专门的深入的研讨则稍显不够,像汉水文化、淮河文化、闽赣文化、黔滇文化、陕甘宁文化、陇东秦西文化、祁连山腹地(甘肃南部和青海北部)和新疆的多民族混交性、次生性文化。这些地区的文化景观也许没有原基文化那样纯一,没有主体文化那样宏大,却也有肥沃的土壤化育着、再生着丛生的杂树,显示着蓬勃、强韧的生机和驳杂多样的色彩,是文化森林中生物圈循环不可或缺的一环。它们是中华文化的有机组成部分,不但以自身的特色丰富了中华文化,而且发挥自己的媒介和融会作用,不断以新的信息、新的活力营养着、激励着主体文化的发展。研究混交林带和次生林带文化,不只具有填补空白的开创性质,而且对于在动态中、在整体中研究主流文化也具有重要意义。

四

思考和研究混交文化和次生文化问题,为我们的文艺创作和评论提供了一个新的视角和新的思路。生活和文化,是文学艺术形象的和思辨的花朵赖以开放的两块土壤。虽然从更为根本的反映论的意义上看,二者有着源和流之分,但在具体的创作和评论中,生活和文化都有着土壤的意义。文化是生活的提炼又浸透在生活之中,正如麻油从麻酱中提出又浸在麻酱中才好吃一样。

对混交的、次生的经济文化现象,我们的文艺有着久远的思考和反映,拿现代文学来说,1934年沈从文发表的中篇小说《边城》以及其他反映湘西生活的乡土作品,就是对特定社区混交与次生文化的反映。其后,有李广田写于1938年出版于1942年的记叙安康见闻的散文集《圈外》(十九篇)。"边城"之"边",既指地域的边远、边沿,也指精神文化的边远、边沿;"圈外"之外,则直接指安康的精神文化处在当时社会的政治、经济、文化的圈子外面。两位作家给自己的作品不约而同地选择了这样耐人寻味的题目,也许不能就此说他们对反映混交型和次生型文化有多高的自觉,且显示了他们对这两块地域文化十分真切的感觉。在新中国成立后新时期的作家作品中,汪曾祺对南北相接的淮扬文化以及农牧相杂的坝上草原的描绘,王蒙对伊犁边城多民族共居的大杂院的描绘,张曼菱对国境线上来去自如、血脉相融、和睦相处的各国籍、各民族群居生活的描绘,也都含有开掘混交型、次生型文化的意义。

有两位中年作家尤其引起我们的注意。一个是贾平凹。他在20世纪80年代中期以后,以《商州初录》起始的作品,从文化内涵上看,大部分可以冠以这样两种文化意义的共名,即"远山野情"(这是他一个中篇的题目)和"腊月、正月"(这也是一个中篇的题目)。前者是指描写了各种边地和圈外次生于混交中的文化性生活形象,后者是指写了各种在新与旧的文化冲突中举步维艰而又执着前行的嬗蜕期的时代生活——这当然是一种更深意义上的混交与更生。还有一个是张承志。他的大多数作品,也可以冠以两个带有文化意味的共名,即《老桥》与《大坂》,前者指,他常常描绘过去与现在、新与旧、此与彼的文化坐标在"桥"上的联结和冲撞;后者指,他常常描绘人物艰难的命运和坚定的意志在形与神两个层次的冲撞,最后精神终于克服了环境,主宰了命运。

反映混交型和次生型文化的作品,当然因作家的不同而有不同的风格,即便是同一作家的同类作品,往往也色彩多样甚至迥异。但也常常在某些方面体现出一些共同的特点来,譬如这类作品常常通过对奇景异色和远村野情的展示,造成一种奇绝的色彩。不论是描绘世相风俗,还是人情心态,抑或是远村山水,也不论是追求油画的凝重,还是速写的简约,或是册页的清淳,对于主体文化圈内的读者,都有一种"圈外"和"边地"的陌生感和神秘感。可以说,这类作品虽然风格不同,但气质上都沾一点远村的浪漫。有论者这样评李广田的《圈外》:"无论是清冽的江山,或是黛色的峰峦,无论是江上点点白帆,或是茅屋草舍上的袅袅炊烟,无不呈现出一种令人神往的诗的意境。"也有论者这样评沈从文的《边城》:"作者以清新细腻的笔触,怀着对遥远家乡的眷爱,写出了湘西淳厚朴实的人情世态,健美古朴的风俗习惯,新奇幽雅的山光水色,绘出了一轴令人神往的边城风情画卷。"在贾平凹许多中篇,尤其是近期的《美穴地》《白朗》《五魁》等作品中,那一个个传奇性的人生故事,一个个情浓于血的女性形象和虚化了时空的山林游侠、乡野兵匪形象,现代化了的浪漫情调不是日益浓稠了么?张承志虽然全是另一种风格,但在他大江东去的阳刚和崇高中,大量的古歌神话、理想人格和异乡异闻,不也透出现代浪漫主义的精神来么?这一类作家作品,常常是用另一种眼光、另一副笔墨写另一派人生和自然景象,从而透露出混交、次生型文化的某些内在特点来。

又譬如,这类作品常常喜欢写逸出主体文化、单一文化之外,特别是逸出主体政治文化、单一政治文化之外的人生过程、人生意识,写与此相关的性格命运、心态情态、民俗风习和感应着这种人生意识的自然景观。对此沈从文有过明确的表述,他在谈到自己反映湘西生活的作品时说:"我要表现的是一种人生形式","一种优美、健康、自然而不悖于人性的人生形式"。将这段话放到当时的历史背景上去理解,其实就是要表现逸出那个时代主体文化之外的人的真情真性,所谓"化外"之民的生活与爱情。强盛的主体文化常常是一个民族主要的精神支柱,但主体文化中的糟粕,也常常构成对人的真情真性浓重的文化荫盖,窒息着人们心灵中的天籁。而生活于混交文化与次生文化中的心灵,由于相对地处在主体文化的"边地""圈外""化外",反倒能够更自然、更自由地发展,更多地将真性真情留存下来。这类作家多写女子,因为在男权社会,女子介入社会主体文化的深广度远不如男子,相对更真更美。此类作家多爱夜月和静水,月和水不但和女子的阴柔对位,而且和象征着世界主体的太阳形成反差,应和着一种"圈外"的生命形式和生命价值。再说,朦胧的月色和潋滟的水光又是什么呢？那正是一种神秘，一种陌生，一种濡染、交融之后的奇异景观。这又从审美感觉上和混交、次生型文化关联着。他们似乎还爱写游侠和兵匪，这固然是因为湘西山地（沈从文）和商洛山地（贾平凹）处在几省交界地区，旧时代区域割据的政治、军事、文化力量比较薄弱，鞭长莫及于"圈外"而造成的一种社会现象（这也是边地文化的一个特色）。从纯学术观点看，游侠、兵匪现象也有着极深厚的社会信息量。在这些地区，无论是兵是匪是侠，如果不从伦理的坐标看，而从政治经济、政治文化的角度看，其实都是离开了土地的农民。生产者一旦和生产资料剥离开来，便从原有的政治、经济、文化的社区结构中甩出来，成为不同形态的游荡者。游动使他们不断地从一个社区到另一个社区，从一种文化环境到另一种文化环境；底层劳动者的游动又使他们只可能在"边地"和"圈外"逡巡，而难以进入社会的核心和主体文化的旋涡。于是这些多种文化因子的携带者，便在极不自觉的状态下，在不断的命运拨弄中，传播着、缀连着、融合着形形色色的"圈外"文化，有时甚至形成遍布乡里的亚文化网络。原来，游侠兵匪都是混交型、次生型文化中产生的典型，难怪这些作家爱写他们、躲不开他们——只是作家们自己也未必自觉而已。当这种社会现象纳入到一定的政治实践体系中，那可能是一次农民起义或一场现代革命。毛泽东同志在《中国的红色政权为什么能够存在？》等文章中，对这种中国社会特有的现象做过马克思主义的透辟分析。而且在当时反动政权统治下的各省交接地带，即"边区"，建立了十五个红色革命根据地。从这些根据地的名称——鄂豫皖边区、陕甘宁边区、湘鄂赣边区、晋察冀边区和晋冀鲁豫边区——来看，它们无不是利用各政治、经济、文化主体地区的缝隙和混交建立起来并壮大、发展的。20世纪30年代的中国,"边区"革命政治、军事现象和"边域""边地"的文化现象同时出现,实在是意味深长的。可以说这两种现象都反映了对当时主体政治、文化的不满。前者集中了劳动人民的反抗愿望,用武装斗争的革命实践来改变现状;后者则寄托了某一部分知识分子的不满和厌倦,用文学的形式、怀乡(怀真、怀美、怀善)的情绪、稍带浪漫的格调,通过描绘自己向往的生活境界,来否定现实。

写逸出主体文化制约的美善自然的"人生形式",固然首先是由生活中混交型、次生型文化现象决定的,从艺术创作的角度看,又常常和作家艺术家主体的人生追求和价值选择、审美情趣有关。拿沈从文来说,父辈走的是从军参政的道路,自小家里就希望他打入主体政治文化的圈内。青少年时代,生活多次提供了这方面的机缘,他的心灵却终于退缩、逃逸到湘西这片真山真水、真性真情的"世外"之界中来,在落寞的笔耕中度过坎坷的一生。贾平凹的心理调查表明,这位作家自小也有一种"避世"心理,在"圈外"逡巡的心理。他确定自己的气质为"黏液质+抑郁质",生长在一个大家庭里,"自幼没有得到什么宠爱。长大后体质差,在家干活不行遭人唾骂,在校上体育争不到篮球,所以便孤独了,喜欢躲开人,到一个幽静的地方独坐。愈是躲人,愈不被人重视,愈不被人重视,愈要躲人。"先天加后天形成的这种避世孤独的心理,导引着他的才能和灵智在文学的天地中得到发挥,也导引着他的审美心理天然地向夜月、静水和淳美倾斜。人找到了一种最自如的"生活形式"(审美创造也是生活形式的一个内容,是生活状态的美的模拟和生活理想的美的构想),才智也就能得到较为充分的发挥。贾平凹较快地在文学上做出了成就。不论主观上怎样想,他实际上是以文学的入世弥补了生活的避世,以退中之进实现了自我。文学的入世,当然并不单指他个人在文学社会中的地位、影响以及其他身外之物，而是说，沈从文、贾平凹这一类以反映混交型、次生型文化见长的作家，他们不是以作品对历史、时代和生活进程的直接干预来介入社会，而主要是以作品对远离主体文化的边地生活的真、善、美的提炼和扬播，宣叙自己对美的追求、积极影响社会审美坐标而介入社会的。

再有，譬如我们还能看到反映混交和次生文化的作品这样一个特点，就是写两种或多种文化的交叉、冲突、融会、再生，体现出这类社会生活和社区文化中封闭与开放、沉滞与活力的剧烈震荡。在贾平凹一些反映商州地区现实生活的小说中，这种混交与再生现象主要体现在，描写了现代文明如何楔入了山地文化的封闭系统，而与传统的价值坐标、文化心理发生冲突，既调整着这个封闭系统，又被这个封闭系统所整合，随着政治文化的解冻，随着农业经济向商品经济的转化，新的生产方式和思想文化，甚至一些在传播中变了形的西方文明像龙卷风一样扑向丹江上游的沟沟洼洼。一方面是人们仍然按老习惯、老方式在生活，另一方面是商品化逻辑通过经济、文化渗入百姓的寻常生活。两极的不协调组接，造成许多幽默和尴尬。几百年前就用于航海的罗盘，今天仍有人用来看风水，办丧事；收录机刚刚放完哀乐，又开始敲锣打鼓唱孝歌；丹江南岸走着四抬陪嫁、唢呐锣鼓的迎亲队伍，北岸却飞驰着接新娘的小轿车；靠现代科技致富的专业户，却跪在神坛下求菩萨保佑。乡镇企业在管理科学化的同时，封建的亲缘、地缘关系和家长作风也在蔓延。在村社文化、宗族和宗教文化的旁边，城镇流行文化、知识青年文化正在崛起。跨地域、跨国界的商品经济和科学技术，正在以无敌的铁的规律，将次生文化组合进自己的网络，而"圈外"群体，"圈外"价值、"圈外"心理，却喜忧参半地，别别扭扭地，甚至充满戒备和敌意地在边缘徘徊，不肯入圈。半是天使半是魔鬼，半是欢歌半是眼泪，半是推拒半是俯就，"州河文化"就这样蹒跚地前进着。也许在现代商品经济的世界里，在不受时空分割的公平的市场面前，次生型文化将告别过去，走向一个消融了自己的未来。

张承志的许多作品也都含纳着这样一个内在的混交与再生的结构：常常是一个人物如"我"由于时代和命运的变幻，从他原有的文化土壤（如草原文化）中分离出来，或进了城，或上了大学，获得了新的文化因子。原有文化土地的召唤，使他渴望着再回到草原上去；但回到草原之后，作为已经是新文化载体的主人公却和草原有了很大的距离，原先与环境水乳交融的文化心理和价值坐标，现在变得陌生甚至格格不入。人物与环境的矛盾引起了人物内心的冲突，经过两种或几种文化坐标混交所引起困窘之后，常常是一种新的文化价值的再生。这种新的文化价值已经不是原有的哪一种文化坐标，而是两种或几种原基文化融会后的次生物了。

文化的混交林带与次生林带——一个挺有趣的课题。此文将这个课题稍稍揭开几页，我们已经看到了一片不老小的待垦的土地。它在等待耕耘，等待开花，等待结果、收获。

1991年夏，西安岚楼

中华传统文化的精神母题和人格模型

——文化学眼光中的轩辕黄帝

从历史考古学的角度看,炎黄二帝在历史上确有其人,渭水中游是中华炎黄文化的发祥地也大体确认。据专家论证,炎帝、黄帝均为太昊伏羲氏的后代。太昊伏羲氏约六千年前生于渭水中游的天水境内,其部落后来东徙定居并建立政权于古陈仓(陕西宝鸡一带)。历史上以炎帝神农氏和黄帝轩辕氏称谓载入典籍的各有八代,第一代距今有五千五六百年。今天陕西黄陵桥山,是第二代轩辕黄帝的陵墓,河南新郑是第八代轩辕黄帝生长、建都的地方,河北涿鹿则是他的归宿地。笔者对古代史疏于研究,这方面没有发言权,愿意对这种经过科学考古论证的看法持赞同态度。

对轩辕黄帝还可以用另一种眼光来看,这便是文化原型学的角度。从文化的生成组合和文化的动势动律角度,从文化的内在结构和文化的时空全息角度,从文化的人格凝聚和人格的文化辐射角度来看,又可以说轩辕黄帝、黄帝时代及其相关的史料和传说,作为一种远古的精神文化现象,是中华传统文化的一个原始模型、一个人格象征、一个精神母题。简言之,黄帝是中国文化的一个原型、一个神话。于是,我们眼前便有了两个"黄帝"的叠影,他们都以黄帝的史料为基础,故而大体一致。但文化学眼光中的"黄帝"已经稍稍不同于历史考古学眼光中的"黄帝"。它是在历史真实黄帝的基础上,由同代和后代人民不断添加文化附着物,不断凝聚新的文化期待创造出来的。作为文化人格的黄帝可以说是我们民族的集体记忆,由集体不断传递、不断补充、不断丰富的记忆。这两个黄帝,一个(历史学中的黄帝)主要作认知判断，一个（文化学中的黄帝）主要作价值判断。一个是大地，一个是云霓。一个湮没在历史的岁月之中，一个活跃在现实的精神里。一个是真，一个亦真亦幻，是梦。文化学眼光中的黄帝，的确是我们民族对完美人格的一个梦、一个理想，何其遥远而又何其现实。本文的论述，主要以文化学为理论坐标。

为了避免不必要的争论，有必要对"神话"这个概念做一个解释、一个界定。在社会流行话语体系中，"神话"常常意指虚幻的故事而和"史实"对立，"历史人物"和"神话人物"以真实性为界河而对峙。但是在文化学话语体系中，则不是这样。神话是一种文化原型，神话—原型理论在西方是一种跨学科理论，它是从弗雷泽为代表的文化人类学、荣格为代表的分析心理学、卡西尔为代表的象征哲学等多学科理论坐标上阐释历史、文化和审美问题的。

关于神话。在《象征形式哲学》第二卷（题名"神话思维"）中，卡西尔从认识论角度指出，神话既不是虚构的谎言，也不是任意的幻想，而是人类在达到理论思维之前，认识世界解释世界的一种普遍的思维方式。这种思维方式给原始人带来一种神话的世界观，它有自身的特点和规律。例如，神话思维中"并不存在对于本质与偶然，真理与假想的区分"[①]，所以常常把单纯的表象同认知、同愿望等同起来。轩辕黄帝作为当时一位极有作为的部落联盟领袖，在这种神话思维的作用下，伟人升华为圣人，伟人的业绩经过聚合（也包括想象）升华为神话和传说，出现在他身上就十分必然了。黄帝这个个别的具体的形象，也便成为那个时代对难于认识的本质力量的一种认知。这种认知在形成之后，并不像现代理性那样舍弃感性形象素材，概括成为纯理性的抽象表述，而是不经过抽象，一直黏合在感性形象（黄帝）身上，

---

① 卡西尔：《象征形式哲学》，矢田部达郎日译，东京培风馆昭和1958年版，第145页。

留存、吸聚、发展、遗传下来。尼采和海德格尔认为，这种神话认知作为一种初民的思维方式，有时反倒比逻辑理念哲学更趋近真理。

关于原型。原型或叫"原始模型"，或叫"民话雏形"，或叫"集体表象"，或叫"认识母题"。原型是一系列的形象群、联想群，它以具体可视的形象或故事，显示着一种社会生活或一种民族精神或一种认识方式的结构。从这个意义上讲，精神原型和文化母题不是别的，正是一种如轩辕黄帝这样能代表、概括共性和本质的个别和形象。它是在长期的文化传承中形成的，类似于小说中的典型形象和诗歌的象征意象，是民族精神、群体文化的个性化名片，是以个别形态表示出来的民族历史（纵向）、民族精神（横向）的"共名"。它虽然不是人类遗传信息的载体，却是社会文化信息载体的一种形式，可以作为一个社区社会心理的、文化精神的遗传基因，活跃在人类文化场中，千秋万代传承下来，并在传承中不断吸收新的文化因子，整合，更新。

英国当代动物学家和行为生态学家 R. 道金斯曾经将一个希腊语词根"Mimeme"缩简为"meme"（"觅母"），为这种在生物遗传基因之外的文化或准文化遗传基因命名。他认为，缩简后的"觅母"这个单音节的词，听上去有点像"基因"（gene）。能和"基因"构成对称性的词，而含义又和法语"同样的"（meme）、英语"记忆"（memory）有关联，比较能够表达文化模仿或复制、文化传播或遗传，这也就是文化原型的真切意义。①

这种以个人的形象、具体的故事叙述一种文化精神母题的特殊方式，即神话—原型思维，在归纳一个民族的基本生存需要方面，在表述一种文化的基本价值方面，在重构人类情感经验方面，发挥着不可替代的作用。这一点，已经在关于炎黄文化的研究中反复得到了证实。

---

① 庄锡昌、顾晓鸣、顾云深：《多维视野中的文化理论》，浙江人民出版社 1987 年版，第 139 页。

轩辕黄帝作为民族传统文化的原型和母题，可思考的内容很多，笔者先提出四个方面。

第一，从文化发生的角度思考，轩辕黄帝是中华民族多维生成和合的人格象征。

黑格尔提出过一个命题：哲学理论就是哲学史。也就是说，在共时性理论体系中的逻辑联系内容常常来自理论对象本身历时性的发展程序。精神的、社会的或其他事物的历时程序往往会积淀为精神的、社会的或一个事物的共时状态或结构。有时又可能反过来，某种精神的、事物的共时结构又会延展、辐射为这一精神和事物的历时发展。时间和空间的这种全息性、置换性，不仅表现在哲学理论和哲学史的关系上，也不仅表现在史和论的关系上，在社会文明发展的各方面往往都能看到。现在我们从史实和传说中所知道的黄帝一生的空间活动范围，也正好全息着中华民族生成的历史进程。这是一种空—时置换。

这种一个人的人生活动和一个民族的生成过程相全息，主要体现为三种状态。一是在战争撞击中和合。黄帝出生在五千年前的黄土高原。迁徙生活于黄河流域，在动态的人生中，通过团结、联合，也通过斗争、战争，和合万邦，亲睦九族。早年便教民习用干戈征服无道，在惩暴过程中强健和凝聚部落。自此威声大振，各方部族归服。不久，炎帝无道，黄帝再次修德振兵，安抚万民，与炎帝部族大战于涿鹿之野，三击而胜，天下乃治。战争是流血的征服，同时也是流血的文化交流。涿鹿战后，黄帝没有野蛮地对待战败者，相反，以一种宏大的宽容气度，向对手学习，并推广了神农氏族的善农耕、重稼穑传统，促进了黄河流域游牧文化向农耕文化的转型。而这场战争也使炎帝部落向东南迁徙，与长江流域的苗蛮集团逐渐融合，推进了母系社会向父系社会的转化。再后来，黄帝又联合炎帝和黄河古道下游蚩尤所率的九黎族部落打了一场惨烈残酷的大仗，九战九不胜，最后靠指南车、军鼓、号角取胜，也就是靠原始的科技（指南车）和管理（组织指挥）取胜。而胜利者却同样不杀敌对部落的首领蚩尤，反让他主管军事以制八方。两个对立的部族于是通过战争达到了政治的联合和经济的交流。

这里要说明的是，这一段传说极可能和史实相悖。史实似乎是蚩尤被杀。但正是从群众通过传说对史实的这种修改中，我们感受到了一个民族以完美人格理想和进步文化精神重铸和升华黄帝原型，使之和中华民族在多维和合中逐步生成的历史进程相吻合的良好愿望。

黄帝一生身经五十二战，在战争中和合，使华夏民族滚雪球一样壮大。对黄帝来说，战争是手段，通过战争对内增强凝聚力，提高自强自信，对外交流融合才是目的。这一点，后来成为中华民族发展史的一个重要特点。

二是在分封辐射中和合。《国语·晋语》说："凡黄帝之子，二十五宗，其得姓者十四人为十二姓。姬、酉、祁、己、滕、箴、任、荀、僖、姞、儇、依是也。唯青阳与苍林氏同于黄帝，故皆为姬姓。"① 据《路史·国名纪》中所载，黄帝子孙所封之国约七十个，分布在今天的河南、河北、山西、山东、陕西、安徽、广东、四川、湖北、江苏、内蒙古、青海等地。黄帝的子孙通过分封治理各地，世代繁衍，奠定了多维生成的中华民族雏形和中华古国最早的版图。据史家考证，有一些少数民族也自称是由黄帝子孙繁衍发展而成的，如西藏族之羌、回族之安息、苗黎族之禹号、蒙古族之匈奴、东胡族之鲜卑。满族的祖先金人，也是黄帝之子的后裔。诚如于右任先生所言："是中华民族之全体，均皆黄帝子孙也。"黄帝的人生经历及生命繁衍，便这样全息着多民族的中华大家庭的生成及和合。

三是在图腾综汇中和合。黄帝不但以自己的人生实践矗立了中华民族多

---

① 邬国义、胡果文、李晓路：《国语译注》，上海古籍出版社1994年版，第310页。

维生成的人格象征，而且在民间还广为流传着他综合各部落的图腾，创造了中华民族多维生成的图腾象征——龙，以及符号象征——文字。他让仓颉按黄河的形态和神韵，综合各部落的敬奉（牧鹿部落敬奉鹿，神农部落敬奉牛，热海部落敬奉虾，东夷部落敬奉鱼，仓颉部落敬奉朱雀，轩辕部落敬奉小龙）创造了包含这所有特征，又和所有图腾不一样的大龙。大龙有鹿之角、牛之头、虾之须，有小龙的身子、朱雀的爪子，浑身长满的是鱼鳞，一个各部族图腾的和合体。而文字的发明，对中华民族文化的至关重要，更是尽人皆知。象形文字为黄帝和合万邦的基业树起了一面文化的旗帜，使中华民族有了统一的信息交流密码，有了自己的符号象征，至今仍是华人世界最强有力的精神黏合剂。中国文字的动态性、包容性、多义性、象征性，也无不全息着我们民族文化的一些基本特征。

以上种种，使黄帝成为一个多维谱系的大民族公认的共同祖先，成为我们共有的"种族记忆""集体记忆"。黄帝使潜藏在每个中国人心底的原始记忆有了超个人的内容，而上升为一种民族文化心理。黄帝便这样成为这个大民族的"共名"，中华民族的人格神、人格象征。一个像轩辕黄帝这样能够在相当深刻的程度上创造时代、辐射历史的人，是大写的人。

第二，从文化精神的角度看，轩辕黄帝是中华民族文化优秀质地组构的人格象征。

从现在知道的关于黄帝的资料看，他在自己人生实践过程中体现出来的人格精神，包含着中华民族优秀品格最早的基因和价值体系最早的雏形。这里我们看到的是前一个论题的逆过程，不是空—时置换，而是时—空置换过程。黄帝毕其一生实践的各种人格精神和价值坐标，像种子一样在几千年社会历史进程（这是一种历时性）中发育，构成民族文化精神各个维面的内容和质地（这是一种共时性）。

今天，中华民族著称于世的一些优秀精神品格，无不可以在轩辕黄帝和他的时代找到源头。

开放自强的创造精神——黄帝有开放的眼光和包容的胸襟。他常常以开放性思维用人之长，发现兄弟部族甚至敌对部族的优势。在开放中学习，在学习中改造、创造、发展，逐步将零星的文明成果综合为自己的文明体系。传说热海部落酋长风后发明了指南车，牧鹿部落酋长广成子发明了弓箭，黄帝团结联合他们，将他们的发明应用于实践，壮大自身。他向炎帝的神农部落学耕地种谷，促进游牧文化向农耕文化转型，向蚩尤的九黎部落学炼铜技术，促进石器时代向铜器时代进步。从这里，我们看到了中华民族文化开放性、包容性和多维性的最早源头，看到了在多维开放中自强不息精神的最早源头。

建功立业的有为精神——这种精神是中华民族的传统品格，从儒家的入世有为主张，到秦皇汉武唐宗宋祖以及无数仁人志士和世世代代人民群众的建功立业实践，创造了中华民族文明史的灿烂星河。这条河的源头，可以说正是黄帝的有为人生观和有为人生实践。他自小便有发展社会、治理天下、建功立业的志向。"黄帝十岁，知神农之非而攻其志。"及长，看见各个部落由于生产力低下，互相抢劫，便立下了团结统一天下、共同发展文明的大志，并且首先从自己部落做起。黄帝为民族创建的皇皇功业，精神动力皆来自这种有为主义。而他的皇皇功业又为中国人的有为主义传统提供了最早的实在成果，奠定了最早的实践基础。

为民利族的奉献精神——黄帝为了群体利益和民族的发展，早年历尽辛苦周游天下，希望能够找到一个更好的家园安置部落，带回了许多先进的物质文明、精神文明信息。为了保护新的生产因素，当九黎人抢走了神农人的谷种，而炎帝怀疑是轩辕人所为时，传说黄帝不惜以母亲作为人质，顶风冒雪帮助追寻盗了谷种的九黎人，取得了炎帝的信任，达到了炎黄联合的目的。为了避免部落之间抢劫漂亮女人，他率先娶丑女为妻，创建了在男女结合中重德重情的新风尚。和蚩尤恶战九次取胜之后，他不是急于去庆贺表彰自己的功勋,而是立即着手解决战争给部落带来的创伤,倡导组织发展生产,一时"蚕神献丝,乃称织维之功……地献草木,述耕种之利,因之以广耕种"①。并且注意妥善安置九黎部落,发挥他们的特长。天下安定之后,他依然没有坐享其成,又再度踏遍穷山恶水,寻求新的治国安民之道。

此外,黄帝文化人格体现出来的还有身体力行的实践精神、勤俭修身的自律精神等,和上述几点一道,构成了承传千古的中华民族优秀品格的丰富内涵。

第三,从文化个性的角度思考,轩辕黄帝是中华民族文化内在主要特征的人格全息。

从世界文化总格局中看,一般认为中华传统文化的内在特点主要有三,即伦理中心、家国同构、天人合一。这三大特点,当然是在长达几千年的封建社会进程中形成的,但也能清晰地看到其中有着黄帝时代的文化基因。黄帝以德治为先,修德化民。他宽厚仁慈,身居高位却始终与民同甘苦、共患难。他制定"君臣上下之义,父子兄弟之礼",使人安伦尽分,彼此以仁义之心相待,而且"圣德光被",慈爱之心和仁义之举广及周边各部族。在德治基础上,疾恶如仇,对邪歹暴虐严惩不贷。在看重实践实绩的基础上,推崇人的道德水准和意义境界。这是伦理中心的初始形态。黄帝治国,以家族辐射部落,以部落辐射民族,由血缘而兼及地缘,兼达天下。黄帝被尊奉为华夏始祖,举凡华裔都称自己为"炎黄子孙""黄帝子孙"。这是家国同构的初始形态。黄帝以人而圣,以圣而神,以人道而王道,以王道而天道。这是天人合一的初始形态。黄帝传说中,从龙的图腾到死后的驭龙升天,那龙人合一,正是天人合一初萌期的一种图像,是天人合一由象形到象征的中间环节。

毋庸讳言,黄帝个体文化人格和民族群体文化人格内在特征上的这些相

---

① 马骕:《绎史》,王利器整理,中华书局 2002 年版,第 35、39 页。

似，许多是后人对中国文化特征做了理性概括，逆推到黄帝身上，做了人格的再造和重铸，使民族文化具有了人格和感情原型的色彩。如前所述，这种逆推和再造本身，反映了整个民族视黄帝为人文初祖、人格共名的共同心理和共同期望。同时，这本身也反映了中国文化的伦理中心色彩——对民族文化种种特征的概括，只有转化为人的伦理精神、人的道德形象，才能被精英圈外的整个社会所认可、接纳，并得以传播、传承。

恩格斯曾经论述过人类社会除了生理的血缘遗传之外，还有社会的文化遗传。文化基因在漫长的积淀过程中，由客体因素转化为主体因素，由社会因素转化为心理因素，逐代承接、变异，保存下来。他称这种遗传为获得性遗传。黄帝不但给子孙后代以生命基因，也给子孙后代以特定的获得性文化遗传基因。

第四，从文化动律的角度思考，黄帝是中华文明三位一体维新结构的人格全息。

中华文明发展在结构上的特点，有学者提出，是一种生产技术、社会组织和政治权力同层同构的三位一体结构。社会政治管理、社会生活管理和社会生产管理合一，全部由同一层次、同一结构的领导群体承担。这是一种古典的社会管理结构，在现代社会和现代经济生活中有着明显的弊病。但是，它却在漫长的历史进程中维系着我们国家和民族的发展，在公元前二千六百多年到公元一千三四百年的近四千年的时间里，创造了三位一体而大致能持续维新发展的业绩。这种三位一体社会管理结构，形成中华文明的一个重要特点。它使政治领袖不能不同时关注社会管理和经济发展，不能不同时关注社会精神文明和物质文明的同步发展，并且较深地投入其中。黄帝是精神领袖、政治领袖、社会政务和社会经济文化管理者的合一，其"帝—神—人"形象的叠印，正是这种三位一体结构的人格雏形。

中华文明这种三位一体维新发展的特点，在黄帝时代已经初具形态。综览史籍，黄帝时代的发明创造主要有指南车、兵法、弓箭、分土建国、礼法制度、嫁娶制度、阴阳之事、棺椁、坟墓、宫室、市场、货币、文字、历数、医药、陶器、养蚕、纺织、舟楫、车、杵臼、斿（毡子）、釜甑、冠冕、衣裳、火食、几案、井、伞、灶、镜、音乐、鼓、足球、图画等共三十多项。辐射政治、军事、社会生产、日常生活、风俗习惯和社会管理、典章制度等各个方面。黄帝人格精神的文化内涵，既通过其政治军事活动显示出来，又通过其组织社会生活、实施社会管理的实践，特别是通过其大力发展物质文明的实践显示出来。黄帝一生的实践活动，凝聚着中华民族物质文明早期发展的缩影，标志着当时社会生产力发展的水平，是一定历史阶段社会文明的人格化和命运化。

在世界各民族的创世神话和远古历史中，像轩辕黄帝这样多维度、多层面全息着一个民族传统文化内质和体系的原型人物，像轩辕黄帝这样凝结为"神仙—英雄—平民"的三重叠合形象，广宽涵盖社会历史生活的原型人物，也许不是唯一的，却极可能是首屈一指的。

1998 年 4 月，西安古都大厦

佛教和中国的民艺民俗

把佛教当作一种文化现象来看，其教义之中包含有丰富的哲学、伦理学、心理学、心灵学和美学各方面的内容。对这些内容的研究，特别是研究在中国文化基础上对佛教的吸收和改造，取得了很大的成果。就佛教教义本身来说，比如僧肇的般若性空理论、道生的涅槃佛性学说、天台的"三谛圆融"思想、华严的"法界缘起"观念，等等，不但对大乘佛学做了积极的发挥，而且将儒家学说融进了佛教思想。后来的禅宗更是中国式的士大夫佛道。由佛教的传播和研究引起而发展的各种学问，比如在佛教的议论和辩论中发展起的"因明"即佛教逻辑学，在佛典的著述和吟诵中发展起的"声明"即语言声韵之学，直接促进了古代汉语反切规律的总结，丰富了中国的音韵学，并间接影响到中国诗歌对声律的运用，促进了近体诗的形成，等等。

但是佛教在中国的初传，最早主要是作为信仰和方术流行于民间。两晋以降被知识分子接受之后，佛教在民间流传这条线非但没有中断，而且作为一种宗教信仰，更作为一种宗教文化，大面积地和中国民间文化相结合，经过各社区文化的改造融合，沉淀到民间哲学、道德伦理和民间风俗、民间文艺之中，成为中国民俗文化的重要组成部分，以致产生了佛教似乎是中国国教的错觉。只是，从民俗文化和民间文艺入手研究佛教和佛教在中国的传播流布，一直显得比较薄弱。

世界几个大的宗教在传播上都有一个特点，便是将理性的教义化为感性的故事。述而不论，以述代论，述多论少，并常常走出印刷文字的文化圈，以各种民间艺术和口头文学的形态，在民间传布，或渗透进各种风习民俗之中。因此，佛教民艺和佛教民俗成为中华文化的一个重要组成部分。笔者拟从以下四方面对有关资料做一些钩沉和绍介。

第一，各种各样流传于民间的佛本生故事所汇成的佛经文学，本身就是我国民间文学的有机构成。这些民间佛教故事又常常是佛教风俗形成的渊薮和流布的激素，其中的精品就是佛经。

汉译佛经如果按照确切可考的第一部汉译佛典的出现——东汉桓帝元嘉元年(151)安世高译出的《明度五十校计经》算起，到北宋仁宗庆历元年(1041)帷净和孔道辅先后奏请朝廷解散翻经院止，大规模的译经工作延续了近九百年。此后零散的佛经翻译工作一直绵延至今，这是人类文化史上的壮举。以翻译佛典为基础，大量经过释迦牟尼汇总、改造、转述的流传于古代尼泊尔、印度、锡兰、大月氏等地的民间传说开始在我国民间流传开来。由于释迦牟尼的佛教教义重道德伦理规范，主张众生凭借默想和顿悟，臻至真谛求得解脱，所以佛经故事多以弘扬和平、牺牲、慈爱、诚信、平等、无私、克制贪欲、禁戒残暴等为内容。比如《长寿王》的故事就是反对战争，主张人与人和平相处；《太子须大拏经》的故事则宣扬自我牺牲精神；《鹿王》及《鹿夫妇》的故事讲的是对群类的爱、幼小者的爱、子女的爱；《相扑》则描写了一个无信的人所得的结果；《山鸡王》《虬与猕猴》则是对存心欺骗者的嘲讽。这些故事一方面反映了佛经文学的宗教说教性质；另一方面从它所表达的人民的爱憎、祈求和希望看，也反映了佛经文学的人民性。

第二，在佛教影响下产生了我国古代民间文学新的体裁类别——俗讲、变文和宝卷。

民间口头文学或口碑文学，实际上是口承语言民俗，是民俗学研究的一个十分重要的领域。这里是为了论述的方便，才将其从民俗中分出来谈的。

俗讲。六朝时期，在寺庙中就有一种"唱导"的活动，就是在宣讲佛经时，一方面按"梵呗"的声调来转读，另一方面要唱宣佛号。接着，为了引起兴趣，警醒听众，还要讲一些因缘、譬喻故事，以加强宣传效果。当时把

宣讲佛经叫作"僧讲",演说世俗故事叫"俗讲"。藏于法国巴黎国家图书馆的敦煌卷子中,有关于俗讲仪式的记载:

> 夫为俗讲:先作梵,了;次念菩萨两声,说押座了;索唱《温室经》法师唱释经题,了;念佛一声,了;便说开经,了;便说庄严,了;念佛一声,便一一说其经题名字,了;便说经本文,了;便说十波罗蜜等,了;便念佛赞,了;便发愿,了;便又念佛一会,了;便回向发愿取散云云。已后便开《维摩经》。讲《维摩》:先作梵,次念观世音菩萨三两声;便说押座,了;便索唱经文,了;法师自说经题;了;便说开赞,了;便庄严,了;便念佛一两声,了;法师科三分经文,了;念佛一两声,便一一说其经题名字,了;便入经说缘喻;便说念佛赞,了;便施主各发愿,了;便回向发愿取散。①

俗讲有一定的仪轨:鸣钟集众,登座,说押座文,开题,正式讲经。押座文系开始讲时说一个短经,以镇押、稳定在座群众。正式讲经文则先唱经,再解说。继以吟词,循环往复。到唐代,俗讲已相当发达。日本僧人圆仁入唐,《入唐求法巡礼行记》卷三中记道:"……会昌元年,敕于左、右街七寺开俗讲。左街四处:此贤圣寺,令雪花寺赐紫大德海岸法师讲《华严经》……正月十五日起首至二月十五日罢……""九月一日,敕两街诸寺,开俗讲。""五月,奉敕开俗讲,两街各五座。"姚合在《赠常州院僧》诗中写到地方上俗讲时,有句"古磬声难尽,秋灯色更鲜。仍闻开讲日,湖上少鱼船",可见当时的盛况。在俗讲活动中,涌现出一批闻名遐迩的专家,像文淑法师,在唐人笔记小说中一再被提到。他的俗讲,"假托经论",所言多系"淫秽鄙亵"的世俗故事,老百姓十分爱听,常"鼓扇扶树""填咽寺舍","上座

---

① 贾馥茗:《教育大辞书》(五),台北文景书局2000年版,第30页。

率"颇为可观。连青楼教坊也"效其声调以为歌曲"。

变文。在俗讲的基础上,吸取了中国古代说唱文学长期发展的表演艺术,形成了变文。它也是一种通俗的、散韵结合的说唱文学,但不再"假托经论",依附于某部佛经做讲解。内容有佛教的,也有表现历史和世俗内容的;演出者不限于僧人,还有民间艺人;形式不但有说唱,还辅以绘画。安史乱后,唐明皇和高力士在西内过着寂寞的生活,"每日上……扫除庭院,芟薙草木,或讲经论议、转变说话……"①,"转变"也就是讲变文。

"变文"的"变"字,是变易之意,即将一种记载改变成另一种体裁的文字,如将佛经和史料改变成说唱文。还有的将文字改变成图像,则称之为"变相"。在古代,变文与变相有时在说唱中交相匹配,文图并茂。如敦煌卷子中有《大目乾连冥间救母变文并图一卷并序》,千佛洞还发现了附有文字说明的类似连续画的《祇园图记》,在一些变文说白与唱词的过渡处往往插有"看……外"之类的语言,表明有绘画相辅。这也可能是在临时展出的图画前演唱,也可以直接在敦煌洞子里的壁画前演唱。

从俗讲到变文,从题材上看,逐步自宗教民间文学向一般民间文学转化。既有直接宣传佛经的,如改编自《盂兰盆经》的《大目乾连冥间救母变文》,改编自《贤愚经》卷九《须达起精舍品》的《降魔变文》,等等;又有讲佛教传说的,如《八相成道变文》取自佛经,写佛陀成道故事;世俗题材有写历史故事的,如《李陵变文》《王陵变文》《昭君变文》等;也有写现实题材的,如《张义潮变文》《张淮深变文》;还有写民间传说的,如《董永变文》。题材的扩大和反映现实的能力,表现了俗讲和变文的生命力。从表现内容上看,越来越世俗化,加进了很多当时中国社会的生活习俗、社会心理,并考虑到了当时中国老百姓的欣赏习惯。从故事情节看,也越来越生动、充

---

① 韩春恒:《高力士外传》,春风文艺出版社 1987 年版,第 120 页。

实，在形象、意蕴、语言上达到相当水平。《昭君变文》写昭君和番的故事，具有浓厚的爱国感情。《王陵变文》写王陵助刘邦伐项羽的故事，写出了一个深明大义、有胆有识、勇于牺牲的老妇人的形象，也表现了项羽的刚愎自用和粗蛮残酷，而且在对人物的描写中预示了楚汉相争的历史命运。《丑女变文》写得幽默生动，富于生活情趣，有些情节，像贪夫被丑女吓倒和丑女被幽居，都是原典《贤愚经》上所没有的。《降魔变文》"六师斗法"一大段，描写、修饰极为丰富，大量使用骈偶句法，但原典只有一句话，完全是艺人的再创造。俗讲和变文都是散韵结合。俗讲常常依经解文，以四六句写成，间以诗句总结前文。变文则是一段散文，一段韵文，以散文铺陈描绘，以韵文加以渲染，看得出佛典写法的传承。韵文有诗偈也有俗曲，五言、六言、七言，以七言为多。这表明非正体的诗歌在民间很流行，被俗文学借用了。这些，都丰富了中国文学宝库，并对后世文人创作和民间文艺产生了影响。如后世话本中，开头的"得胜回头"即"入话"，正相当于俗讲中的押座文。话本的行文也是散韵结合的，表明了话本与变文的联系。变文更成为后来宝卷的直接渊源，从而又间接影响弹词、鼓书等民间说唱。

宝卷。宝卷简称"卷"，是"宣卷"的文字底本。这主要是一种宣扬因果报应的、劝善训谕的、佛教思想极为浓厚的民间说唱文学。宝卷是变文的直接发展。在唐代会昌毁佛之后，变文日渐绝灭，俗讲变文演唱者流入社会，到宋代发展出卷子中的"说经""说参情"；再往后就形成宝卷。由于宝卷产生于佛教思想的衰落期，民间的"檀施供养之佛"只宣传一种粗俗的迷信，成为没落的封建意识的一部分。宝卷虽来自民间，却很少能表现什么积极、有意义的思想观念，多为浅薄的图解式说教。从艺术构思上看，也大多遵循一定的程式，善人受难、遍游地狱、死而复生、升天成佛等情节经常使用，以宣扬佛教的六道轮回和本缘观念，具体的描写也经常重复。世俗题材的宝卷则杂取旧籍，内容很少有创造性，增饰的情节也多荒诞离奇。但不少宝卷仍然在一定程度上反映了人民群众的愿望和想法,如写富人嫌贫爱富、官府贪赃枉法的《五月英宝卷》,写考场受贿、压抑人才的《还金镯宝卷》,都反映了一定的社会现实,有的也表现了劳动者朴素的道德观。

宝卷和小说、戏曲以及民间说唱弹词关系十分密切,继承和发展了韵散结合的说唱形式,在中国文体发展史和说唱文学史上有一定的地位。早期宝卷散文部分用说经口吻,用"经云""盖闻""话表""却说"等开头;韵文部分则主要是五、七言诗的形式,一卷或一品末了有的使用曲子唱词。《金瓶梅词话》第74回"宋御史索求八仙鼎 吴月娘听宣黄氏卷"描写了说唱宝卷的完整情景。先是洗手焚香,然后展卷阅本,先以说经的口吻说散文:"盖闻法初不灭,故归空;道本无生,每因生而不用……"接着唱偈并加以解说:"富贵贫穷各有由,只缘定分不须求。未曾下的春时种,空手荒田望有秋。——众菩萨母,听我贫僧演说佛法,道四名偈子,乃是老祖留下。如何说'富贵贫穷各有由?'……"边讲解边诵偈,之后接着唱、韵、散交叉叙述。故事讲完,又有祝颂语,并以说偈结束。

宝卷一直流传到新中国成立以前,已与一般曲艺相同,主要表现社会传闻和奇闻轶事,新中国成立后被淘汰。

第三,各类佛教民间艺术在我国历史上的长足发展。

黑格尔说:"艺术到了最高的阶段是与宗教直接相联系的"[1],宗教往往需要利用艺术来使我们更好地感到宗教的真理,或是用图像说明宗教真理以便于想象。以此故,文化发展进程中往往存在着一个宗教艺术阶段,这个阶段又促进了宗教和艺术的发展。在中国,宗教精神一方面深深地渗进文人艺术之中;另一方面,在物质形态上又主要体现为民间艺术创作实践。

佛教建筑艺术。建筑作为艺术实践活动,在中国古代主要表现为民间艺

---

[1] 黑格尔:《美学》(第一卷),朱光潜译,商务印书馆2011年版,第105页。

术。按黑格尔的说法，建筑是对一些没有生命的自然物质进行加工，使之与人的心灵结成血肉因缘，成为一种外部的艺术世界。因此，建筑的象征性，使它能成为神的象征而受到宗教的青睐。大雁塔雄踞平原之上，以它稳定的塔基、高耸的塔身和靠近它时一重重的前导建筑和台阶，造成了一种崇高感和肃穆气氛。许多神庙佛殿都修在高山峻岭之中，有的借助山的高峻和巨大，造成空间巨大的体量，象征着神的不可企及，比如布达拉宫；有的借助林木的掩映和云雾的缭绕，渲染佛的朦胧，比如峨眉山的寺庙群；而塔尔寺巨大建筑群的烘托拥戴，悬空寺在悬崖峭壁之上的回廊飞檐，千佛洞、云岗窟穹庐般高远的拱顶，雍和宫、碧云寺乔木伟干般的擎天廊柱，还有碑石铁马、钟鼓磬钹、帷幡香火，莫不象征着佛祖的伟大、崇高、神秘、顶天立地和超凡脱俗，都莫不是神祇佛性的意象。

  佛教雕塑艺术。神像既是信仰的对象、膜拜的形体，又是由千千万万佚名的民间艺术家创作的雕塑艺术作品。我国西部石窟中的犍陀罗艺术雕塑，佛陀衣饰处理得像是湿贴于身，以这种透明感衬托出佛陀匀称的肌肤和俊美的体形，四肢洁净而和谐，面部焕发着肃穆慈祥的光辉，这与当时佛教哲学上倡导的唯识玄想一致，表现了一种寂静自在的内心世界。佛像低眉垂睑，五蕴皆空，已进入圆融无碍之境。我国现有一百二十多处石窟遗址，除了极负盛名的云岗、龙门石窟，莫高窟、榆林石窟、麦积山、大足等主要石窟都在中国西部。创建于北魏的云冈石窟，造像五万一千多尊，大佛高达17米，小者只几厘米，菩萨、力士和飞天形象清秀高超，飘逸自得。龙门石窟的露天大龛奉先寺，南北宽36米，东西深41米，有十一尊雕像。主佛卢舍那佛高17.14米，面容丰腴饱满，修眉长目，嘴角微翘，流露出对人间世事的关注和洞观一切的睿智。佛教雕塑艺术是中国民间艺术中极为重要、极为珍贵的葩朵。

  佛教绘画艺术。考古学家认为，史前人在一些洞穴中（如阿尔塔米拉洞穴、拉斯科洞穴等）作画，为的是进行一种宗教仪式，因此可以认为宗教意识和原始绘画几乎是一道产生的。但严格的宗教绘画艺术，还是指基督教、伊斯兰教和佛教的绘画艺术。宗教绘画艺术大致有地窟或洞窟壁画和宗教建筑的装饰性壁画，前者主要发展了绘画语言的寓意、象征和叙事性，后者则主要附丽于建筑。

我国佛教的壁画艺术以敦煌莫高窟壁画为最优。莫高窟各窟内的45 000多平方米的壁画，如按两米高排列，可构成25公里长的画廊。这些壁画均有较高艺术价值，各时期风格又不一样。北魏的敦煌壁画描绘了苦行故事，如"舍身饲虎""强盗挖目"，人生犹在地狱之中，阴森可怖，线条粗犷强烈，没有柔和可亲的感情。到唐代壁画，则已完成了中国化，场面浩大，结构严谨，颜色均匀，变化多端。172窟《西方净土变》一图，勾画了极乐世界的美丽图景：七宝楼台，香花伎乐，莲池树鸟，以富丽的物质生活去描绘佛门境界，看得出经过了中国化的世俗的改造。156窟的《张仪潮统军出行图》则生动活泼，气势磅礴，构图与画面处理上是大场面的纵深透视，线描变化多端，刚柔、粗细、软硬、曲直，运用自如，飞天的动态优美传神，是唐代佛教洞窟画的典型风格。此外，傣族佛寺中也存在着大量的经画，把佛经的内容或民间传说，绘成连环画的形式挂在佛殿里。有的挂在列柱之间，有的制成幡旗插在佛台附近，也有的直接挂在佛台的背面。作者大多是佛爷和还俗康朗。正像西方宗教画创作中许多专业画家参与了一样——比如画圣母像的拉斐尔、画《最后的晚餐》的达·芬奇等，中国历代也有大批专业画家从事道释画创作，仅南北朝时期就有曹不兴、卫协、顾恺之、陆探微、张僧繇、曹仲达、展子虔等。但应该说，中国大量的宗教绘画是由民间艺人完成的，他们的作品构成了我国民间绘画的重要内容。

佛教乐舞艺术。佛教音乐在我国古代一度十分繁荣，并且对我国古代音乐从音调到乐曲产生过深远的影响。坐落在北京东城禄米仓的智化寺，始建于明代，该寺的佛教声乐以其绝无仅有的完整性和准确性成为一部国内外罕见的古代佛乐的活古董。智化寺声乐从曲牌、谱式、记谱法、乐器诸方面来考证，可追溯到盛唐或更远的年代。它的演奏以管乐为主，辅以云锣、钟鼓，曲调既有典雅的宫廷情调、悲怆的宗教色彩，又有浓郁、淳朴的民间音乐的韵味。自1446年起，智化寺音乐便像佛经一样被奉若至宝，以极严格的师徒相传方式保存下来，至今已有二十八代传人。由于它保持了那个时代音乐的本来面目，对研究那个时代的社会、历史、文化具有不可估量的意义。

在东汉的《胡笳调》《胡笳录》以及后来的《笳吹乐章》中，录有《婆罗门引》《明光曲》《法座引》等梵曲。唐代著名法曲《霓裳羽衣曲》，既有本国的传统曲式，又有来自印度的佛曲，主要体现为歌与破的部分吸收了《婆罗门》中的乐曲。

在青海藏族地区每年农历六月十七日至二十五日，至今都要举行龙鼓舞表演集会。这实际上是由一个佛教故事演化成的民俗。相传很久以前藏族的前身羌族有一位首领派人去西天取经，归途中佛经被天河水浸湿，取经人在岸边大石上晒经。在他打盹时，一阵清风掠过，佛经不见了。焦急之中，菩萨显灵指点他"屠羊制鼓，佛经即显"，他即宰羊剥皮制成单面鼓，在敲击中经文重新显现出来。此鼓即被称为龙鼓，被寺院用作念经的伴诵器，后来逐步发展为群众庆贺胜利、丰收、节日的龙鼓舞蹈。唐代的寺院，除了俗讲，还演奏散乐，有的甚至设有专供民间艺人表演百戏、散乐的剧场，以歌舞形式表演佛经故事和民俗生活。并逐渐发展为歌舞戏（如《踏摇娘》《五方狮子》）、参军戏、杂剧以及寻橦、跳丸、吞火、旋槃、跟头等各类杂技。

第四，各类佛教民俗在中国文化中的熔铸。

在现实生活中，有许多传承的民俗事象和宗教信仰有关。有些民俗直接由原来的宗教仪式演变而来。原始宗教和现代宗教都对民俗产生了深远的影响。有的学者甚至认为民俗是退化了的宗教，观点虽有偏颇，却说明宗教和民俗关系之深。

佛教对精神民俗的渗化。由于现代宗教的传播给人们的生产生活带来广泛的影响，有些宗教活动逐渐和各类原始宗教、民族民间风俗相结合，成为带有宗教色彩的独特精神民俗。比如"厄莎"本是拉祜族原始崇拜中的创世天神，佛教传入拉祜地区后，厄莎又成了佛教化了的偶像，认为"厄莎就是释迦牟尼"，甚至在大佛房内就设有观音和厄莎的雕像，神力十分显赫。这是原始信仰被佛教渗入的例证，佛教渗入民间宗教习俗的例子就更多了。赕星、赕统、赕耶是布朗族的佛教民俗活动。赕星系在关门节至开门节的三个月里，全寨老人编为三组，轮流去佛寺听经，七天一轮换。赕统系傣历十月左右举行的为期三天的赕佛活动，除了献经书，还献牛猪羊三牲，佛爷要念十本经，群众则放焰火、爆竹，跳象脚鼓舞。赕耶在傣历一月，每四户买一套袈裟送给一个小和尚，每八户买袈裟送给一个大佛寺。旧社会，傣族男孩七至十时岁必须入佛寺当两三年和尚，称为"升和尚"。没有当过和尚的男子，上香烛烧黄表，由喇嘛念经后将黄表埋于院中，可以镇邪保平安。而"崩康"则是土族人信仰的佛像，在一个四方亭子里用土砌成没有门窗的土屋，中间放着数千尊一寸大小的叫作"沙沙"的泥佛像。每逢初一、十五，土族百姓便绕着"崩康"转圈，口里不断诵着"六字真言"，祈祷消灾赐福。由于"崩康"常常修在村中或村边的路旁、坡头，便成了土族居住点的一种标志。

佛教信仰在长期的岁月中，还演化为百姓的俗信行为。蒙古人喝酒时，要用手指蘸酒三次：第一次向天弹指，表示敬天敬佛；第二次向锅灶弹去，表示敬火神；第三次弹向地面，表示敬大地、敬祖先。这种风俗按蒙古语译音，叫"察朝里"。

佛教对人生仪礼的渗化。人生仪礼是指人的一生中不同的生活和年龄阶段所举行的不同的仪式和礼节。从我国各民族人生仪礼将死当作生命在另一个时空的延续（如天堂、地狱）来看，深深地受着佛教轮回转世观念的影响。

从诞生仪礼看，许多地方的妇女在未孕前都有祈祷观世音菩萨以求赐予一男半女的习俗。藏族孩子满月后，要选择吉日举行出门仪式，母子在亲人陪同下出门，第一件事是到寺庙拜佛，祈求神佛保佑新生儿。有的地方孩子出生之后，还要去寺庙中请住持起个佛号。从成年仪礼看，瑶族男子成年时，要举行一种相当于成年礼的"度戒"仪式。"度戒"时要翻云台、上刀梯、踩火砖、捞油锅，经受种种严酷考验。度戒时要吃素，背诵宗教经典和本民族、本家族历史。

从丧葬仪礼看，信仰佛教的民族中曾经流行过火葬。傣族的大佛爷死后，先要举行盛大的拉尸典礼，由两寨村民争夺。火葬后，骨灰盛于瓦坛中葬于寺后，上建一坟塔。藏族的活佛和达官贵人死后，举尸而焚，将骨灰顺风撒播，或撒入大江大河。裕固族人死后要即刻屈肢成胎儿状，叫圆寂，然后在地炉中焚烧。火葬、水葬之俗，都与佛教的传入有关。佛教传入西藏之前实行墓葬，佛教入藏后，宣扬"乐施"，提倡把个人的一切包括自己的肉体施舍给众生。《要行舍身经》载有劝人于死后分割血肉，布施尸陀林（葬尸场）中。佛教中还有"尸毗王以身施鸽"及"摩诃萨埵投身饲虎"的佛经故事，显扬"菩萨布施，不惜身命""求道如此，及可得佛"，于是火葬、水葬等成为风俗。

佛教对岁时民俗的渗化。就是直接由古代天文、历法知识等科学技术形成的岁时民俗中，也能看到佛教的影响和渗入。这从各种宗教性、生产性、文娱性、气候性的节日民俗中可以看出。如农历四月初八为浴佛节，是佛教创始人释迦牟尼的生日。在汉族地区，此日佛寺诵经，用香水灌洗佛像。扩大影响到民间后，取其祈佛避灾降福之旨，又形成各族的"牛王节""嫁毛虫"类的民俗。是日设台祭祀牛王，以五色糯米饱喂牛，让牛休息一日成为民俗。民间还有"佛生四月八，毛虫今日嫁，嫁出青山外，永远不回家"之类的俗语，目的在于祈求不遭病虫害，确保五谷丰登。傣族的"泼水节"在傣历六月（阳历四月）举行，清晨大家先要去佛寺"赕佛"，泼水带有浴佛的性质。七月十五日的中元节，附会上佛教传说，与目连救母故事有关系。传说目连母亲堕入饿鬼道中，目连求救于佛，佛叫他七月十五作盂兰盆会以救其母。所以民间七月十五又称鬼节，施舍饿鬼消灾。腊八节又称"佛成道节"。《上海风物志》云："十二月初八"，相传是释迦牟尼佛得道日，民间煮食"腊八粥"。

傣族的"关门节"一般在傣历九月十五日举行。相传其时佛到西天与其母讲经，数千佛教徒在这期间去乡下传教，踏坏了百姓的庄稼，百姓怨声载道。佛知道此事后心中不安，以后每当去西天讲经，便把佛教徒集中起来，规定这三个月内不许去任何地方，关门忏悔，以赎前罪，故称"关门节"。这个节开始之后，也就进入农事繁忙季节，为了集中劳动力，禁止男女谈情说爱和嫁娶，宗教和生产渗合到一起。佛教对社会民俗的渗化还表现在我国各民族的村落信仰，常常和宗教信仰交织在一起。信奉佛教和伊斯兰教的民族，宗教信仰同时也就是村落信仰。在信奉小乘佛教的西双版纳傣族和信仰喇嘛的藏族、蒙古族部落就是如此。在汉族地区，僧侣和巫师、风水算命先生、道士等一样，都有自己相应的职业组织，构成社会民间职业集团的民俗现象。

在乡社职制方面，傣族的"民刑法规"不但约定俗成，而且有详细的文字记载。第一条犯上法规就具体规定了百姓触犯土司、头人、佛爷、和尚、寨神，破坏佛寺建筑，以及对老师、父母长辈失礼的处罚条例。

在民间礼节方面，佛教的渗入就更为广泛。藏族敬献哈达，对观见佛像、喇嘛有很多具体规定。给普通人可以敬献棉纱织品，称"素希"；给宗教界上层人士则需敬献丝织品，称"浪翠"。给普通人敬献哈达，给菩萨则敬献五彩哈达。佛教教义认为五彩哈达是菩萨的服装，是最隆重的礼物。给喇嘛活佛献哈达，不能直接递到手里，只能放在活佛面前的桌子上，以示凡人不能冒犯佛威。傣族民间待客有一种叫"送刹毫"的习俗，不论哪家来了客人，谁家有好菜饭，都要送一点过来，请客人尝尝，本源于送饭给佛爷。在藏族僧俗之间有烦琐的礼节：拜见活佛和大喇嘛，要行跪拜礼；农奴遇见僧侣要脱帽弯腰；一般喇嘛见到活佛或是回避，或是跪拜。这些人际礼节成为维护政教合一统治的重要民俗手段。

佛教渗入中国民间艺术和民间风俗的过程，同时也是佛教适应和接受中国文化影响的过程。中华民族以自己深厚的文化传统，对佛教不但吸收摄取，而且融会改造。

在民间艺术对佛教艺术的吸收改造上，如民间雕塑曾深受犍陀罗佛教艺术的影响，犍式构图风格、装饰手法在许多石窟艺术中流行。天水麦积山石窟的早期洞窟（70、71、74、78、165等窟）中，造像雄健高大，佛像鼻高耳垂，眉细眼大，宽肩细腰，服饰多内着僧祇支，外着半披肩袈裟，衣纹呈凸起均衡密褶的犍陀罗式样。大同云岗开凿的最早的昙曜五洞（6—20）窟，犍陀罗风格又主要表现为雕像的鼻梁高直，薄唇阔肩，衣服短窄露出足部，衣纹作平行的褶皱等。后来中国石窟艺术的成就正是以此为基础。绘画也同样如此，阴影晕染法就是在这一时期随佛教徒的往来而传入的，在6世纪时通称为凹凸画法，对中国古代画坛产生过很大影响。当时采用这种画法的艺人，被誉为画坛绝艺，名重一时。莫高窟第172窟《西方净土变》以极为富丽的物质现象去描绘观念的法门境界。156窟《张仪潮统军出行图》则线描变化多端，墨线、粉线、朱线及刚柔、粗细、软硬都已运用自如。这都表现了一种世俗的、希望得到感官满足的情绪，与其说是佛教宣传，不如说是世俗贵族追求享乐、粉饰藻绘人生欲求的审美表露。

中国民俗文化对佛教的融会改造也表现在民间文学和语言方面。在宝卷中，常常是佛、道、儒混杂。有的宝卷中观世音菩萨和太白金星一起出现，而观念上却又表现为儒家的纲常，在驳杂之中表现出一种融会趋势。佛典的翻译和佛教的传播还带入了许多譬喻文学和传说故事。东汉时翻译的佛典譬喻文学，当首推著名的《法句经》，采取散见于早期佛经十二部经、四阿含中的偈颂分类编纂而成，对中国文学创作发生过一定影响。如曹操《短歌行》中的警句："对酒当歌，人生几何？譬如朝露，去日苦多！"就和康僧会所译的《六度集经》第八十八篇中的"犹如朝露，滴在草上，日出则消，暂有不久"的用词与含义十分相似。在语言的融会方面，佛经的翻译不断促使国学者借鉴梵音以治汉语音。到唐代，对梵语的研究愈加深入。同时，由于吐蕃语在梵汉语系之间的桥梁作用，汉语音韵学的建构便有了更大的发展。唐末僧人守温在隋代陆法言《切韵》的基础上，制定了汉语三十个字母，后经宋人增益，最终形成三十六个字母的完整体系，汉语音韵学的基础由此奠定。所有这些都与佛教的传播分不开。郑樵讲过："七音之韵，起自西域，流入诸夏……华僧从而定之，以三十六为之母，重轻清浊，不失其伦。"① 可见，在汉语这一语言系统的生命中流淌着由佛教传播输入的血液。

从这个意义上看，佛教对中国民间艺术和民间风俗的渗入和影响，实际上是中外文化多维交汇的一个重要的途径，也是这种交汇的一个典型的表现。

1990 年元旦至春节期间，西安

---

① 郑樵：《通志》，中华书局 1987 年版，第 513 页。

被拷问的中国人文精神

一

中国人文精神一直在经受拷问，近年尤甚。它在自己的发展进程中，大致经受过三次大的拷问。由古典人文精神到传统新儒学的转型，使中国人文精神经受住了历史的第一次拷问；第二次拷问则是在五四新文化运动中，作为对这次拷问的回应，是现代新儒学的出现。20世纪80年代，特别是90年代以来，现代市场经济对中国人文精神开始了第三次历史拷问。整个文化知识界，整个社会目前都未能对这次拷问做出令人满意的答复。让我们透过文学的折射，来看看中国人文精神在新的拷问中如何辗转反侧，如何寻寻觅觅。

二

王朔作品以及流贯于王朔作品中王朔的人生态度，告诉我们，在中国当代社会一部分人群中，人文精神已经被轰毁到何等程度。

王朔以痞味精神、痞味画面、痞味话语酣畅淋漓地写出了痞子生活、痞子人物、痞子心态。他毫不文饰，撕破来写。在文化、文学、文字的圣坛上，他首先撕破自己，而后撕破文人和他们的人文精神。这种撕破，几达全裸。

在他笔下，痞子、痞味、痞气成为对固有人文精神刻意的反讽、反叛和反抗。他将权力文化和精英文化一向视为神圣的东西掀翻在地。他将逸出人文精神圈外的边缘人作为主角，通过主流文化的边缘化散失，达到边缘人的中心化凝聚。他笔下的人物失却了固有的精神家园，又没有找到新的精神家园，因此他们轻易地解除了认同和建构任何一种人文精神的义务和责任，获得了调侃、批评任何一种人文精神的优越心态和话语权利。他们也有自己的精神，这便是在流浪中对任何一处精神村落摇头说"不"。

宽阔一点看，在深层情绪上，王朔人物以审美形态传达出平民百姓对非平民化经典人文精神的一种厌倦和轻视。当人文精神的探寻和传播无视平民生活和世俗欲求时，他们也就对此报之以无视，人文精神本来是从生活实际中升华出来的，但常常凝固为真实人生头顶上迷蒙的云霓，以致反过来隔离人生真态、窒息心灵真情。这时，大众便要求有一种和自己贴得更近的精神话语。王朔的嘲讽，正是从另一个向度上透露出平民百姓重构人文精神的渴求。

不幸的是，在大多数情况下，王朔将自己对固有人文精神的批判，寄寓在一伙玩世者、厌世者、弃世者身上，批判又常常过分和偏激，这使得他在多少传达了大众文化欲求的同时，不易被大众理解和接受。他极端得叫人萌生戒心，虚无得叫人难于认同。这时，伏在民众心中强大的人文精神传统，又会被反激，站出来排拒他。大众一方面可能认同他对固有文化精神的某些批判，另一方面又不认同这群在文化土壤上肆意践踏的"鬼子兵"。极端和虚无是要付出代价的，极端和虚无的后坐力可能将射手本人击倒。这是王朔的尴尬。

但王朔别无选择。在他看来，面对一种很爱面子的文化，不撕破面子是毫无用处的，他只能以撕破自身来撕破固有文化。他和他的形象倒下了，固有文化精神也倒下了——王朔期冀以这种两败俱伤、同归于尽的方式取得成功。他极可能已经失败了，但也极可能在这一失败中包含着某种胜利。也许王朔并不自察，在他红色幽默的深处，流的是惨烈的血。有固有文化的血，也有他自己的血。他的轻松何其沉重！

由于拒绝进入人文精神体系，固执地以侃爷、顽主为自己的文化基座，王朔一开始打的就是外线进攻战。他用不着在内线做艰难的自我解剖，一味痛快淋漓地将批判、嘲弄宣泄到固有文化头上。本来不曾拥有，也就无所失落，更谈不上矛盾和分裂。但只要我们把镜头拉开来，便可以看到这嬉皮笑脸背后的混乱和悲哀。作品一旦传播到社会上，就不能不影响别人，自娱的个人责任也就转化为娱他的社会责任。如果说王朔敏锐地感到了固有社会文化和艺术文化的缺陷而去拷问它，不失为一种责任感，那么，他却只能极不负责任地将一伙玩世、厌世的纨绔子弟作为人文精神的载体向社会推销，这不是混乱和悲哀么？

王朔的创作还要继续发展，但已经存在的那个王朔也将会永远存在着。

三

和王朔不同的是，贾平凹是文人队伍中的一员。中国文化对他的人格、他的创作有着明显的影响。他的作品是有文化品位的作品，他是个有文化感的作家。在中国文化中，道与释对他的影响是显在的、流露在文字中的，儒对他的影响倒是潜在的、隐伏在内心深处的。因而内儒外道，以道入儒这种中国文人常有的文化方式也便时时从贾平凹的身上表现出来。他在超逸世外时，常常有儒家入世的冲动；当处在纷繁世事之中时，又免不了有清静无为的想法。这两者都是真诚的。到了《废都》，他要描绘包括儒、道、释在内的人文精神在这群文化人心中的全面崩溃，要描绘四大文化名人堕落成四大文化闲人（西安话"闲人"和北京话"顽主"近似）的历程，要描绘废都文人心灵的一片废墟，便不能不遭受灵魂撕裂的痛苦。这种痛苦是双重的，既来自对原有人文精神的轰毁，又来自对时下社会风行的一些价值标准的难以认同。贾平凹似乎只有自暴自弃、自虐自残一条路了。

其实，描写社会行为、社会文化、社会精神、社会情绪的边缘化过程，一直也是贾平凹创作的一条内在贯穿线。和王朔不同的是，他关注的不是城市市民阶层的边缘化。《废都》前，他的目光和笔力集中在山乡山民，即文化边缘地区的文化边缘群体身上,《废都》则集中写了文化界文人的边缘化。《废都》之前的许多作品的人物,大多是历史典籍不予记载或很少记载的山民百姓,是失去土地、离开了村社(这是中国传统文化的根基)的农民、山野兵匪或山林游侠。这些"化外"之民一直处在社会潮流、历史事件的圈外,只是自在地用自己的远山野情展演着自己的人生故事。因此,此类作品喜欢写逸出主体外,特别是主体政治文化之外的人生过程、人生意识,以及与此相关的性格命运、心态情态、民俗风习和感应着这种人生意识的自然景观。

这是一种文化边地和文化的圈外现象在创作中的表现。其中早就显示出贾平凹不重文化人的社会责任而重人性的舒张和人生的闲适的倾向,早就包含着对以儒学为中心的传统人文精神的反抗成分。也就是说,贾平凹对典籍主流文化和碑载人文精神一直是持保持和疏远态度的。他怀抱一种圈外人文观或边地人文观,这为他在《废都》中正面描绘处于文化中心的文人的精神堕落,做了远铺垫。

《废都》将生活场景挪进了古都这样的中国文化中心城市,目光集中到文化中心区、文化圈内人文精神的崩塌陷落,其实仍可看到"圈外"文化浓重的影响。也许是囿于作家的社会视野和生活积累,小说的几位主人公并不是古都文化嫡亲的传人。他们大都来自小县城,带着山乡边地千丝万缕的社会关系和精神纽带。他们所交往的一些女性和男性,不是昨天的农民,就是今天的市民,三教九流之中竟没有一个正宗的古都文人。他们始终游弋在古城主流文化圈外(此乃"闲人"之闲也),经由非正统的途径"浪"得了一点名声。在他们心中,或隐或显,仍然带有王朔式的入其门而不能登其堂的淡淡的失落,当然也带有遽尔成名的自赏自恋。因此执拗地和主流文化圈保持着距离,形成一个自我运转的小圈子,用自在的生存方式"批判"着主流文化。在这里,"都"既是政治社区中心,也是主流文化中心,"废都",即指古都政治上的败落,也指古都文化的衰竭和畸变。这样,在比他们远为有生命力的新的经济文化大潮来到时,比较浅的文化根基导致这些人遽尔成名后的倏忽堕落,也就有着必然性了。小农意识和小市民意识带着"文化""文人"的幌子,到一个新时代来冲浪,人文精神上毫无自恃力和抗疫力的弱点也就暴露无遗了。于是在作品中,迷醉和痛苦总是相伴而行。这里暴露了作家圈外人人文观的致命弱点,也是在一些地方和王朔暗通的深层原因。小说结尾,庄之蝶意淫景雪荫以示报复,周敏将景丈夫的小腿一脚踹断,已经是地道的王朔方式了。

《废都》让我们看到了中国人文精神在两个层次上的崩塌。一是庄之蝶等作为文化人人格的崩塌。书中四大文化名人在精神上已经完全失语,他们对新的社会实践、社会情绪、社会心理,不作任何人文层次的思考,失去了形而上的感应能力、开掘能力和再现能力,面对鲜活的生活和人性进程,熟视无睹,哑口无言。他们间或搞一点应酬之作,基本不从事有意义的精神劳动,自身的意义世界日渐萎缩。后来庄之蝶干脆宣布丧失写作能力,正式退出文坛。退出文坛,不是外在的政治经济压力,而是心灵的死亡,哀莫大于心死。作为文化人,这种精神暗哑症,表明他们已经完成了边缘化过程。

二是庄之蝶等人作为普通人人格精神的崩塌。四大文化名人,以名气来交换声色犬马,通过开条子、走后门、拉帮派等社会上流行的手段,易名为权,易名为利,干老百姓不屑为的坑蒙拐骗、醉生梦死的勾当。书中收废品老人的警世民谣所针砭的丑恶现象,其实就包括他们这一群。他们不但失去了文化人的意义世界,也失去了普通人的意义世界,人格精神远在普通人之下。人文精神崩塌到这种程度,可谓触目惊心。

《废都》着意反映文化人人文精神的崩塌,力图反映价值标准由"以利为先"到"以道为先"的转型时期,知识分子圣坛被轰毁,文化人崇高地位和神圣感觉被轰毁的实际,当然不无意义。但当这种复归不是使圣成为人,而是使圣成为食色之物,就走向了另一个极端,那些撕破来写性的文字,对文化圈和社会精神确实产生的不良后果（如有的评者所说，"书中四鬼狰狞，引燃了读者心中的百鬼蠢动"），必然为社会文化、精英文化所不能容，以致引发了各类不满的声音。

瞄准人文精神的射手，又一次被后坐力击倒。

四

在新写实小说和新历史小说中，中国人文精神不是在大惊大诧中轰然倒塌的，而是在毛毛细雨中悄然融失的。

这两类小说专注于现实和历史的平民心态和世俗生活，以平民化甚至平庸化的社会坐标、艺术坐标，消解历史和现实生活中的主流精神和理想价值，使艺术的人文精神和作家的人文操守在瓦解中实现着某种转型。

新写实小说大致可以用这么一句话来表述，那就是写小人物在物欲压抑下的精神烦恼。

写"小人物"不是新写实小说开的先河。新写实小说写"小人物"不同于以前的地方在于：一，大量而集中；二，将"小人物"从边缘挪到中心地位；三，写了"小人物"心态在社会生活中的普泛化，特别写了这种心态在文人界的传染性扩散；四，反映出艺术家自身对"小人物"心态评价方位的转变，由以前常见的审视角度转为某种认同甚至某种欣赏，也有尚不情愿认同的无奈。这是新写实小说写"小人物"的主要特点。

新写实小说揭示了"小人物"心态普泛化的主要原因，是物欲的膨胀挤压。经济社会人和物的关系、灵和肉的关系、道和器的关系，比之传统社会有某种程度的颠倒。人在日益强大的物质力量面前，感到从未有过的渺小。精神在恶性膨胀的利益要求面前失重，文化和与文化相应的各种社会机制在生机蓬勃的经济运作前苍白，有的甚至被挤压成碎片。这使更多的人，包括许多职业精神劳动者，体认了"小人物""小角色"身份，更多地理解了"小人物""小角色"的处境和心态。一种新的物质存在的意识、一种平庸世俗的文化价值观和相应的文化运作，在社会和文化领域风行。

"小人物"心态普泛化主要的情绪性结果，是烦恼。这种烦恼，有如三月雷雨天的潮湿，无处不在而又纠缠不清，弥漫在新写实小说各类人物的心头。烦恼，作为一种社会典型情绪，其实是文化良知在渴望堕落和不甘堕落中的挣扎。烦恼不完全是麻木，也不完全是抗争，烦恼是精神被物欲淹没时的半推半就、半喜半忧。烦恼是人的意义世界被日常生活淹没后，对昔日的回眸和终于走向麻木的愧疚。这都是烦恼所具有的真实美的内涵。但有时候，烦恼也可能是一种心理策略，既飞吻往昔的精神之梦，又献媚今后的物质之网，将急剧转变的折线，柔化为两个优美的弧度，好对得起过去，又不失去将来。

新写实的探索，是历史选择的结果。尽管它是以烦恼，以无奈的方式，但它毕竟传达了社会特别是平民，对新的社会价值和人文价值的呼唤。新写实小说没有执意揭示，而是淡淡地呈示了传统价值观和人文观与现实生活的种种不适应。它反映了物质的第一性不仅作为人类生存条件，而且上升为物质生存意识、生存方式，对人的思想观念、性格心理的决定性影响。不少新写实小说既写物质生存需要无法满足之后人性的扭曲和畸变，又写物质生存需要如何聚集为一种精神要求。即要求建立一种更多地考虑普通人衣食住行、生活情趣等实际利益和世俗价值的新人文精神，建立一种反映了物质生存意识的、更是人性色彩和平民色彩的新人文精神。这一点，应该说是新写实作品对当代社会基本走向的历史性反映，也是新写实作家朴素艺术责任感的体现。

就目前新写实作品看，这方面还只停留在朦胧的企求、渴望上，新人文精神的建构还远没有拉开帷幕。从企求到建构是一个漫长的时期，在这个阶段中，随时存在着被世俗淹没而走向麻木，和从世俗的淹没中走向新的清醒这样两种可能。希望于新写实小说的是，在创作实践中更多地显示出第二种可能而避免第一种可能。

新历史小说在一定程度上是新写实精神向历史生活的扩散。它们常常跳出历史小说局限于碑载史料和碑载文化的老路子，注重对历史生活中世俗社会、平凡人物和平民精神的反映，或将碑载历史世俗化、平民化，消解历史的象征感和暗喻感，使历史由一种神圣回到人生百味中来。艺术上由神话原型回归生活故事，由哲理和史诗回归到生活场景和常人心态平实的描绘，反浪漫，反矫情。新历史小说总体是对寻根文学浪漫神话的否定，也是对传统历史文学执意提炼历史精神以对应时代的一种否定之否定。

新历史小说给文学把握、表述历史生活开辟了一个新视野，提供了一个新坐标，使过去难于走上史书和文坛，或者只在通俗小说中流传的历代平民生活，在高雅文学中获得了自己的话语权，形成了自己的话语体系，使文学表现历史生活在内容和形式上取得了新的自由。尤其不可忽视的是，新的思想、艺术坐标有可能使文学关注到历史生活中一向存在却一向被经典文化忽视的中国人文精神世俗、平实的一面，从而发掘出固有人文精神在内容和表现形式上的新生面，使我们对中国人文精神的丰富性有新的认识，也为中国人文精神的现代转型提供了可贵的形象素材。

这同时，我们也看到，新历史小说对传统历史小说的人文精神和寻根小说的现代精神都绕开走，它既生动细腻又随心所欲地写历史，过大的自由度和作者思想感情过度的渗入，使其有将历史变成空壳的危险。如果偏离历史唯物主义的基本坐标，使历史小说产生非历史倾向，必然带来许多需要讨论的问题。

五

面对人文精神大面积的崩塌和深层次的迷乱，有人拍案而起了。怀着被亵渎的委屈、鹤立鸡群的凛傲和理想主义的愤怒，他们著文明志，呼号以笔为旗、固守清贫、忠于信仰、为保卫人文精神的纯洁而战。

张承志是他们中的最强音。

他痛心疾首地写道："一个象母亲一样的文明发展了几千年，最后竟让这样一批人充当文化主体，肆意糟蹋，这真是极具讽刺和悲哀的事。我不承认这些人是什么作家，他们本质上都不过是一些名利之徒。他们抗拒不了金钱和名声的诱惑，是因为他们根本没有抗拒的愿望和要求。其中一些人甚至没有起码的荣辱感、是非观"；"现在的知识分子太脏了，甚至以清洁为可耻，以肮脏为光荣，以庸俗为时髦"；"就这样一批无原则、无操守的文化人，居然不但占据了文坛，还利用各种关系联络了电视台、报刊，形成一种称霸文化领域的'势力'，控制了这个十二亿人大国的文化空气，还有什么比这更荒唐可怕的吗？"①

他宣告自己与这个人文精神已经丧失殆尽的"文化圈"划清界限："到文化崩溃的时候，今天的知识分子都将被追究罪责。我希望我不成为罪人，我现在所做的一切也是为了将自己从他们之中划出。"②

张承志要做和正在做的，是用自己的笔来树立精神旗帜，寻找精神家园，重建精神信仰。"我之所以拼命写了《心灵史》，是因为我发现在中国这样一片苟且偷生、得过且过、好死不如赖活着的国土上，居然有这样一群哪怕是死光了也要追求心灵信仰的人，这对中国文化的意义实在太大了。中国人现在最可怕的就是缺乏信仰，我不是要求每个人都信仰宗教，但人总要信一点什么，哪怕搞甲骨文的信仰甲骨文，搞语言实验的信仰语言，都要纯一点，不能什么都是假的，什么都象旧衣服一样随时可以扔掉。"③

---

① 张承志：《诗人，你为什么不愤怒》，载《诗刊》1994年第9期。
② 张承志：《诗人，你为什么不愤怒》，载《诗刊》1994年第9期。
③ 张承志：《诗人，你为什么不愤怒》，载《诗刊》1994年第9期。

这也许是被拷问的人文精神发出的最富感情的一声呼号，拷问之严峻，使最自恃的文人也无法自恃了。我们听到了他们内心的凄厉。

当一部分文人投身市场，不再言文，一部分被物欲的浊流卷走，以文致利，另一部分心猿意马，行文走"肉"时，张承志四顾茫茫，何其孤独。他背向着他所不齿的文化圈，偏执地朝西部大陆的深处疾行，开始了悲壮而崇高的精神孤旅和心灵朝觐。

这便有了《心灵史》的诞生。

张承志骑着他的黑骏马，越过一座座老桥征服一个个精神大坂。他总不满足，总不想却步。打自遇见了黄河岸边的西海固回族人，深入了伊斯兰哲合忍耶教派，这个精神流浪者才有了渴望皈依、渴望被征服、渴望被收容的愿望。"我找到了，"他说，"我要把它们写给你们，我的读者。"《心灵史》是张承志人生追求的一个驿站，以这个驿站为转折点，他的精神孤旅凝结为精神崇拜，一步步登上了心灵的圣坛。

从民族和宗教的角度看，他为世界文化，特别是为伊斯兰文化留下了一部中国西部哲合忍耶宗教心灵史和民族心灵史，使千百年来只有教民秘传心授的这段历史，第一次有了现代形态的文学记载和文学存在。他可能是文学史上以教徒的身份和心态描写宗教的第一个作家。

从文学创作和文学家的角度看，在《心灵史》中，宗教已经象征化为一种不可移易的生命追求和人生目标，永远吸引你去追寻，却又永远高耸在不可企及的极顶。作家以许许多多信仰故事为载体，歌颂了人类对精神的顶礼膜拜和不息追求，剖白了自己的生命升华历程和心灵净化之路，宣叙了自己对生命意义和人文精神的一系列理解和感悟。小说掇事以扬论，抒感以扬情，夹叙夹议展示了自己的精神世界。在小说的生活形象、人物形象和抒情、议论形象中，可听到一些心音的鸣奏。

他认为，文学的家乡，常常就是宗教家乡。作家应当成为他所描写的生活和人物体系中真正的一员:"我相信神启示于我的方法论——正确的研究方法存在于被研究者的形式之中,先做一名多斯达尼般的战士,忠于民众的心,然后再以信仰使这颗心公正。"这是他对文化、文学和生活的关系,文化人、文学家和人民大众的关系的看法,构成了基本的文学观。

他认为,人生不能没有信仰,而人生的信仰和宗教的信仰一样,是纯精神的,这种精神信仰是人生的最高目标。为了达到这个目标,人应该毫不动摇、义无反顾地奋斗终生,直到幸福地献出自己的生命,其间的一切成败荣辱都微不足道。对既定精神目标和既定信仰不留退路也没有终点的追求,构成了人生的终极意义。这是他对人生实践和人生信仰关系的看法,构成了基本的生命观。

他认为,艰难的生活和坎坷的命运一过去,对生活深刻的思考和对命运深刻的把握也就随之过去。他倾倒于哲合忍耶的宗教精神——宁可走进苦难、走进绝地、走进死亡以获取精神的胜利、人格的崇高,也不愿被物质丰裕的生活和有欲无灵的生命掠走心中的信仰。只要信仰健在、精神健在,他们便庆幸苦难甚至庆幸死亡。由此他引出自己作为人、作为人的精神代言者的信条:要以无罪的罪人的感觉,以苦难为神圣的感觉,以死亡为极乐的感觉,来做人、做文人——这是他对生与死、哀与乐、物质与精神关系的理解,构成了他基本的幸福观。

所有这些,当然带着些许民族的偏执、宗教的炽热和文学的渲染,以致给人以极端回击极端的感觉。对现代市场经济引起的人文精神的变异,其判断也容易失去公允。但如果我们刨去这些因素,将这些想法放在它所产生的时代精神背景中来感受,放在信仰丧失、物欲横流、人文精神崩塌的环境中来感受,就会少一分误解,多一分理解,少一分排拒,多一分吸收吧!

张承志在激烈抨击人文精神和文人操守的失落时,也许忽视了一个至关重要的问题,这就是,人文精神从根本上说是关心人(包括关心人物质和精神两方面的需求)、有利于人类生活进步(包括有利于人物质和精神两方面的进步)的。人文精神从根本上说是一种人道精神,它反映了精神与物质、精英与世俗、既定准则和应时趋变的最佳坐标。如王蒙所云:"反映着时代的新变,人文精神能否有新的格局,能否包括承认尊重人们的世俗愿望与尘世幸福呢?"当然,这仍然要在社会人格精神的总体背景上来调适整合。这一点,是值得三思的。

张承志跳出了仅仅从汉文化地区的儒道精神传统来思考中国人文精神建构的路子。他从中华文化有机组成部分之一的中国伊斯兰文化的角度,来拷问汉文化和汉文化坐标上的人文精神,对我们多有启发。在中国伊斯兰文化宗教信仰中,超功利的彼岸性和不衰竭的理想追求,对于现实的、入世而乐世的中国儒文化和它的各种精神衍生物,难道不是一个不可或缺的校正和补充么?

六

和张承志不同,张炜的创作可以说经历了耐人寻味的二度转移。从这个二度转移中,能窥见一个作家人文精神的坚执和新变。

张炜在创作伊始就表现出一种乡土情结,他以我们熟悉的笔法描绘曾经生活其中的乡村生活,素朴洁净的心境晕染和自然诚笃的抒情意味,不似国画小品,倒像英国水彩画般明丽,召唤着读者对乡村生活的憧憬。到了《古船》,他的创作出现了第一次转移。当时社会的文化解放和精神再造,遭到了保守、僵化因素的严重抵制和压抑,作为具有人文责任的作家,张炜在《古船》里以严肃的文化批判来呼唤启蒙和解放。明丽的水彩画变成了厚重的油画,对乡土风情的描绘转而为对农业文明内在结构的解剖和批判,生活和感情的视角转而为社会的、历史的、文化的视角。

这一时期,不少作家都在新的社会思潮和文化精神启动下,将自己的创作转入社会文化批判的层次,而《古船》却是其中难得的力作。所以难得,是因为它远不止解剖和批判了处在小农经济形态中的农业文明弊病,而且描写了小农经济的现实形态、现实关系成为历史之后,血缘文化和小生产心理作为一种社会文化心理的积淀,如何长久地腐蚀和诱变其后新的社会经济形态,使新的社会经济形态出现历史倒退而徒具空壳。这是更深一层的。我们感受到作者鲁迅式的忧患精神,它具有深埋的激情和理性的深刻,又熔铸在人物形象的塑造和人物关系的动态结构之中。

到了《九月寓言》,张炜的创作有了第二次转移。张炜在《九月寓言》中以充满感情的笔调描绘自足的乡村生活。描绘劳动和劳动者的淳朴、崇高以及和乡村文化共在的一切美好,描绘乡村文明对传统价值的坚守和这种文明在工业文明围困下如何没落,濒临绝境。

下述三点应该引起我们的重视:其一,《九月寓言》的文化境界,已经由文化的竞争、论争进入了文化的综合、兼容;其二,《九月寓言》的文化坐标,已经由对经济荣衰、社会善恶、道德文化美丑的具体判断提升到人类生存、生命需求的整体判断;其三,《九月寓言》的话语体系,已经在书写现实社会生活中引入了神话代码,即"寓言"。这是尤其值得我们注意的。寓言或准寓言代码的引入,使全书对农村生活的描绘,相对摆脱了具体时间链条的锁扣,散化为一种空间的覆盖和浸漫。张炜在作品中布设了一个自己所向往的乡村文明范型,并将读者引入这个寓言的规定情景和特定逻辑体系,完成了对农业文明的重新梳理和更深的认识,也完成了对工业文明的张炜式的隐秘的抗拒。

在城市工业文明走向烂熟的时代,20世纪一些最负盛名的作家都不约而同地流露出怀旧倾向。艾略特、叶兰、乔依斯、托马斯·曼的作品在这种怀旧中都流露出不同程度的神话主义,而福纳克、马尔克斯一类作家则背向发达工业社会,专心致志地去写他们想象中的小小故乡和古旧家族。在中国当代文坛上，一些古老的、尘封已久的日子正在活灵活现而又迷迷蒙蒙地上演，构成了一幕幕带有寓言色彩的现代剧。可以说这是文学家们对现代工业文明拷问传统人文精神的一个艺术回答。在这个回答中，不但结出了思想认识上的成果，而且结出了艺术形式成果。

与此同时，一批前几年热衷于传播先锋理论的青年评论家，有不少也转而研究国学，和海外现代新儒学遥相呼应。这又是理论家们在人文精神受到拷问时的一个理性回答。两者之间有很多类似之处。比如都以后工业文明为自己的精神坐标，都带有某些寓言（作品）色彩和玄虚（理论）倾向，能够在精神上感情上满足社会需要，却未必能解决现实社会精神建构中的实际问题。由于作品的社会功能只在前者，张炜应该说已经在相当程度上完成了自己的任务。而关于后者的要求，理论则显出了灰色。

七

面对人文精神的轰毁和消融，与张承志的痛心疾首、张炜的飘然拒绝相比，余秋雨则力图在浩瀚的民族文明史中开掘、汰选出健康的人文精神，并加以形象地表现，他做着切切实实的梳理建构工作。

近几年来，他的写作和研究集中于一个对象：中国文人或具有文化感内涵的历史人物、历史现象。致力于一个命题：再现基于健全人格的文化良知，再现中国人文精神在人类文明史上不可磨灭的作用。他当然写到了愚昧和野蛮对文明的围剿，写到了文明的孤掌难鸣和千困万窘，主题却是一往情深地歌吟文明，歌吟"碎成了碎片而依然光亮的文明，让人神往又让人心酸的文明"。

他以文化学者的渊博和透辟，散文作家的描绘和抒情，将这项工作搞得有声有色，创造了通俗文艺大潮中学者散文能够向平民社会广泛扬播的罕有的先例。应该说，余秋雨的散文一定程度上推动了整个社会对中国人文精神存亡的关注和思考。

余秋雨对中国人文精神中的有为主义做了集中的发掘，使传统人文精神常常以奋争向上的新面目出现在读者面前，并和现代精神暗通。他在《十万进士》中避开陈见旧识，集中写了科举制如何克服世袭制的弊端，在选拔社会有为之士中的积极作用和历史功绩。科举制度在中国整整实行了一千三百年，从隋唐到明清，一直紧紧伴随着中华文明史。它选拔了十万名以上的进士，百万名以上的举人，在整体上构成中国历代官员的基本队伍，其中包括一大批极为出色的、有着高度文化素养的政治家、行政管理家，也有一些出色的学问家、科学家、文学家。他在《一个王朝背影》中写了一个有为的皇帝康熙，写他如何励精图治，在王朝的休憩地也不忘习武狩猎，以保持胡服骑射的先民所给予的奋争向上精神。又通过承德避暑山庄这个清王朝夏宫的兴衰，写出了整个王朝由有为到无为到败落的"背影"。紧接着，他在《流放者的土地》中，写了一批有为的流放者（其中有的就是被康熙治罪流放的），写他们如何在时乖命蹇的逆境中，以戴罪之身为社稷百姓建功立业。越出常轨，去写迫害者和被迫害者两方面的有为，这是个难题，他不去展开对具体历史活动功过的评价，而是提炼出一种双方共通的人格精神来加以揄扬。他在《抱愧山西》中发掘了几个被湮没的国内最早最富的山西票号——当代银行的"乡下祖父"，以及与其相应的古典金融意识和在经济开发中的有为精神。过去，我们只知道山西有煤矿，有大寨，那是艰苦奋斗精神的徽号，而不知山西有如此惊人的经济、金融致富的智慧。作者因此以"抱愧"来表示自己对山西的误解和小视，其实也可读作"抱愧中国文化"——我们不能不对被误读、被疏漏的中国文化精神的丰富和有为而有所歉疚。他在《上海人》中，又发掘了中国人文精神诚笃、厚道、坚执之外的精明、开通、好学、随和种种质地，发掘了中国文化重道之外的重器，也发掘了上海小市民意识深层所具有的大市民基因，从而使中国人文精神和现代市场经济的要求在文化精神上接轨融通。

现代新儒学在阐释发扬中国人文精神时有一个视域限制，即偏重伦理而轻视、疏漏经济、政治、科学方面的有为精神、操作智慧、优秀成果，有时甚至形成中国人文精神继承发扬中的盲点。在一定程度上，余秋雨的文化散文避免了这种局限，拓展了我们对中国人文精神的认识，他厉声疾呼的是重视传统文化中有为主义在新时代人格建设中的作用，他殚精竭虑的是调整学界、文界乃至整个社会对中国人文精神的偏颇印象。这是开风气之先的。

余秋雨的文化散文，在反映中华文化时，没有停留在有为主义这一人文精神层次上，总是力图发掘出人生态度及生命活力来。他总是透过历史事件去写历史主体即人，写人的向上的精神状态和情绪状态，人的活跃的生命状态。这时，社会的历史的评价固然还存在，却已经退居次要地位，人生和生命的评价成为第一因素。他的目光总是离不开逆境和苦难，逆境和苦难是拷问文化良知和生命活力最好的公堂。我们可以说，余秋雨是以经受住严酷拷问的人文精神、人格群像来回答今天社会对人文精神的拷问的。

说到注重文化良知和张扬人文精神，还不能不提到梁晓声的创作。比起张承志、张炜来，他在作品中对这个问题的回答更切实可感，和余秋雨操的虽不是同一种文学体裁，却异曲同工。他早年的老三届命运和知青生活，那个时代赋予他在理想中燃烧的生命激情，以及后来更新了的知识结构和精神质地、多年形成的社会参与意识和理性思考深度，使他的作品既能褒扬中国传统人文精神的有为主义、积极心态和美好的情操，又能表现出和新的经济社会发展相应的气魄、情愫和价值标准，并以熔铸在形象中的哲理诗情打动着、激励着、启发着读者。和余秋雨一样，他的作品弥漫着一种苍凉和崇高，不同的是，他更多了一些诗人式的炽热，余秋雨则更多了一些学者的沉静。和余秋雨一样，他也总是从具体的历史社会生活中去捕捉、提炼人格力量和生命激情（例如写"文革"知青下乡那一段生活），高位悬浮以超越特定时代的政治评断,将社会思考转换为生命感悟,使之成为泛化了时空的精神养分。不同的是,他的传递更多依仗艺术感受,而余秋雨的传递则更多依仗理性思考。

人文精神受到严峻拷问时的文学,是多向、多变的文学,每个作家都将在拷问中选择,在选择中书写时代也书写自己。

1994 年 9 月,西安谷斋

从大生命系统看人文精神

人文精神的讨论，已经渐显沉寂。缘故很多，有一条，恐怕和思维空间的狭小、可说的话越来越少有关。人文精神的反思和重建，现在的讨论可以说才开了一个头，远没有深入堂奥。这里，我想就扩展人文精神讨论和研究的思路说点想法。

我感到，在现在波及的各方面问题继续深入展开的同时，还需要从现代世界最新的现实出发，将对人文精神的思考拓展到人与自然、人与整个生存环境的人文关系上来，拓展到万物之灵的人类对整个生态圈、对整个生命体系的人文责任上来。

"天人合一"，人和社会、人和宇宙相全息，人和万类霜天竞自由，又和万类霜天相交流，是中国文化乃至东方文化的一个基本特征。虽然传统文化的"天人合一"观是在自然经济、村社文明基础上的人与天的循环，人对自然、对生存环境的认识、开发、利用还不很充分，自然对人的承载也远没有超量，实现这种交流、循环较为容易，但传统文化的"天人合一"理论，却在相当深刻的程度上理解了人对自然的亲和、关怀，人对大的生存环境的亲和、关怀，实际上是人对自身生命的终极关怀，从而将人对自然、对生态的态度纳入了人文视野，纳入人生观念、人生价值、人生境界之中。现代社会的发展，出现了人对自然的掠夺性开发，也出现了自然对人的报复性惩罚，出现了各种生态病变，以及由这种生态病变导致的文化心理病变，乃至精神和肌理的病变。人和环境、资源的关系，也就以前所未有的广阔和深刻，进入了现代人的人文视野，成为考察当代人文精神一个不可或缺的方面。这一点，当前人文精神的讨论是关注不够的。

在现代社会，人对自身的关怀，早已超出了物质关怀，进入了文化关怀。而仅仅局限在文化意义上也是远远不够了。人类的繁衍兴盛，社会的可持续发展，必须彻底扬弃和超越传统的工业文明的无节制发展，扬弃和超越短视的人类中心主义和浅薄的物质消费主义的价值观，而在生态文明基础上建构充满人文精神的价值观。比如，反对、抵制无节制发展，在开发自然资源、生存环境的永久性工程中，灌注人类的道义感、责任感和使命感，既尊重人类的生命权利，尊重人类在生命中的中心地位，也承认、尊重自然的生存权利。这不是对人性的一种限制，而是把人的价值、意义与尊严摆在物质消费之上，克制物性对人性的宰割以及兽性的泛滥，实现人与人、人与自然、人的肉体与精神的圆融统一，营造现代人人性的新境界。

在实现这种新的人文境界时，需要培育一种新人文理性，并在整个社会实践操作中发挥它的作用。在新人文理性的培育生成过程中，人类要逐步地由忽视资源合理利用和生态平衡的粗放型经济增长方式，向合理利用资源、维护生态平衡的集约型经济增长方式转变，这是从经济增长方式上说；从人类存在方式上，则要由人与社会、人与自然相互疏离的对立的存在方式，向人与人、人与社会、人与自然圆融和谐的存在方式转变。这两种转变，都可以说是由传统的自然经济理性、工业文明理性向现代新人文理性的转变，构成了现代社会进步的坚实的人文基础。

将人文精神拓展到宇宙大生命的领域，近年来已经引起文化学者和文艺创作者的注意，出现了一些以此为主旨或旁涉这个课题的作品。文艺评论界也关注到这种创作现象，有些文章做了初步的、有见地的分析。但是，郑重地将其作为现代社会人文精神的一个有机内容，展开正面的归纳、阐释、研究，则显得不够。其实，这方面可供我们开掘的研究内容是很多的。

比如，环境保护的人文研究和艺术表现。当代社会，环境保护不只是一种社会建设策略，更是一种道德精神境界，是人类可持续生存的新的世界道德。每一个人都是生命大家庭的一员，构成全部活着的世界，具有同样的平等权利。每个生命形式以它对人类的价值而有理由得到尊重。每个人应该对自身施于自然、施于客观环境的影响负有道德责任，是建设性的还是破坏性的？是堵塞循环的还是疏导循环的？是美化了还是丑化了？等等，无不反映道德水准和认识水准，也无不产生道德后果和社会后果。古往今来，写森林、写河川、写山岳的作品，正是由于超越了自然生命的使用价值、产品价值，发掘了潜藏于自然生命深处的精神价值、美学价值，亦即人文价值，才成为上品，从而进入文学史画廊的。

再比如资源开发的人文研究和艺术表现。人类并不能独占地球，地球也不能只供人类享用。从大生命人文精神出发，人和其他生命共同享用地球生态资源，因而实行"资源共享"的原则。不但当代人资源分配应该利益平等，人类和其他生命资源的分配也应该在一定意义上体现利益平等原则。其他生命资源通过多级转换，为人类的生存提供给养，保证了人类生存质量的不断提高。同时，其他生命资源又在物质上、精神上为人类营造了美好的生存环境。这样，人和其他生命共享地球资源，最终也就构成深刻的人文、人道命题。过去我们反映社会主义建设的作品，从政治坐标、经济坐标、人性坐标和传统人文坐标上着眼多，如果以这种新角度、新眼光来观照、开掘素材，一些习见的题材也可能写出新意。大生命坐标的是非判断和审美判断，极可能使我们在司空见惯的生活中发现大开眼界的东西。

至于消费生活的人文研究和审美表现人文色彩则更为强烈。它从节约自然资源和提高生存境界，即物质和精神两方面的良性循环出发，强调以适度消费替代过度消费，提倡人类过一种以提高生活质量为中心的简朴生活。和传统的清教徒的生活追求不同，这种简朴的生活境界，是现代人具备了大生命眼光之后，在较为丰富的物质生活水平之上，一种文化、精神化的生活追求。他们更看重满足深层的人生欲求，比如参与科学和艺术的思考、欣赏和写作，在旅游、娱乐和艺术活动中实现审美追求，过健康的心理生活、道德生活和信仰生活，以及参与家庭和社会事务满足为群体、为后代奉献的美好愿望，等等。这种在更高层次上满足人生欲求的消费伦理观，是现代社会人文精神的体现。注重追求精神生活，追求生命在形而上层面的实现，愈来愈成为普遍的社会现象。在人生欲求的大转换中，衍生出多少命运故事，多少感情冲突，多少心理经验，又给人类精神生活史提供了多少新的素材。这块待开垦的处女地也正在召唤作家的笔。

人文精神的讨论，一头更贴近生命体系，一头更贴近创作实践，我想会更深刻、更切实吧。

1996 年 12 月，西安谷斋

地 球 之 虹

一

抵达印度加尔各答之后，长达 70 天、18000 公里的"丝绸之路万里行，玄奘之旅"临近尾声。2016 年 12 月 4 日半夜，我们从印度加尔各答登上国航班机，经昆明于次日回到西安机场。还有三天，我就 77 岁了，竟比晋代法显和尚千山万水、惊涛骇浪回到青岛港，还虚长了 3 岁，不由有些感喟。团队推着行李车从机场鱼贯走出来时，被记者围了个水泄不通。提的最多的问题就是："肖老师，能简明谈谈你行走丝路的感想吗？"

我几乎脱口而出："'三热'！一带一路在各国很热乎，各国对中国人很热情，丝路经济正在热销！"又加上一句，"不走出中国难体会中国的好，走进了丝路才知道丝路千年情未了！"即兴之话当然不准确，只是想说，两度亲历丝路让我换了一个角度、一种眼光看中华、看丝路、看世界，对中国是更有信心，更有依恋之情了。

我三十年前开始研究中国西部文化。所谓中国西部，其实就是丝绸之路经济带的中国段。几十年中跑遍了中国西部的各个丝路段，也多次去过欧洲丝路段。2014 年夏天，参加国家新闻出版广播电影电视总局"丝绸之路影视桥工程"中的"丝绸之路万里行·张骞之旅"，坐汽车 60 天跑了 15000 公里，经八个国家由西安到达意大利罗马。2016 年秋天，再度参与这项文化工程的"丝绸之路万里行·玄奘之旅"，再一次坐汽车 70 天跑了 17000 公里，经七个国家由西安到达印度加尔各答。这两趟西行共达 6 万多华里，跨越亚欧两大洲，途经了我从未到过的中亚、中东各国，勉可算大致走完了陆上丝路沿线的一些主要国家和主要节点城市。加上原先跑丝路的里程,借用岳飞《满江红》的名句,可以说是"三十功名尘与土,八千里路云和月"了。

两次走丝路,一路撰文供报刊连载,计百余篇。回来后结集为《丝路云履》《丝路云谭》两书出版,反响尚佳。前一本已出英译本,后一本在今年北京国际图书博览会上一次性实现了英文、波斯文、西班牙文、阿拉伯文以及中文繁体字(中国台湾版)的版权输出。

二

"不走出中国难体会中国的好",且不说在比较与回眸中对这些年中国经济社会发展、社会设施建设、社会管理和民生福祉的提升,有了强烈的感受和自豪,我心里想得最多、最想说的是,这个"好",主要是中国提出的"一带一路"倡议实在太好了。跑了这么多国家,看了、听了这么多关于现代陆海丝路的实绩和评价,完全印证了我上面说的"三热"。这"三热"还是就见闻层面说的,从世界上有八十多个国家对中国提出的这一倡议表示认可,从"一带一路"能够辐射超过 40 亿人口、8 万亿美金的消费市场,对当代世界总格局产生的宏大而深远的影响来看,"一带一路"构想实际上就是我们中国人给当代世界和平发展提供的一个"中国方案"。它在被世界逐步认识和接受的过程中,又正在向中国版的"世界方案"转化。

要说中国的好,中华民族的好,最集中的一点就是她永不枯竭的创造力。在每个历史阶段,我们民族的精英常常会将人民群众的创造实践提升为新的创造理念,向历史、向世界提出社会发展的"中国方案"。这些"中国方案"不但引领了当时中国社会的发展,也为世界历史的发展提供了创造基因和助推力量而永葆了生命。

远在炎黄时代,轩辕黄帝就以"融汇—创新"的中国思维和实践模式,融汇、推广仓颉部落的文字,神农后稷的农耕,蚩尤部落的冶炼等文明成果,将局部性创造整合推广为全社会的共同财富。黄帝也在这种"融汇—创新"的实践中树立了威望,成为中华民族的人文共祖。一个多民族大家庭有各族认可的人文共祖,世界少见。

周礼,周代礼乐制度的创造性在于,以乐柔化礼,以家辐射国,以亲情秩序柔化政治统驭,实现乐之序与礼之制的融合。这是古代社会管理的一个"中国方案"。

以老子、孔子为代表的先秦诸子,不但与希腊、中东和印度的先贤们一道构成了群星灿烂的古代文明轴心时代,使人类文化出现了大爆炸,而且在对世界诸种元典性思考中,提供了独具东方特色的"中国读本"。

秦朝不但建立了统一的大帝国,而且适应大一统的需求在国家管理上创造了郡县制,以及书同文、车同轨、度同量、行同伦等一系列保证大一统的社会标准件,为世界历史提供了绵延几千年的多民族统一大国的"中国读本"。

汉代,如我们所知道的,将亚欧大陆自发、分段的民间交流,提升为凿空西域的国家行为,张骞第一次以"博望侯"的身份完成了这一历史任务。这是在国际政治、经济、文化交流层面如何构建新型关系,向世界交出的一份"中国读本"。汉代的"罢黜百家,独尊儒术",确立了儒家的核心地位和指导思想,给世界提供了一个也许更为重要的"中国方案"——一个多民族、大一统的国家,一定要有社会各方认同的核心价值观,一定要树立、维护这一核心价值观的引领、指导地位。这也是中华文明得以长存的深层原因。

唐代则以前所未有的宏大气魄,面向世界、开放包容。长安城里汉、胡民众相邻以居,东、西市里丝路贸易兴旺红火,五陵少年相邀游乐于胡姬酒家,域外人才争相任职于朝廷内外。盛唐的这一气度,不但造就了长安这个国际化大都会,而且让兼容并汇世界各地文化的"盛唐之音",成为如雷贯耳的"中国声音",而传遍域外。

宋明以来,中国更出现了强势崛起的长江文明对开始式微的黄河文明一种极为有效的接力性传递，创造了一种古老文明永续发展的"两河互补，南北接轨"的东方模式。

大清王朝在多民族共居过程中，对异质文化尤其是汉文化的虚心吸纳融汇，也是中华文明永不中断的一种实践。

还有"井冈山—延安"革命道路，经由中国特色的新民主主义，将国家由半殖民地半封建社会引向中国特色社会主义的成功实践。

几千年来，中华民族给历史、给世界提供了多少中国坐标、中国思路、中国经验、中国成果！它们无一例外构成了人类精神宝库中耀目的瑰宝。

而"一带一路"，就是我们向当下世界提供的一个最新的"中国方案"和"中国读本"，就是我们向当下世界提供的最大的"好"！

三

丝绸之路是沿途各国人民出于商贸和文化交流的需要，自古以来分时、分段开辟的。从中国来看，公元前300年至公元前500年就有人在这条路上活动。最早的记载可能是西周周穆王的西行，他曾到达中亚一个叫禺知的地方（今天阿富汗一带）。那以后，四川等地有人到达中东，陕西等地有人到了中亚，进行布匹、马匹等各种交易。秦末徐福东渡高丽、扶桑，首开东北亚海上丝路。西汉武帝时，国家正式派遣使臣张骞两次出使西域，出发的地点就在当时的首都汉长安未央宫。东汉的班超更远行至安息（伊朗），他的部将甚至到了东罗马帝国版图中的土耳其。当时东罗马帝国首席执行官安东尼曾派人沿班超西行的路线回溯东行，最后到达了当时中国东汉的首都洛阳。

其后，晋代的法显和尚由阿富汗入印度（天竺）取经，又经狮子国（斯里兰卡）、印尼爪哇，从海路回到中国大陆，第一次同时走了陆上、海上丝路。到了唐代，丝路各国的人大量来长安，大唐西市成为欧亚商贸一个标志性的集散地。玄奘去印度那烂陀寺取经，研习因明学、唯识宗，促进了佛教在中国的生根开花。玄奘回国后一直在陕西的大雁塔与玉华宫译经布道。到了明初，便有了比哥伦布早一百年的郑和下西洋，明代的国家船队远征太平洋、印度洋，也有了马可·波罗和欧洲其他航海家的中国之行（也有人认为马可·波罗自己并没有来东方，只是凭资料和听闻的记录整理介绍中国）。

19世纪末，德国学者李希霍芬将这条路正式命名为"丝绸之路"，得到了世界的认可。我们沿用这一命名，正表明了丝路的国际性：自古以来它就是一条全人类认可的共建、共享的国际通道。

是的，也许没有一条路像丝路这样，影响着人类文明的发展。有了这条路，欧洲和亚洲由隔膜到融通；中国感知到了世界，世界也感知到了中国；汉唐才可能成为世界认可的中国符号，汉语、唐音、汉人、唐人才有了如此大的全球知名度。

有了这条路，人类文明发展得最早最成熟的亚欧和北非，得以联为一体，世界文明得以由隔离发展时代进入交流共进时代；有了这条路，欧洲的铁器、金属冶炼术得以东传亚洲；中国的造纸术、印刷术、罗盘、火药以及丝绸、瓷器等，也才得以传入欧洲，成为促成文艺复兴的重要因素。

而这条路稍稍受到阻隔，譬如在15至19世纪的奥斯曼帝国时期，由于宗教信仰不同，欧洲商人较少走这条路，又倒逼航海家们从海路去寻找东方大陆，于是哥伦布们意外地发现了美洲新大陆。从此世界历史翻页，海洋文明开始主宰世界。

中国领导人现在提出的"一带一路"战略构想，即丝绸之路经济带和21世纪海上丝绸之路，就是在古代海、陆丝路基础上的一种质的提升、新的创造。它将陆上文明带与海上文明带组合到一起，将文明交流与现代市场经济组合到一起，将一国一地的发展与全球化进程组合到一起，是构建人类命运共同体的一种大思路、大格局。

我在跑完丝路后，从自己亲历的感受出发，将这条路在空间上称为地球之弧,是我们这个星球上最美妙的一道弧线;在经济上称为地球之练,是一条含金量极大的钻石之练;精神上称为地球之虹,那是高悬于人类精神宇空的七彩之虹。

"谁持彩练当空舞"?是中国和亚欧非和整个世界在共舞。

四

简明便于记忆,我曾将"一带一路"的基本精神提炼为"走出去谋发展"和"拉起手共发展"。

陆、海丝路,"路"就是为了行走,有路就要行走,有路才能走出去。"丝绸(瓷器、造纸)"象征着和平的经济贸易和文化交流。张骞出使回国后,汉武帝封其为"博望侯",那以后汉朝派出西行丝路的使者,也一律封以"博望侯"。含义很明显,就是要提倡"广博瞻望"的情怀,世界格局的胸襟。

中国经济目前是"一体两翼"的发展格局。抓"一体",抓国内经济,核心的任务是抓国内经济发展方式的转型,抓内涵的改造和质量的升级。并且着力打造长江经济带和京津冀经济圈。"两翼",就是"一带一路"。"一体"是"两翼"朝外走的基础和动力,"两翼"是"一体"起飞的翅膀。

"走出去谋发展",促进中国经济由内向朝外向转型,由产业经济朝资本经济提升;也促进中国西部由20年来的"大开发"阶段,全面进入"大开放"阶段。我们在丝路上,先后走访了中国援建或投资的希腊比雷埃夫斯港,土耳其安卡拉至伊斯坦布尔的高铁,格鲁吉亚、阿塞拜疆和中亚其他国家的能源、矿山和制造业,产能、资金、人才、科技的合作已蔚成大势,"走出去谋发展"成效喜人。

"拉起手共发展","一带一路"既是中国的需求,也是沿途各国的利益需求。人类需要合作,世界需要发展,我们就是想搭建一个平台,邀请各国、各民族共建、共享、共赢,以达到世界和平、社会和谐、民生和惠。结伴而不结盟，谐和而不零和，对等而不对抗，通过"一带一路"战略，建立中国与周边各国乃至世界各国的多边命运共同体，这是我们真挚的愿望。

作为新的"中国方案"，"一带一路"蕴含着十分丰富的、新的信息。譬如——

"一带一路"倡议意味着当代中国的战略转型。它意味着我们开始由前三十年的"复苏"（韬光养晦），逐步转向"复兴"，进入新的战略机遇期。它意味着我们在当下逆全球化潮流中，开始以中国的理念、方式、实力，逐步形成新的全球力量场。它意味着我们以新的目光、大的格局建立治国理政的系统，树立中国问题世界解决、世界问题中国解决的系统思维，将和平与发展诸方面的问题放在政治、经济、文化和国际国内总关系的运动中，作全维的解决。

这就是我们向当下世界提供的最新的"中国方案"和"中国读本"，这就是我们向当下世界提供的最大最大的"好"！

在一个理性的、成熟的现代社会，人类文明的优秀成果应该普惠到每个地域、每个民族，让所有人都具有切实的获得感。现在亚投行已有近八十个国家参与，"一带一路"已经被近八十国认可，共建共享理念正在走向世界，成为人类的共识。

五

"一带一路"的精神理念和规划布设，是中国当代领导者对全民族在当下经济社会发展中创造性实践的总结提升，它多方面吸取了当代思维。它提倡的互联互通，共建共享，本质上体现了互联网＋时代的联通性、开创性、开放性。它正在以一种"鲶鱼效应"激活社会发展方方面面的活力。同时，"一带一路"理念也承继、弘扬了几千年来广大民众在历史实践中行之有效的经验，承继、弘扬了中华传统文化的优秀精神，升华为科学的、系统的顶层设计和国家战略。从这个意义上讲，完全可以将"一带一路"的战略视为全民族的创造。"一带一路"精神所蕴含的中国传统文化的各种精神理念，决定了它对人类文明贡献独有的民族性。

对"一带一路"多方面传承了中华文化精神，我是从三个主题词去思考的。

第一个主题词："和谐"。"一带一路"倡议体现了中华民族"化干戈为玉帛"的"和为贵"精神，在国与国之间，在人与天、人与人、人与心各层面，追求珠圆玉润的和谐境界。中华民族自古以"和"立国，有"尊玉"传统。在李希霍芬命名丝绸之路之前，中国一直把丝绸之路称为玉帛之路、玉石之路或骏马之路。玉在中国自古以来一直是和平、和谐、和宁的符号，是孔子所言"和而不同"的君子精神的证物。新石器时代晚期，玉石神话和玉石崇拜在先民中十分盛行，在那个祭、政合一的时代，成为拉动神权经济和神庙经济的文化动力。而远古的神权和神庙经济又是整个社会经济发展的领头羊，因而玉石崇拜也便成为推动经济社会发展的一个重要的力原。但玉字传到西方，强调的则是它的物质含义，英语cash（现金、现款）与突厥语qash（玉）是同源词，这表明欧洲人心中，玉与财富靠得更近。

周穆天子西行，是周代帝王一次跨地区、跨民族的远游，也是一次探玉之行。他先北行至黄河河套地区，向邦主河宗赠送了玉璧，并沉玉入河以祭河神。河宗告诉他，西边的昆仑山丰产稀世美玉，穆天子于是远行昆仑，果然"载玉万只"。他给禺知的女王西王母送的就是昆仑美玉和中原丝绸，成了先祖与西域交往中以玉示礼、和平友好的一则美谈。玉洁冰清、珠圆玉润从来是中国人内心世界和宁的赞语。

帛，即丝绸，可作衣物，是物质商品；可作美化生活的饰物，是文化商品。直至今天，丝帛还是中国书画的材料，"绢画""帛书"依然流行。而与"丝绸"同一词根的"丝弦"，在中国也转义为泛指音乐、乐队、乐器的词汇，佐证了帛也是一种文化艺术指称。我们可以说，丝绸之路是人类最久远的和平的文明交流之路。

第二个主题词："联合"。"一带一路"战略体现了中国古代"合纵连横"的智慧、化对抗为联合而达双赢的智慧。战国时代苏秦的合纵，"合众弱以攻一强（秦）"，张仪的连横，"事一强以攻众弱（六国）"，曾经让战国七雄在历史舞台上演出了那么威武雄壮、勇毅智慧的活剧。这些历史几千年来营养了我们民族的政治思维和处世智慧。

亚欧古丝路横亘在400毫米等雨线上，是人类文明、人类经济文化活动发生最早、发育得最成熟的地区。由气候、经济、文化三者天然形成的这条古丝路，是人类文明最早的一个连横图式。这个连横图式构成了亚欧各国乃至古代世界历史社会发展的大纵深。古丝路让人类亲历了联通、联系、联合的成果，也让人类感到了蕴藏其中的巨大发展潜力。弱弱联合、强强联合、强弱联合，可使弱者变强、强者更强，这种古典智慧，已经由一种思维方法积淀为世代相传的文化意识。

不过我们不能忘记，"合纵连横"是在对抗与合作两个轨道上进行的。如果说战国七雄属于一种对抗性的合纵连横，近代八国联军也是一种联合，那是侵略性联盟。"一带一路"则是在合纵、连横双坐标上的和平合作。唯其如此，国家和世界的和平和发展才可能双保险，这是一种出自人类意识、全球意识的大格局、大智慧。

当然，要将这个良好的愿望转化为现实，还需要漫长的过程，也可能遭遇风险。实施"一带一路"，在金融投资、实业建设和人才、科技输出中，要格外注意政治安全、金融安全、法律安全、社会安全、科技安全，并且防范宗教信仰、民族习俗等文化差异可能造成的各种隐患。

第三个主题词："合抱"。"一带一路"战略还体现了中国古代合抱天下的太极理念，在变易中实现动态平衡的理念。阴阳合抱的太极图以阴阳双鱼将世界一分为二，同时首尾合抱，合二为一，在不同中大同，在不同中大和。太乃极致，极为极限。南宋朱熹说"总天地万物之理，便是太极"，"总天地万物之理"就是客观世界总体性的道理。

太极思维是一种超越逻辑思维和形象思维之上的全息辩证思维，太与极两极之间包容无数层次和系统，却又浑然一体。太极图可以说是个全息图。

"一带一路"战略便体现了这样一种总体性、全息性思维。它提倡在不断的运动和变易中认识并把握事物。如若我们试着将太极图的方位作90°调整，"一带一路"图式便以太极阴阳两仪的形态显现出来。"一带"，陆上丝路在北，是太极图中的阳鱼。亚洲的东起点集中于黄河中游的长安—洛阳一线；欧洲的西终点则撒播于北欧、中欧、南欧各国，如鹿特丹、里斯本、威尼斯、雅典、伊士坦布尔，形成辐射性的鱼形图像。"一路"，海上丝路在南，是太极图中的阴鱼。海上丝路中国的出发点很多，在东南沿海的丹东、烟台、青岛、上海、杭州、泉州、厦门、汕头、广州、合浦呈弧形展开。但航向相对集中，大都驶向中国南海，通过马六甲海峡，经印度洋入红海、地中海，贯连东南亚各国，如鱼尾收束，直指地中海沿岸的南欧、北非，在各大海港与陆上丝路连接。

这样便在空间气势上形成一种太极合抱之势。注意，合抱不是合围，而是要打破合围，让中国与世界在一个新的维度上和新的深度上，以和平、发展为主题，相互进入，联手共进。这是中国与世界的合抱，是中国与世界一次旷古罕有的，有实质又有温度的和平拥抱。

这便是我在多次行走中对陆海丝路形成的一个宏观的、轮廓性的体察与思考，也可以说是我的"丝路观"吧。

2017年4月16日写，8月25日改定于西安不散居

丝路精神　博望眼光

——《光明日报》访谈

记者： 肖老师，您好！您是著名文化学者，请您从文化交流的角度，谈谈古丝路之路开通的意义和古丝路上的重要历史人物。

肖云儒： 我个人认为，古丝路的开通除了经济、商贸交流的内在需求，也有文化交流的需求。古丝路上，其实在张骞之前好几百年的先秦甚至商代就有民间商贸活动。秦国有个富商乌氏倮，在西部养马，到西域卖马，做马匹、皮毛生意，成为显赫一时的富商，受到秦王的接见。张骞之前，西域已经有了四川邛竹的"蜀布"。德国学者雅斯贝尔斯在20世纪中叶提出世界文化"轴心时代"的概念，就是说在公元前5—6世纪前后的几百年中，位于地球北暖温带的亚、欧社会，也就是丝路沿线各国的发展遇到了许多新的、有些很类似的问题，如铁器时代到来后，剩余商品的流通、国家形态和法制、社会管理以及人天、人人、人心的关系等方面的问题，当时东西方有一批元典思想家，如孔子、老子、苏格拉底、亚里士多德、柏拉图，还有天竺的佛陀，对于这些人类发展的基本问题做出了深刻的回答。他们被称为元典思想家，那个时代也被称为文化的"轴心时代"。我是将民间商贸交往和文化"轴心时代"作为丝路开通的两个背景、两种动力提出来的。最近有西方学者指出：一带一路如果扩大自己的辐射力度，将有可能推动第二"轴心时代"的出现，原因恐怕正在这里。

具体到开通丝路的人物，除了不能忘记上面说到的民间商人和精英学者，我们起码应该记住这么几个人：一个是张骞，他是作为国家使臣凿开丝路的第一人，但他最远只到过安息以东地区。一个是班超，他是东汉开拓丝路的功臣，据说他的副将已经到过土耳其一带，后来罗马帝国执政官安东尼派部属就是沿着班超副将走的这条路，东行至当时的首都洛阳的。安东尼不能被忘记，玄奘当然更值得世人永志不忘，他通过丝路推动佛教传入中国，并在中土安家落户。其实在玄奘之前的东晋，有一名高僧法显，以六十岁高龄西行，十五年中到过丝路上的三十个国家，尤其是在印度辗转多年，最后走海路经狮子国（斯里兰卡）和耶婆提国（爪哇）回到青岛。他是最早同时去过陆上、海上丝路的人。当然，郑和下西洋和马可波罗游记，也是永垂青史的。只是马可·波罗是否来过中国，目前还是悬案……总之，丝绸之路是千百万人和他们中的精英开辟扩展的，正像历史是人民群众创造的一样。

记者： 古丝路对中西物质和文化交流做出了哪些贡献呢？

肖云儒： 古丝路对中西方交流的具体贡献不胜枚举。像中国的丝绸、茶叶、玉器、瓷器、蔡伦纸和活字印刷，西方和中东、中亚的胡椒、番石榴、西红柿，胡乐舞如龟兹乐，以及马匹和皮毛交易，还有服饰、饮食和建筑元素的相互渗透影响等等，不能尽言。

同时，这里还是伊斯兰教和佛教长期交叠传播的通道，它为宗教互融打了基础。当然这里还是民族迁徙、交汇的通道。中亚几国的东干族是一百三十年前从中国黄河迁到中亚楚河流域的，至今那里还有"陕西村"，还说陕西、甘肃话。我在那里参加过他们的婚礼，婚俗和陕甘一带几乎完全一样。而中国青海有个撒拉族，却又是三四百年前从乌兹别克斯坦古都撒马尔罕的楚河边迁到中国黄河边来的，现在都融入了当地，成为民族团结的历史印证。中国唐代有两个著名舞蹈，都得到唐玄宗的抬爱，一个是胡旋舞，由中亚传入，一个是霓裳羽衣舞，它的后半部是唐玄宗吸取了天竺（印度）的《婆罗门曲》创作的。丝路真是经济文化的大通道、大动脉。

但丝路的历史贡献远不止于此。更重要的是古丝路让中国感知了世界，也让世界感知了中国。世界把我们称为汉人、汉族,把我们的文化称为汉文化,难道与汉朝正式凿开丝路,每年派十几批、每批上百人西行没有内在联系么?地中海文化、波斯文化、印度文化和中华文化最早互不相通,是在"隔离"中发展的。自从有了丝路,尽管丝路时通时断,世界几大文明开始进入了交流发展阶段,沿线各国都开始进入一种更大的世界格局中。这是古丝路对世界文明发展的最大贡献。

我们还可以说,丝路开创了中国古代和平外交的新途。我曾经将长城比喻为古代防御战争的象征,丝路比喻为古代和平联姻、结伴的象征。它们是在中国大地行走的两位伟大的"夸父"。

记者: 那么,我们今天传承弘扬丝路精神,对当代中国和世界的发展有哪些启示和意义呢?

肖云儒: 简明地说,启示主要是两点。一是我们中国要走出去谋发展。张骞回国后,汉武帝封他为"博望侯",取"宏博瞻望"之意。以后每年派出去的人,都称"博望侯"。"博望"是一种眼光、一种襟怀、一种气度。就是要博广瞻望、放眼全球、放眼天下。"丝路","路"就是走出去,就是动态发展。"丝"是商品、贸易,丝绸是供人使用的,也是审美对象,就是要把经济、文化成果推出去。用千条路走向世界,用千手观音拥抱世界——我们现在不正在这么做吗?二是整个世界要挽起手来共发展。和谐包容是中国传统文化的一个精髓。古丝路从来都是互通有无、互惠互利的。丝绸、造纸、印刷术对世界的影响,佛教对中国的影响,就是各国、各民族手拉手谋发展的证明。有人说"一带一路"是中国的"马歇尔计划",这是误解。我们不只是单向发展自身,我们主张"一带""一路"沿途各国乃至世界各国在丝路这个大框架下,共策、共建、共享、共赢,同步发展自己,达到世界和平、社会和谐、百姓和惠、心态和宁。在发展的道路上,我们要谐和不要零和,要结伴不要结盟。

"一带一路"分阶段实施,一方面可以推动国内"一体两翼"发展格局的成形。以"一带一路"的"两翼"为"一体"的发展提升拓展新的空间,促进"一体"的结构转型和质量提升,为"两翼"不断提供动力。这将使中国以全新的姿态,即"新常态"进入世界格局。另一方面,"一带一路"有利于激活中亚的陆桥优势,承接亚欧两头的产能和资金有了更大空间,真正成为联系发达、成熟的欧洲经济体和正在崛起的亚太经济体的陆桥。有利于推进亚欧战略伙伴关系,使亚欧大陆为世界做出更大的贡献。其实也有利于中国与周边各国的友好合作。利益共同体从来是国与国、民族与民族和谐相处的基础。最近南亚一些国家对一带一路的响应和实施,对丝路基金和亚洲投资银行的兴趣和加入,连欧洲的英、德、法、意也提出要加入亚投行,这不就是积极的信号吗?

(《光明日报》记者　杨永林　张哲浩)

中国之塔与地球之虹

——谈长安与丝路

我曾想过,我们提中华民族伟大复兴的中国梦,为什么这里用"复兴"而不用"振兴"?我想那恐怕是原来曾经有一个振兴的标高,曾经有一个伟大时代,我们现在就是要用那个时代振兴的标高来衡量我们当下复兴的成果。这个振兴的标高,在中国历史上,大家都会很自然地想起汉唐时代,似乎没有哪一个朝代能超越汉唐时代经济社会发展和文化振兴的程度。如果把中国古代经济文化的发展绘制成一个曲线图的话,就会发现从春秋战国开始,曲线逐渐向上攀升,历经千年,在汉唐达到了制高点,由宋开始,曲线开始低落。

毋庸置疑,中国历史的全盛期是汉唐,无论是在政治、经济、文化还是在军事上,汉唐都曾执世界之牛耳。长安是汉唐的首都,也是中华文明的一个坐标、一座塔。这个与雅典、罗马、开罗并列为世界四大古都的城市,曾一度成为世界文明的龙头。

那个时候的国家已经完成统一,经过文景之治、光武中兴、贞观之治和开元盛世,已是万国来朝的强国,它有着青春勃发的力量,开拓进取,奋发有为,开放博大,吐纳万方;那个时候的帝王雍容雄阔,对世界有着强烈的好奇心和高度的觉醒力,有着开阔的国际视野和与世界对话的高度智慧和从容气度;那个时候的百姓自由奔放,豪情万丈,访西域,下东洋,凭着一颗心和一双脚去国万里,仗剑天涯;那个时候的民族水乳交融,"胡越一家,自古未有",南国、北疆和平共处;那个时候的文化兼容并包,百花齐放,儒、释、道、夷共存共生;那个时候的长安是世界顶级的繁华之都,来自异域的商人、留学生及学问僧络绎不绝,俨然当代的联合国所在地。

因此,没有哪一个中国城市能比拟长安。当汉唐与长安这两个曾经标志着中华文明鼎盛高度的辉煌符号,在千年之后再度成为中华复兴的不二追溯目标时,以解读长安为支点的解读汉唐,就成为解读中华复兴内涵的史诗般的任务。

而更为深远的价值,在于中国需要更深刻理解以长安为中心的西部的伟大价值,西部不仅仅是一个经济上跟进东中部的问题,而是中国边疆稳定、民族和谐、文明彰显的决定性区域。中国政治、经济、文化的关注点整体西望,是中国真正崛起的必由之路。

以往所有关于长安的研究,都停留在介绍西安历史文化的平面层次上,属于介绍性纪录片。这些作品都没有能够从世界文明的宏阔视野、从 21 世纪中国的国际处境、从中华复兴的寻根原型、从中国西部未来的深刻使命上透视长安所代表的巨大战略内涵。长安需要一部以思想家、政治家、史学家的视野高度来回望发掘的史诗巨作。

长安,内依关中之富,外有崤函之固,在地势上"扼天下之喉",历来是各朝代青睐有加的建都所在。"十三朝古都"长安是中国古代最具影响力,也是建都时间最长的地方,西周、秦、西汉、前赵、前秦、后秦、西魏、北周、隋、唐等朝代先后建都于此,创造了灿烂的文明。

大荒之拓(探索未知世界的勇气)

公元前 139 年(汉武帝建元二年),张骞从长安启程,带领一支百余人的使团,有史以来第一次穿越河西走廊,目标是传说中的西域大月氏部落。这是一次以争取政治同盟为目的,代表国家意志的探险。张骞百人团队仅余二人,不辱使命,使中国人的眼界第一次向西拓展到数千公里之外的中亚地区。

公元前122年（汉武帝元狩元年），张骞派出四支探险队向青海、西藏、云南出发，目标是身毒国。

张骞团队打通丝绸之路，地理大发现带来的物资流通文化交融——玉门关（玉石输入）、敦煌石窟（中亚物资）、葡萄、核桃等。

767年后，二十七岁的玄奘法师从长安出发，沿着张骞开拓的丝绸之路，踏上了求佛之路。从公元628年（唐太宗贞观二年）到公元645年（唐太宗贞观十九年），十七年间行程数万公里，带回佛经657部。与张骞不同，这是一次个人求知的冒险，没有国家支持，没有团队，没有预期中的回报，有的只是一颗求知的心灵、一种坚忍的意志。

玄奘将佛教典义引入中国，促进了佛教与中国传统儒学、道家学说的融合，为最终形成中华传统文化体系贡献了重要的一极。同时《大唐西域记》是一部西域人文地理的百科全书。

公元742年（唐玄宗天宝元年），鉴真应日本僧人普照之邀，东渡日本弘法。经过五次失败的航行，双目失明的鉴真终于在十二年后第六次东渡成功。

这是有记载的中国人第一次面向东方，踏入茫茫大海。鉴真将博大精深的中华文化传播到东瀛，大大促进了日本佛学、医学、建筑和雕塑水平的提高。

我们的先人曾经以怎样的勇气拓荒开路、探索外面的世界？长安位于中原文化圈的西北方，地理位置偏僻的劣势，在某种意义上却是探索未知世界的前哨基地和巨大优势。好奇心是一个文明青春的标志，汉唐人勇于探索未知世界的勇气，与近代"片板不得下海"的闭关锁国思想形成强烈反差。

其命维新（不断补充新鲜血液及改革的锐气）

《大风歌》"大风起兮云飞扬"

楚汉相争的结果，是新兴草根集团对没落贵族集团的一次空前的胜利。西汉王朝第一代统治集团的核心人物，带有浓厚的平民意识，对数千年来贵族相因承袭的统治秩序和治理思想产生了强烈的冲击，显示出强大的内生变革动力。

西汉出现了平民丞相公孙弘，奴仆出身的大将军卫青，私生子骠骑将军霍去病，让汉武帝相见恨晚、一年四迁其职的主父偃。

"天下英雄，尽入吾彀中矣！"

唐朝皇室关陇集团多是北方鲜卑族与汉族混血。草原血性和无畏的基因深植于皇族血脉中，在吐故纳新、接受新鲜事件方面，唐朝的气魄可谓前无古人，后无来者。

隋唐开始，以按才能取仕的科举制取代了凭血统做官的士大夫世袭门阀制度，大大激活了社会创造力，具有巨大的进步意义，使中国的人才选拔任用有史以来在制度层面不可逆转地指向才能。这一制度深深影响了中国历史进程，其历史回响直到今天。

从人头税到地产税——改变中国税制方向的"两税法"

汉唐两代，在面临不断出现的新问题时，往往表现出惊人的勇气和智慧，不仅善于"破"，更善于"立"。如汉的"孝廉察举制度"、盐铁改革，唐的"租庸调制"和"两税法"。

以均田制为基础的"租庸调"制度，本质是按人头收税，但贫富差距的客观存在，让这一理想化的税赋制度弊病丛生。唐朝杨炎主导的"两税法"改革，第一次将税赋与人丁脱钩，同地产相结合，并决定了此后中国各朝代税赋的基本方向。

在巩固政权方面，西汉从"削藩"到"推恩令"的政策转变，完美解决了郡县制度与诸侯王分封制度的矛盾，为大一统中央王朝的长治久安奠定了制度基础。

启示：汉民族从来不缺乏改革的勇气和智慧，更具有不断吐故纳新的健康发展基因，中华文明从来就不是封闭环境下自生自长的，而是不断与周边文明交流融合的产物,先天具有引领普世价值的基因。

分权制衡(把权力关进笼子)

中国最早的举报箱"缿筒"(西汉权力监督制度)

设立丞相司直,负责对丞相监督;在中央设立御史台,对朝廷官员监督;在地方设立司隶校尉(各州为刺史),对各地官员监督,还发明了中国最早的举报箱制度(颍川太守赵广汉)。

唐三省六部分权制衡

尚书省负责执行,中书省负责草诏,门下省负责审核。此制度虽然设计的初衷是为了制衡相权,但很大程度上也制约了君权。终唐一代,君权基本上是在各种权力的制衡中发挥作用,一旦政治生态平衡被打破,君权失去制约,就会产生严重后果(如武后时期、唐玄宗后期)。唐中后期的"群相"制度的出发点也是为了防止权臣专断,互相制衡。

唐太宗纳谏(议政)

以铜为镜可以正衣冠,以古为镜可以知兴替,以人为镜可以察得失。纳谏在本质上是民主议政方法的一个变种,可以有效纠偏,防止滥用权力。缺点是无法形成机制化,带有深厚的个人性格特征,不具备制度化的恒定力量。但唐太宗的成功示范毕竟成为此后千年皇权政治中的一种示范力量,而且深刻影响了中国政治史。

启示:中央集权在凝聚人心、物力方面的巨大动员、组织能力,是秦朝统一全国的制度基础。但没有制约的权力,如同洪水猛兽,迅速吞没了秉承暴政的秦王朝。如何在发挥集权优势的同时,有效抑制其伴生的专制弊端和劣势,从而取得长治久安的局面,西汉、唐朝的官员监督制度和分权制衡从制度层面做出了深刻而有效的探索,也提供了丰富的经验教训。

有容乃大

唐太宗被四夷尊为"天可汗",不仅因为唐朝武力强大,更重要的是他以前所未有的宽和气度和信义感召了各族人民。他死后,少数民族髡面割耳,如丧考妣。

汉武帝临终前指定霍光、金日磾、上官桀、桑弘羊为托孤大臣。其中车骑将军金日磾原是被俘的匈奴部落王子,受到汉武帝的特别信任。而有唐一代,异族受信任担当重任的人更多,如契苾何力、黑齿常之、高仙芝、哥舒翰、仆固怀恩等。

因宽仁而强盛,因强盛而自信。辉煌的成就、健旺的身心形成了汉唐自信、大度的执政理念。

雁塔译经

汉朝是中华文明定型期,而唐朝则是中华文明的鼎盛期。汉唐的一个重要文化特征是兼容并蓄,即使是在汉武帝"独尊儒术"之后,黄老思想、法家学说也并行不悖。

而唐朝更是海纳百川,有容乃大。唐朝奉老子为祖,以道教为国教,但很乐意接纳其他文化思想。朝廷除大力支持玄奘雁塔译经,将佛教精义在东土弘扬外,对基督教("大秦景教流传中国碑")、伊斯兰教(大食伊斯兰教)、波斯祆教采取了宽容的态度。来自世界各地的文明成果汇集在中华大地,在宽容、自由的氛围中与本土文化相互影响,催生出灿烂辉煌的文明成果。诗歌、音乐、书法、舞蹈、建筑、医药、印刷、制造业等均达到了中国封建社会的顶峰。特别是"儒释道"的融合发展,下启禅宗、理学、心学等思想流派,对中国文化的发展和定型影响极大。

武后临朝称制

令人惊奇的是,汉唐这两个充满雄性气息的王朝,恰恰是中国历史上女性政治地位最高的时期。许多女性不甘居于幕后，走到前台呼风唤雨，成为杰出的政治家。例如汉代的高后吕雉、文帝皇后窦氏、元帝皇后王政君，唐高宗皇后武则天、中宗韦皇后、太平公主、上官婉儿等，其中武则天更是中国历史上唯一一位女皇帝。女性作为一个群体登上政治舞台，在男权社会里纵横捭阖，为朝野上下所接受，这在中国历史上也是少见的。

启示：强盛的国力也让这些王朝的人们更加自信，拥有健旺的精神、宽和的气度。女人可以称帝封侯，异族文化可以引发举国追捧。相比于后世靠"三纲五常"维持的男性自尊，打着"非我族类，其心必异"的幌子与邻为壑，以及抱着"天朝物产丰盈，无所不有，原不籍外夷货物以通有无"思想夜郎自大，雄汉盛唐的宽容自信令人心驰神往。

民本曙光（民本思想为核心的仁政）

汉武帝轮台"罪己诏"

公元前89年，汉武帝于去世前一年在长安布告天下，否决了桑弘羊等人建议在轮台（今新疆境内）驻军防备匈奴的建议，对自己即位以来热衷于战争、劳役等"狂悖"行为深感后悔，下令悉数废除种种好大喜功的事项，明确指出今后要"禁苛暴，止擅赋，力本农，修马复令以补缺，毋乏武备而已"。

正是因为他这道诏书，将大汉王朝拉回到文景之治的轨道上，因此"有亡秦之失，而免亡秦之祸"（徐乐关于"土崩瓦解"的见解，体现民本思想）。

缇萦救父

这个事件是西汉实行省刑仁政的一个重要事件。刘邦入关中"约法三章"，尽数废除秦暴政，但"三章"又不足以治理天下，于是萧何制定了"汉律"。缇萦事件直接导致汉文帝废除"肉刑"，进一步趋于省刑减赋，由此制定了一系列"休息养民"政策，开启了著名的"文景之治"。

小吏张蕴古之死与贞观之治

贞观五年（631），唐太宗因怒处斩大理丞张蕴古，事后深感后悔，命令死刑"三覆""五覆"后方可执行。其后又调整了惩处力度，让司法尺度更趋于公平。他还对刑杖的尺寸和施行部位做了人性化规定。贞观二年（628），全国死囚犯仅二十九人。贞观六年（632），唐太宗更将刑部狱中死囚尽数放假回家，约定来年秋后让他们回来受刑，结果无一人食言，全部按期归狱。贞观之治不仅是国强民富，更体现在国民道德素质和社会综合水平各个方面。

启示：宽仁省刑，节俭，吏治清明，重本（实体经济），和平发展。这些以民为本的仁政理念是汉唐社会稳定、经济繁荣、国力强盛、政治清明的牢固基石。民本思想发端于《孟子》，盛行于汉唐。令人遗憾的是，后世君王日趋专制，特别是清代的乾隆皇帝对民本思想深恶痛绝，甚至将孟子牌位移出孔庙，这种独夫民贼的思想直接决定了所谓的"康乾盛世"只是"承平无事"而已，根本无法在经济、思想、文化、科技、社会诸方面创造出新的文明成果，只是垂死老人行将就木前的回光返照。

探求民本思想各种特征之间的内在逻辑关系，以及难以制度化的根本原因，有助于为中华民族复兴之路提供具有现实意义的历史路标。

尾　声

毋庸置疑的是，中国经济的重心在崤山以东的中原一带，大一统的中央王朝定都长安时，往往选择在中原腹地设立一个或多个经济中心，作为都城功能的补充，比如西汉有长安、洛阳、成都、邯郸、宛五大都会，隋唐更将洛阳作为帝国的经济首都。江南的经济发展，特别是大运河的开凿，促进了南北方物资流通，中国的经济重心更是不可逆转地向东转移。长安在地理上偏囿西北一隅，关中平原有限的资源也越来越难于容纳庞大的中央政府机构。自唐以后，长安彻底退出了中国政治舞台的中心。

发展是硬道理，但这并不等同于单纯从经济角度制订国策。宋太祖立国后认为汴梁四通八达，无险可守，需要消耗大量军队物资来保护。他先是主张建都长安，遭到众人反对后又建议搬到相对安全的洛阳，仍然行不通。他怅然感叹说：如果建都汴梁，不出百年，天下凋敝矣！百年后猝然降临的靖康之变，让北宋在所谓的繁荣富庶中突然亡国。

时代在发展，条件也在起变化，今人无法按古代的条件和标准行事，但认真反思历史风云变幻中的得失成败，人们会得到许多启示，而这些启示将超越时空，成为中华民族宝贵的精神遗产和传承基因。

长安，沉淀千年的伟大智慧与文明实践，等待着当代中国人以21世纪的历史高度与全球目光去回望、解读。

2016 年 11 月

赛丽丝之路　融美之路

丝绸之路，是一条连接亚欧的传统商贸路，是一条贯通东、西的现代经济带，也从来就是一条文化艺术交流之路，一条融美之路。

我先讲个故事。去年和前年，在西安大唐西市连续两年举办了"一条丝路两城歌"的文艺晚会，金色大厅中横贯一个长长的T台，象征着丝路，两端连接着长安和罗马、长安和马德里的两个舞台。两国艺术家开始在各自的舞台上表演，后来在T台中段即丝路上会合，共同表演，歌颂和平、发展和友谊。这样由丝路各国同台的联袂演出，以后会年年坚持办下去，它构成丝路艺术文化交流最好的象征。它让我们感到，丝路是那么亲近，人类是那么亲近。

丝路在中国古代被称为玉帛之路，19世纪德国地理学家李希霍芬将其命名为丝绸之路，被世界所认可。为什么认可这一称谓？因为它的特指性（赛丽丝）、形象性（路若彩带、文茎彩萨）、寓象性（丝与帛的文化内涵：玉之和平礼仪，帛之美丽柔和，是丝竹、帛书、绢画之别称）。

我先谈谈丝路上古往今来文化艺术交流的一些简况和感受。三年前我在罗马举办了自己的个人书法展，展期达两三个月，观众络绎不绝。其间，由意大利著名艺术评论家阿尔纳多·克拉桑地主持，还在罗马大学做了一场"长安—罗马"的学术报告，万里之外的丝路西端的朋友们，听得津津有味。他们不仅对东方文化感兴趣，而且对中国书法的象形之美有着天然的感应。在我讲解了中国文字的象形特点后，听众们竟能无师自通地理解"哭""笑""哈哈"的意思。让我又一次感到世界是怎样相通着，丝路又是怎样让世界相识相知的。

去年我又随由央视、光明日报、国际广播电台、凤凰卫视和陕西主流媒体组成的"丝路万里行"团队，坐汽车西行三万里，经八国由长安到达罗马。沿途对"三热"——丝路很热乎，丝路人很热情，丝路经济正在热销，有了十分深切的体会。途中，我当然也关注了丝路文化艺术交流融汇的种种现象。

丝路各国艺术文化的融会，是通过商贸的流通、民族和宗教文化的流布完成的。

比如，东西方美术和建筑艺术在中亚的交融：一出国境，在哈萨克斯坦东部，清真寺大都是以西安清真大寺为蓝本，梁上灯上的画都是中国画风格；到了乌兹别克斯坦，市场上油画增多，画风逐渐俄化、欧化；到格鲁吉亚、土耳其则大变，那已经是原先东罗马帝国、奥斯曼帝国的文化版图了。

从宗教洞窟中的古典艺术，如中国敦煌、印度阿犍德，到现代艺术都可以看到这种流变过程。唐代两个走红的标志性舞蹈——胡旋舞和霓裳羽衣舞也印证了这一过程。而在当下中亚旅游商品市场还在销售的骆驼、龙象三件套组合，更有力地证明丝路各国艺术文化的融会，不但古往今来已形成传统，而且依旧活在当下的现实生活中。

更值得重视的是，在丝路沿线，佛教——非物质文明的顺向中转增值性传播，和小麦——物质文明的逆向回溯增值性传播，已经被公认为人类文明交流史上罕有的现象。前者使文化中转地的中国超越印度成为世界佛教中心，后者让原生地中亚和回传地中国互换，最后二者同时成为世界小麦类饮食文化的创造中心。这是丝路文明交融共生最有力的证明。

民族文化的交融，沿途所见的例证也很多。我举两个民族迁徙的故事：一个是中国的撒拉族，三四百年前由楚河畔的乌兹别克斯坦撒马尔罕迁到黄河畔的中国青海循化县；一个是哈萨克斯坦的东干族，一百四五十年前由黄河畔的陕西西安迁徙到中亚三国的楚河畔。他们都执着到执拗地保存着自己的原根文化，又开放地融入当地文化场之中，而当地文化也无不热情地接纳、包容了他们（例如，安胡塞与阿尔丁夫·翼人）。

我曾用"云层理论"表述过不同时空中各个文化体之间的关系——整个人类其实是处在同一个文化日照之下，不同民族宗教的文化所以不同，只是因为不同云层对终极阳光的反射不同而已。而丝路，也只有丝路，在世界文化的阳光之下，将我们这个星球上最大的大陆——亚欧大陆孕育的几朵最成熟的艺术云彩连接到了一起。

今天我们探讨丝路艺术国际化战略，就是要发挥这一传统文化优势，发挥艺术美学无国界的优势，使丝路不仅成为赛丽丝之路，同时成为丝竹之路、帛书绢画之路、艺术之路、美丽之路——成为一条享誉全球、辉映历史的、真正的融美之路。

眼下我们可以做的工作很多，比如，在永久性的欧亚论坛、丝路艺术节和丝路国际电影节的基础上，成立丝路各国艺术管理机构、艺术组织和艺术家的联合体，成立丝路艺术教育资源协同共享中心，举办丝路美术节，定期不定期到各相关国家巡展（陕西提升改造已办好几届的"高原·高原"展，可代表中国首先承办）。还有，组织丝路美术界和美术教育界的访问学者与留学生交换，丝路美术馆场亦可定点及联合，等等。

但这些还都是操作层面的工作，更重要的是探讨丝路沿线，东、中、西三方文化和艺术的内在特点和它们的异同，探讨如何既能有效地保存各自的审美特点，发现并畅通交流渠道，又能在此基础上融汇创新为新品质艺术的那种可能性。

我们这次艺术节、这个高峰论坛，不正是一个非常良好、非常有力的开端吗？

下面，我想就东、西方艺术不同的质地，以及在"一带一路"背景下，谈谈丝路艺术国际化路径的几点看法。

一，提倡国际化，首先要尊重民族化。各民族美术的特质，要到各民族文化的特质中去寻找、定位。中国文化自古重道轻器，东方人文观中的太极思维、模糊思维，导致了中国美术一系列特点。如重表意传神、重气韵生动，主张离形得似，或主张似与不似之间，等等。

西方文化则更重器，重实证。西方文化的精神或曰道，总是要落实在具体的实证之中。这便衍生出古希腊、古罗马直至近代西方雕塑和油画中重素描、翻模的写实再现的特色。

只有尊重不同的民族文化特色和优长，取长融优，国际化才有坚实的基础。

二，中国以道文化为核心的艺术美学常常与以儒文化为核心的实践美学，形成相反相成的互补。东方艺术大多诱使人走出社会、走出人世，而进入自然，进入天地，这是对儒教社会入世实践的一种反向心理释放和感情宣泄，一种平衡。

西方实证哲学则导致实证美学、实证社会学（法制）、实证科学技术的先进和发达，也导致了写生的教育实训体系以及写实和实写的再现型美术传统。

艺术史一再证明，实证主义与意象主义之间，再现艺术与表现艺术之间，是可以互通互补、互融互换的。西方艺术由古典到现代的发展证明了这一点。

三，中国美术，尤其是中国的文人画，一向以创作主体为核心，以画家心性为核心。或以主体熔铸客体，或造化与心源并重（"外师造化，中得心源"）。心性化美术是中国古典美术的脊梁和精华，在中国美术史的地位最崇高、艺术性最精妙，也最被后世看重。

其实西方艺术自现代以来，愈往后走也愈来愈走向主体和心性的呈示，愈来愈重视意象渠道的表达。

四，中国美术在尊重心性主体同时，又十分尊重客体、尊重自然，具有明显的生态特色和生命特色。比如，这在中国古典美学中，表现为散点透视说，中得心源说，画应可观可品可游可居（安顿身体与灵魂）说，等等。中国山水诗画中的山水拟人化和拟情化，构成了一组组天人互通的画面，一组组天人互融的协奏曲。

这又与干旱的中亚、中东对绿色生态的渴望（伊斯兰标志性色彩绿色，就是这种心理色彩），与成熟的欧洲正在兴起的现当代生态主义产生了深刻的生命层面的迎合。

五，中国美术受超象的、符号化的书法艺术影响至深，重视线条的品质和趣味，讲究"写"出来的画，是创作的至高境界。这导致了古典的表现主义，天然的超形、超象、超现实主义。

西方艺术则经由了一个由光暗晕染进而发掘界线表现力（凡·高、毕加索与现代主义）、由实而虚、由再现而表现、由现实而超现实的漫长发展过程，最后完成了二者的合流。

这样，东西方艺术就在丝路上有了一次鹊桥之会，有了一次现代的牵手，有了一次美的神交。

我想特别强调一下中亚、中东和印度文化在东西方文化交流融汇中的桥梁作用。如果说中亚、中东在一带一路的经济发展中具有并正在发挥着"陆桥优势"，那么，中亚、中东在一带一路的文化发展中所具有的"文桥优势"，还远没有受到足够的重视，它巨大的潜力正有待发掘、发挥。陕西西安便是这座文化长桥东端的桥头堡。

这座丝路"文桥"由古代轴心时代奠基（苏格拉底、耶稣、佛陀、孔子），经由地理的（北暖温带、400毫米等雨线）、民族的（血缘过渡带）、宗教的（基督、伊斯兰、佛道，尤其是佛教东传）和商贸的四重纽带、四重通道，形成了世界文明史上罕见的、无比珍贵的文化、精神立交桥。

丝路各国的朋友们，此刻，我们正在丝绸之路的起点、世界四大文明古都长安城，手挽手开始了在这座文化之桥上的行走。让我们的步子大些，更大些！

2015年9月15、16日于太平洋上，

"海洋水手号"11层甲板和7层524舱房

小论市场文化

现代市场文化是新生的社会文化形态，我们能感觉到它发酵般地存在。我在一些文章中侧面涉及它时，常常是点到它的一些弊病。这些弊病实际存在着，然则对一种新事物来说，又是难以避免的。于是换一个角度来想这个问题，便有了以下五点思路。

第一，现代市场文化的出现，改变了我国文化发展格局。我国文化格局目前主要是三种形态：一是国家和社会意识形态所倡导和资助的文化，它们鲜明地反映了时代特征，反映了社会主义制度和意识形态的要求，构成文化的主旋律。二是经典文化，这是漫长历史发展中文化积累的总和，包含着各个时代、各种文化样式、各种风格流派的精品，构成一个民族的总体文明水平。三是通俗文化，即活跃于民间的自娱性文化和以娱乐为基础、盈利为目的的商业文化。现代市场文化的兴起，不但极大地改变了通俗文化的内容、形式和传播方式，而且对主旋律文化和经典文化的形式、语言和传播方式有相当的影响，给三种文化形态都注入了活力，也催动着三种文化的新陈代谢、渗透转化，使三种文化形态构成一个蓬勃发展的动态有机整体。比如根据市场心理，经过重新创意、包装，可以使一些冷落多年的经典文化成为文化市场的热点，也可以通过市场的多层次选择机制，将一些通俗文化中的精品转化到经典文化或主旋律文化范畴中来。

第二，现代市场文化给老百姓的参与要求和娱乐要求提供了一种文化形式。传统文化形态，大都是"他娱"形态，即作者、传者和受者隔离，受者被动地接受作者、传者的文化信息，从他人的创作、表演中得到有限的审美愉悦，这就难于满足现代人愈来愈强烈的共时空的参与意识和共时空的娱乐要求，难于满足现代人在社区生活中表现自己的欲望。现代市场文化的出现，拆掉了横在作者、传者、受者中间的那堵墙。卡拉OK、交谊舞以及内在人称由"我们"转化为"我"，由"共语"转化为"私语"的消闲性、人生性散文随笔，乃至电台热线电话、电视现场采访，使受者同时成为作者和传者，观众同时又是顾客和演员。人们过去只在生活中编织自己的故事，而在文化中只能观赏别人的故事，现在则可以在公共传播中编织自己的故事，可以使自己的生活、人生、生命以一种文化形态出现在社区的公共生活之中。娱乐不但在样式、手段上变得多样而便利，而且因为和参与相结合，由于对"他我"的艺术欣赏转为自我的人生行为，而变得更有魅力、更有意味、更有实现生活的深度。

第三，现代市场文化为兴办文化事业找到了一种产业形态。文化作为商品是很早以前的事了，但在相当长的时期内，作为商品的文化仍然是一项需要社会无偿投入或补偿投入的事业，现代市场则将文化提升为一种产业。近年来，一些文化事业，如拍摄电视剧、举办展览和其他大型文艺活动，由单纯向上伸手、依靠财政拨款，发展为同时对外联手、搞社会集资，是一个很大的进步。文化事业开始向半事业半产业过渡。文化事业在对于社会的精神价值之外，开始发现、确立了自己对社会的经济价值，从而在现代市场中有了新的地位，也确认了自己在现代社会中新的能量。只是这仍不能完全改善文化对经济的依附地位。这种依附虽不会影响那些决然以文化创造为生命的从业者的执着，却会使相当一部分文化从业者的自立精神受到销蚀，从而影响文化发展繁荣的速度，而现代市场文化则完成了文化由事业向产业的过渡。它不是靠补偿性集资，而是按投入产业的市场经济规律行事。社会对它的补偿不再是道义的支持和"施舍"，而是在市场经营中一种价值和另一种价值的公平交换。在市场经济发达和成熟的国家，报刊、出版社、电台、电视台以及许多社会文化设施都是可以盈利的产业，有些业主甚至跻身于世界富豪之列。在我国，歌舞厅、录像点和书报摊这几年也成为投资者感兴趣的产业。它提醒我们，现代市场文化完全可以通过自身的营运兴旺发达起来。在这个过程中，它将首先从市场的渠道给主旋律文化和经典文化输血造血、"以文补文"，这又会促进整个文化事业的繁荣。

第四，现代市场文化将成为现代人社交的主要场合和交流的重要渠道。我们已经看到，越来越多的社交活动，包括经济交往活动，选择一些营业性文化场所举行，越来越多的家庭活动，比如给老人祝寿、给孩子过生日，甚至红白喜事，也开始走出家庭，选择电台点歌、包舞会、包电影等方式。随着文化生活和经济生活水平的提高，人们更渴望在一种文化环境中来加强理解和沟通，也渴望以一种高雅的文化手段来确立自己的社会形象。

第五，市场文化将对中国文化人的人文品格、价值标准乃至创造活动方式进行新的整合、重铸、建构。中国文化界因为市场经济时代的到来正在失去古典的平静，但是，迄至今日还不能说真正深刻地进入了市场经济和市场文化。大部分人没有进入，相当一部分人不打算进入，少数人进入了，也只是浅尝辄止，远没有将其作为自己的人生实践方式和艺术实践方式进行确立。文化界许多价值标准和行为方式还是原有社会经济、社会生活的反映。当生活领先跨出一步的时候，旧有的平静、和谐打破了，文化界进入一个困顿和迷茫期，这其实是历史的进步。文艺家依托自己熟悉的生活，固然可以在一个广阔的天地中选择自己的创作题材，因而不一定都要去市场经济中弄潮，体验并表现这方面的生活。但是，文化精神产品必须经由市场来传播，转化为现实的社会效益和经济效益，却是每一个文艺家都躲不掉的。市场文化将市场经济时代首先推到了每一位文艺家面前，使他们不能不被海浪溅湿裙裾，心头染上一点海风的咸味儿。市场经济的公平公开的竞争原则、等值交换的利益原则、高频变动的效率原则等，首先是通过市场文化渗透到文化人的精神中来影响他们的。这正是中国文化人文化心理、文化人格现代转换的契机。

或迟或早,现代市场经济社会的民族精神要从这个起点建立起来。

我们说的这一切,都有一个前提,那便是文化市场的运转,要符合文明的、进步的文化价值标准,符合"二为"方向和文化市场法规。坚持了这个前提,市场文化上述几方面的积极意义才能充分显示出来;背弃了这个前提,文化市场一些潜藏的弊病就会滋生,就会露头,不但败坏了市场文化的声誉,且易祸及整个文化界和社会精神生活。这是要特别说明的。

2018 年 5 月

建设和谐文化三题

一

胡锦涛总书记在文联作协"两会"讲话中，给社会主义文化发展提出了新的历史任务。他指出：面对当今世界各种思想文化相互激荡的大潮，面对国家发展和人民生活改善对文化发展的要求，面对社会文化生活多样活跃的态势，如何找准我国文化发展的方位，创造民族文化的新辉煌，增强我国文化的国际竞争力，提升国家软实力，是摆在我们面前的一个重大现实课题。

在提出这一新的历史课题之后，总书记紧接着用一大段文字论述了在社会主义先进文化引领下，大力建设和谐文化，广泛动员人民群众投身和谐社会建设的必要性。他明确指出，"和谐文化既是和谐社会的重要特征，也是实现社会和谐的精神动力"。建设和谐文化，是构建社会主义和谐社会的重要任务，也是社会主义和谐社会的重要条件。总书记明确地把和谐文化建设作为发展我国文化的新方位、创造民族文化新辉煌的重要战略提出来了。

面对当今世界各种思想文化相互激荡的大潮，不同的文化理念和政治思维会导致不同的方略。西方有人提出"文化冲突论"，在各种思想文化的相互激荡中，用文化冲突、社会冲突、国家冲突甚至战争来处理和解决问题，结果是各种冲突愈演愈烈。我们倡导的则是"文化和谐论"。我们吃够了阶级斗争和社会矛盾扩大化持续化的苦头，太懂得稳定、祥和、安康的珍贵。实现民族的团结、社会的和谐，政治是保障，经济是基础，文化是灵魂。文化是民族生存和发展的内在力量，文化的和谐是社会和谐极为重要的因素。文化可以增强凝聚力，创造生产力，提升竞争力。"文化和谐论"，就是以文化的和谐促进人自身的和谐，促进人与自然、人与社会的和谐，促进世界和平。所谓"如乐之和，无所不谐"（《左传》）。自然和谐则美，生命和谐则康，文化和谐则乐，社会和谐则安，国家和谐则强，世界和谐则祥。和谐孕育万物生机，和谐激发创造活力，和谐文化促进全人类、全世界快速的、协调的、可持续的发展。

面对国家发展和人民生活改善对文化发展的要求，面对社会文化生活多样活跃的态势，也需要加大全面建设和谐文化的力度。国家的发展和人民生活的改善，使文艺的表现对象和接受对象都发生了根本性的变化，人民文化水平、科技知识和精神境界的大幅度提升，人的全面发展，以及随之而来的对生存质量和幸福指数的更高追求，使全新的现代欣赏主体开始进入文化接受市场。他们要求文艺以崭新的方式展现崭新的生活，塑造崭新的人物，要求文化产业、文化事业和文艺创作愈来愈现代化、市场化、多样化。现代化、市场化使文艺的创作（生产）、传播（流通）、接受三个领域的价值坐标和运作方式愈益多元、复杂。大力建构和谐文化，对各种思想、观念、艺术现象和利益的冲突做宏观整合、全面协调，已经是当务之急。呼唤作家艺术家和文艺管理者共同努力，引领我们的文艺逐步进入那种科学的、多元的、"和而不同"的和谐境界，即崭新的"百花齐放、百家争鸣"的境界，已经是当务之急。这的确是在新的历史时期我们的文化能否找准新方位、出现新辉煌的根本问题。

二

胡锦涛在中共十七大讲话中指出，建设和谐文化，要在牢牢把握社会主义先进文化的前进方向、建设社会主义核心价值体系的前提下，"弘扬民族优秀文化传统，发掘民族和谐文化资源，借鉴人类有益文明成果，倡导和谐理念，培养和谐精神，营造和谐氛围"。由五十六个民族共同创造的中华文化，是所有中国人和海外华人的感情纽带和精神家园。坚持"以人为本"的科学发展观，倡导"以和为贵"的文化精神，体现了中国情怀，也使我们和全人类的心灵息息相通。

培育和谐文化有利于文艺创作的思想开掘和艺术表现。倡导反映中华民族的和合传统、和平精神、和谐思维、和惠情怀，开掘人类和谐文化的丰厚资源，发掘其中的当代价值，会使作家艺术家对许多历史的、社会的素材和各种文化的心灵的现象，产生新的观察和感受角度，产生新的评价、理解和体悟，从而在题材的开掘上进入新境界。弘扬中国文化中的和谐精神传统，会使作家艺术家将中国美学所看重的天然、素朴、沉潜、虚静、协调等要求，自觉地熔铸到艺术创作中去。在和谐文化的熏陶下，文艺家在自己的创造活动中还会强化展现中国形象、展现中国人形象、展现中华文化形象的自觉意识。这有利于创作出更多具有中国精神、中国气派、中国风格的优秀作品。

三

培育和谐文化，不是回避矛盾和冲突，而是正视客观存在的矛盾，用和谐精神、和谐思维处理好文化建设和文艺创作中的各种冲突。譬如处理好文化主导性与文化多样性、文化冲突与文化融合、文化积累与文化创新、文艺生产与文艺消费、文艺事业和文艺产业等多方面的关系，特别要警惕文艺创作中的"无冲突论"回潮。

建设和谐社会、和谐文化是关乎国家建设、社会发展、民族振兴的一个全局性命题，属于经济社会文化发展的大战略。和谐发展观在进入美学和文艺领域时会出现复杂性，科学地解读这种复杂性，有助于文艺的创新。总的说，是要防止文艺创作中的"无冲突论"，在辩证唯物主义的矛盾斗争性和同一性理论的基础上，促进冲突和谐互动，实现对立统一。

和谐不是无冲突。孔子曰：君子和而不同，小人同而不和。要分清"和"

与"同"两个层面。现代社会,现代人早已超越了简单的同一状态,总是处在复杂的矛盾旋涡之中。现代社会的和谐,现代人的成熟和先进,不表现在它无视社会和心灵的冲突,正表现在它善于包容、协调、转化、解决各种冲突矛盾,使多方面的"不同"处于"和"的状态。这才是真正的和谐。简单的同一、一律,倒反而容易掩盖矛盾,造成隐患。冲突越多越能考验、锻打现代人在协调关系、和化矛盾中推进社会发展的智慧和能力。

从创作角度看,作品主要不是要描绘"发生了什么""做了什么",而是要描绘"为什么发生"和"怎么去做"。无冲突论关注的是生活和心灵表面的同一,同一其实只是矛盾解决的结果,斗争、冲突才是达到和谐的动力与过程。很显然,结果对作品是次要的,过程才是文艺真正需要关注的。艺术的深刻性和艺术的能力,正在于敢写冲突及其过程,敢在各种冲突关系的把握中去写人,正在于能展开人内心冲突的复杂性,而又呈示出完整的艺术形象和和谐的艺术格调。

从塑造人物形象的角度看,命运愈坎坷、生命愈苦难、内心愈有冲突的人,各种社会行为、人生轨迹和心理经验才愈有可能在丰富性和深刻性方面进入极致状态,也才愈能折射出社会人生和灵魂的深蕴。将多面的、复杂的人物和生活艺术地和谐为一体,正是为塑造鲜明的个性和有意蕴的生命奠基。

主旋律作品、英雄人物和正面人物,尤其应该是巨大命运冲突和剧烈灵魂碰撞的产物,而不能是无冲突论的载体。各种冲突对他们的挤压,都推动了矛盾的解决和精神的涅槃,从而进入新的和谐状态。可见,大胆展现英雄人物命运和灵魂的冲突,描绘他们在解决社会矛盾和心灵冲突中的作用、智慧和独特方式,也就正是在展示他们在建构新的社会和谐中的作用,在展示他们富有个性的先进性。

从创作者和欣赏者的角度看,作者是通过叙说社会的、人性的、性格的、灵魂的冲突,排解内心的积郁,宣泄对生活的疑问、反思或憧憬,从而平衡精神和安妥灵魂；欣赏者则是在接受作品对冲突叙说的审美再造过程中，通过联想、感应、共鸣，释放对生活的疑问、反思或憧憬，从而平衡精神和安妥灵魂。文艺便这样由实现个人的和谐推动了社会的和谐，这也就是中国古典文论中的"兴、观、群、怨"说。诗本可以怨（倾吐积郁），可以群（和谐人群），文艺本就可以在充分发挥自己艺术表现各类冲突的职能中，促进社会和心灵和谐。

2006 年 12 月

当前地域文化研究的特色

《文汇报》编者按:

　　近年来,我国文化界关于地域文化研究的力度显著增强,并已逐渐形成热点。当前各地地域文化建设和研究的现状和特点如何,它对我国的社会主义物质文明和精神文明将产生怎样的影响?从本期起,本刊将陆续刊登一组探讨这方面问题的文章,以飨读者。

在学术研究和文学、影视、戏剧、歌舞中,"文化"因素经久不衰,对地域文化的研究和展示一直是"文化热"一个重要而鲜活的表现方式,形成了许多地域文化的研究群体和创作群体,譬如京派、海派、津门、岭南和西部文化研究和创作群体,以及黄土地、黑土地、红土地文化和冠以各地区简称的晋军、豫军、陕军、湘军等的研究和创作群体。一方面是宏观的现代市场经济和现代传媒信息手段导致的世界经济、文化一体化趋势日益兴盛;另一方面是民族和地域精神资源和文化个性的发掘、保护、更新日益受到重视,这种两极震荡所形成的文化张力,构成了现代社会一个重要的精神现象和精神内驱力。

和过去相比,当前的地域文化研究,起码有这样一些特色。

多元化特色。以多元理论坐标和多维视野来把握地域文化,从而发掘出地域文化显在和潜在的复杂色彩和丰富内涵,对有些问题做出更新更深的阐释。这种方法又使当前的地域文化研究能从各种关系入手,从地域与民族、国家和世界的文化关系中,从文化与政治、经济、社会心理甚至潜在情绪和畸变心态的关系中,展开全景的描述。

动态化特色。许多研究开始对地域文化做纵深的开掘,从历史走向同序、同构的现象中总结动势、动律,并将其固化为动态结构。比如在对京派、海派和西部文化的研究中,学者不约而同地提出,地域文化的形成和留存常常是隔离机制在起作用,但地域文化变迁和发展的动力,又常常是异质文化对本位文化的撞击、渗化,通过对地域文化的开放,促进本域文化的开拓。因而,隔离、生成、留存—开放、变异、更新—再隔离、再生成、再留存—再开放、再变异、再更新,便成为地域文化发展的动态结构。

实践性特色。大量地从当前地域生活的实践中提取鲜活的素材,并以鲜活的思路、鲜活的语言表达出来,这不仅是一种清新务实的理论风格,而且由于和平民语境相协调,能在大众生活中诱发广泛的联想,并产生实践性的影响,因而当下的地域文化研究常常和现实的文化建设、文化策划结合在一起,有时还直接成为实施某项文化产业的软件。

批判性特色。走出了过去常常出现的"为本地讳"的误区,科学的批判精神在当前地域文化研究中越来越显示出力量。许多论著都触及了各自地域文化圈层的弊端和落后的一面,并且追究了深层的原因。这种批判反思精神,不但反映了当代文化思想的新意和深度,而且着眼于地域文化的进步和发展,着眼于建构完美人格和文明精神,既有理性的高瞻远瞩,又有现实的针对性,是地域文化研究应用价值的体现。

从上面简述的一些特色中,我们可以看到当前地域文化研究的主要价值和意义。

第一,这是在当代文化大背景下,以新的观念、新的方法建立地域文化新的话语体系的一种尝试和探索。正像 20 世纪 80 年代和 90 年代以来,文艺创作的地域话语、平民话语和 20 世纪三四十年代文艺创作的民族化、大众化在本质上有所不同一样,当下的地域文化研究实际上主要不着眼于回顾,而着眼于前瞻,重点不在回到"地域的世界",而在走向"世界的地域"。它是在世界经济、文化一体化大趋势下,从一个新的认识高度和文化境界来抢救地域文化资源，保存地域文化个性，增强地域文化在当代的留存、发展，它对标准化、一体化日甚的世界，在文化精神生态上重要的平衡作用，是显而易见的。

第二，这是在一个经济、文化剧烈竞争的时代，在重新构建经济格局的同时重新分配文化话语权的生动景象。经济的竞争为文化的竞争提供了基础和动力，文化的竞争不但反过来成为经济发展的助动力和开路先锋，而且能充实经济发展的文化内质，将经济发展提升到一种文明境界。正因为如此，当前的地域文化研究，常常重在发掘本地文化优势，或从劣势、弊端中寻找发展的重点、难点、空白点，重在塑造本地的文化形象，打造本地的文化名牌。这样，地域文化的研究就以它的实践性、建设性，将一个地区的物质和精神文明建设更紧密地结合起来，使社会发展的驱动机制从单纯追求经济利益走向经济和社会文化的一体化发展，社会发展的形象从注重外在形态开发走向功能性开发，社会发展的目标从以经济增长为中心走向以人为中心的综合建设。地域文化成为一个地域两个文明建设的"名片"甚至口号、旗帜，已经成为不争的事实。

第三，地域文化研究从各个局部具体而又鲜活地丰富了、充实了中华文化的内涵。有利于我们从地域文化和社会发展入手，在把握不同社区发展个性的基础上，揭示中国社会发展的共性和中华文化演变的规律。近年来地域文化研究的新成果，促进了中华文化研究在总体上的转向，使其由更多地关注传统到关注现代；由更多地关注典籍到关注民风、民俗、民间艺术和生活中的各种活文化；由更多地关注中原文化、北方文化这些传统的文化原生林，到关注东西南北中各个地域的文化，特别是关注少数民族文化和文化次生林、混交林等文化过渡带；由更多地关注中华文化内部的状态、动态和结构，到关注各地域乃至整个中华文化如何走出隔离发展阶段，进入竞争互动、协调综合的开放发展阶段。比如，过去我们往往只是从中华文化生成和演变的总体状态来谈民族文化的多维动态开放特色,现在则进一步从中华各民族、各地域文化的内外开放、交流中来谈这个问题,认识到中华文化其实是一个多层面、多向度的多维动态开放网络。一城一地的文化优势和弊端,一城一地在文化建设上的发展和失误,都可以在整个网络上引发连锁反应。这样,地域文化也就在更深层次上,成为民族文化乃至世界文化的一个板块。这不但是认识的深化,也是一种文化资源、文化矿藏的新发掘。

第四,地域文化研究有利于社区和国家的稳定与发展。文化归属是社会稳定和社区认同的精神加固器,地域文化的研究和传播对增强一个地区各方面的凝聚力有极大的作用。由于地域文化研究话语的平民化和传播的多渠道,特别是借助于电视、广播、报刊、文艺和各种亚文化形式,具有了前所未有的社会覆盖面,地域文化的状态和特性从来没有像今天这样为老百姓所熟知,并且进入大众的日常生活舆论。这就有可能一方面通过局部社会的文化精神凝聚,为全局、全民族的认同和凝聚奠定厚实的基础;另一方面又通过局部社区、地域差异性的广泛交流传播,达到全局、全民族之间的相互熟悉理解。地域文化研究者应该意识到这种社会责任,从而在自己的工作中警惕地方主义和民族主义情绪,防止各种各样的片面性和绝对化。

1998 年 5 月 22 日,西安谷斋

长安应有学

——评《长安学丛书》

由李炳武担任总主编的《长安学丛书》第一批八卷约五百万字，最近由陕西师范大学出版社和三秦出版社联袂推出。这套丛书将在几年之内出齐百卷，总共六千余万字，统揽自古至今有关长安政治、经济、文化各方面的资料，并在此基础上立论创派，力求勾勒出"长安学"的基本轮廓。中国素有盛世修史、盛世修典、盛世修学的传统。著名考古学家石兴邦先生说得好，"每当澄明盛世，集饱学之士子，奉文化之圭臬，修宏图之巨制，稽古佑文，编纂成册，藏之馆阁，传之后世，几乎成为定制"。这既是一种历史责任，也是一种文化自觉，中华民族文化赖以承传的那些光辉典籍正是这样形成的。由陕西文史馆馆长李炳武先生领军，倾全馆文史专家之力，并动员社会各界学术精英合作完成的这部大书，当之无愧属于此类传世之作。在一部皇皇巨著背后，我们看到的是一次巨无霸式的学术行动。

长安应有学。长安作为中国的十三朝古都，作为历史上具有标志意义的大都会，其社会、政治、经济、文化各方面，都有较为完备的形态，无论结构的完整和典型、发育的完善和成熟、历史积累的深沉厚实或是在国家历史进程中举足轻重的地位、在民族文化版图中的辐射作用，都值得我们在分门别类深入研究的基础上，进一步系统化、学理化。应该说，构建"长安学"理论体系有着坚实历史文化和学理基础。长安文化素来是中国文化的重要芯片，在这个意义上，也可以说研究长安就是研究中国，打开长安就是打开历史。

"长安学"研究其实古已有之，千百年来几乎从未中断。像围绕"人文初祖"轩辕黄帝开展的中华文化发生学的研究,像围绕《诗经》开展的中国文学发生学的研究,像围绕周代礼教和秦代改革逐步建立起来的中国政治学研究,像围绕汉唐研究发展起来的汉学和唐学,像围绕先秦关中水利建设开展的中国水利学的开篇,像以"留得正气凌霄汉,著成信史照尘寰"的司马迁《史记》而开其先河的秦地史学、中国史学,像北宋大哲学家张载的唯物主义哲学"关学"(秦地民间有"家尊东鲁百代训,世守西铭一卷书"的家训,将张载和孔子并提),像以孙思邈为代表的民族医学和药学,以及近年来兴起的"秦俑学""法门寺学"研究,等等。这些研究无论学科建设是否完备,也无论在学科层面是否得到认可,都以大量的工作和出色的成果初步形成了自己的学术领域和人才群落。长安社会经济和文化的一个重要的特点,是它对整个民族文化的全息性和辐射力。它是中华民族文化重要的源头,在相当长的历史时期内,它还是中华民族文化的标志和主体。说"长安学"是"中国学"的一个有机组成部分,是"中国学"在世界文化格局中的一个重要窗口,并不为过。从这个意义上说,历代对中华文化的研究,都为"长安学"的学科建设提供了前提和基础。

初读《长安学丛书》前八卷,给我印象深刻的有这么几点:

一是发挥了文献功能。它以卷帙浩瀚、分门别类的资料钩沉,史、论、人物、专题、资料全方位展开,为今后"长安学"的研究行了奠基礼。

二是注重学科意识。研究"长安学",当下最重要的是定位、立论,以宏阔的理论思考将"长安学"的丰富史料向学科层面提升。全书《总论》集中体现了编著者学科意识的这种自觉。该文对"长安学"做了统摄性述评,有大致的学科定位,有宏观策划,有理论先导。对"长安学"的要旨、精义、体系、方法、在学术版图中的地位等等方面,都不乏简要而又精到的论述,是一篇很好的开篇文章。它有助于将相关的微观研究统摄到"长安学"这个大格局中来,也有助于将"长安学"一些最主要的精义渗透到具体的研究之中去，对理顺研究思路、在学界寻求共识极有好处。

三是显现了包容气象。丛书在收编各类资料时，不存偏见，不加删动，尊重文章的原创性和原生性，为后人保存了有关"长安学"的各种视角、各类观点，并在这个基础上系统化，反映出编者的全维的文化视野和科学的宽容气度，这是搞一个贯通古今的大课题必要的学术态度，十分可贵。

作为一项综合性文化工程，《长安学》的研究不仅结晶出浩瀚的文字成果，还形成了学术研究和社会文化实践相结合的特色。近年来陕西文史馆每年都举办大型"长安雅集"活动，对"长安学"的研究做学术引领和社会弘扬。"长安雅集"专设长安论坛，邀集全国各地专家就"长安学"的某一方面问题研讨交流，在一个高端的、开放的学术平台上，引领、推动、深化学科体系的构建，使个体的、部分的思考成果，尽快转化为整个学界共同的财富。"长安雅集"还通过专场学术报告、吟诗作画和歌舞表演等多个板块、多种方式，将"长安学"研究向舆论延伸、向民众弘扬，产生了良好的社会影响。

对一门新学科的建构来说，稽古佑文、汇总资料只是肇始阶段的工作。多少先贤以毕生精力开宗立派，成功者盖寡，因而要有长期作战的准备，要聚集一批现代达摩和现代愚公，执着面壁，不息移山。此前相关"长安学"的研究中，存在"三不少三不多"现象：史料梳理和文物考证不少，对文化内涵做探幽发微的开掘还嫌不多；古代长安文化的论述不少，对近现代，尤其是当代长安文化的研究还嫌不多；从典籍文化资料（包括庙堂文化和山林文化）着手研究长安文化的不少，以坊间生活中的文化留存，如各种民间风俗、民间艺术以致饮食、服饰文化信息，尤其是以当下鲜活的社会文化心理为对象切入长安文化腠理的研究还嫌不多。我想，当我们在一种群体的、自觉的状态下开展"长安学"的研究时，一定会克服上述的不足，使"长安学"既具有浓郁的理论气息、文化气息，同时也具有鲜活的民间生活气息、现代生活气息，使"长安学"的整体面貌得到改变。

"长安学"的提出，对已有的相关研究不是干扰，更不是否定。从学科建设的角度考虑，要重视与原有各类相关研究（比如炎黄文化、法门寺文化、秦俑学的研究）的衔接融通，在已有基础上拿出新的成果。

"长安学"作为当代人组织的学术活动，应该更加重视理论思维的开放结构，广泛地吸纳各种新的文化学术成果，启动现代性、创新型研究。从一定意义上讲，对历史的解读其实是当代解读，既要以宏观、开放的视野给"长安学"及其相关门类定位，又要在关系的研究中揭示"长安学"的全息性和辐射力，在比较的研究中（譬如长安学与罗马学，长安文化与日本、韩国传统文化的比较研究），以审视和发掘"长安学"在中国和世界格局中的意义。

另外，除了梳理、总结历史前进，尤其是周秦汉唐盛世的正面经验，也需梳理、总结发生在这块土地上的种种历史教训。譬如除了从政治、社会、经济、文化等已有的坐标解读历史，不妨也从生态的角度对历史变迁做再认识。气候变化、农业衰败、超负荷社会承载等对长安乃至关中地区历史变迁的影响，就很值得进一步开掘，以警醒今人和后世。

2009 年 11 月 1 日，西安不散居

与白君夜谈"长安文化"

《三秦都市报》编者按:

　　一位国际友人曾说,中国对她来说一直是一棵梦中的树。但她来到上海时,看到了这棵树浓郁的叶子,来到北京时看到了这棵树粗壮的树干,正当她对树干的稳健、树叶的青春惊讶不已时来到了西安,她看到了这棵树茁壮、苍劲的根系。之后,我省文艺理论家肖云儒先生补充了一句比喻,特区正是中国这棵大树上新开的花朵。这番话形象地说明了"长安文化"在中国四大文化板块(京派文化、海派文化、特区文化、长安文化)中的重要地位。在中国·西安第五届世界历史都市会议和1996西安古文化艺术节在西安相继召开之际,本报将陆续发出记者白玉奇就"长安文化"采访肖云儒的系列文章。本报作为都市报,对于探讨世界名城西安的文化内涵极为关注,有意在这方面做点文章,发点议论,希望得到读者的支持。

中国文化版图四分天下,"长安文化"居何位置?
中国文化大树摇曳生辉,"长安文化"贡献如何?

记者: 中国·西安第五届世界历史都市会议在西安召开,西安的政要及百姓都为此而欢欣鼓舞。以前曾听您谈及"长安文化"的话题,本报想以这次会议为契机,请您系统地谈一谈关于"长安文化"的定位与内涵,可以吗?

肖云儒: 世界历史都市会议择西安召开,大家都很鼓舞,但鼓舞有各种不同的角度、内涵及层面。作为一个在西安生活了三十五年的老西安住户,也作为从事文化工作的知识分子，在会议召开时，也特别想借传媒谈一谈"长安文化"的定位问题，我非常感谢贵报给我的这个机会。

我想先从今年中央电视台春节文艺晚会说起。今年春节晚会择北京、上海、西安三地同步演出，就包含了一种意向：在中国，文化名城西安是唯一可以和京、沪并驾齐驱的。当时大家都很鼓舞，但看完演出后相当一部分西安人失望了，因为在三地演播中是把西安文化作为京、沪文化遥远的反衬出现的。以西安人有点可笑的朴拙来反衬北京人的大器和上海人的精明，用西安人头脑中市场经济观念的缺乏反衬市场经济大潮在中国的风行。也就是把西安人作为现代文化格局中的"秤砣"，使京沪文化不至于倾斜，反衬出京、沪文化的现代光彩。

我也有类似的感喟。但更深地想，又觉得这也正好反映出要全面地了解中华文化，不关注、不研究"长安文化"是不可能做到的。如果说绘制地图有"四色定理"，用"四色"可以区分所有的国家和区域，那么要绘制中国文化地图（包括历史与现实），也需要"四色"，这"四色"就是京派文化（北京）、海派文化（上海）、特区文化（珠江三角洲）和长安文化（西安），缺了任何一色，中国当代文化地图都将无法绘制。这也可能就是今年中央电视台春节晚会择京、沪、西安作为直播点，广东在心理上最不平衡的原因吧。据我所知，别的省份并无过多意见。这也就隐隐透露出，广东意识到了京、沪、西安以及珠江三角洲是中国文化格局中的四根支柱，他们的不平衡就出于此。

记者：据专家讲，西安是中国唯一的国际文化名城，您是否认为这次世界历史都市会议择址西安，也能从另一个角度说明"长安文化"的重要地位呢？

肖云儒：中国·西安第五届世界历史都市会议第一次在中国召开就选择西安，又一次从世界文化舆论的角度给"长安文化"在中国和世界文化格局中的重要性定了位。

记者：就"长安文化"的研究和宣传，我们西安做了哪些工作呢？

肖云儒：这项工作虽然一直有人在做，但一直叫得不够响，没有造成声势，没有凤头式的开山观点，也没有猪肚式充实细致的展开。我觉得这次世界历史都市会议给我们提供了两个重要契机，我们的舆论界、学术界，乃至西安百姓在这方面都应有所动作，发出声音，并把此声音凝聚起来，叫响它。

记者：西安是与古罗马城同一时期建都的，具有悠久的历史。给"长安文化"定位，是否首先应从中华文化史谱的角度谈呢？

肖云儒：是的，应从历时性来看"长安文化"的重要性。在学界、旅游界，以至于中外宾客中有一种大致被认可的说法，就是说：两千年中国看西安，七百年中国看北京，一百年中国看上海，二十年中国看特区（珠江三角洲）。这句话就从中华文化史谱的角度形象地说明了中华文化四分天下的格局，也就是说不到这四地，不感受这四种文化，是无法对中华文化作历史的、动态的理解的。

1992年，我接待北欧艺术访华团。座谈时，我向瑞典美术学院院长、女画家玻特·玛丽亚提出这样一个问题，问她能否用一句话谈对中国的感受。她是经由上海、北京来西安的。她说："我没来中国时，感觉中国是棵大树，但是遥远的、梦中的树。到了上海，这棵梦中的树突然呈现出浓郁的叶子，很有生命力；到了北京，我又看到了这棵树粗壮的树干；正当我对中国这棵树的稳健、青春感到惊讶时，来到了西安，我看到了这棵树茁壮而有力的树根，我找到了中国这棵树之所以稳健、充满活力的根源。所以我再回到我的国家，这棵梦中的树就会变成摇曳着春风，反射着光斑的活生生的树。"我觉得她这种比喻的说法非常好。北京、上海、西安这个三角区是用最短的时间了解中国的最佳航线。由此触发，我也想比喻地补充一句，珠江三角洲是什么呢？是否可以说是中国这棵大树新开的花朵？也就是说，中国历史文化的大树，是由长安文化的根、京派文化的茎、海派文化的叶、特区文化的花构成的整体景观，当然，不是说花是直接从根上长出来的，而是比喻。由根到花，经历了多次的嫁接，还有外来的阳光、空气的作用。

记者：这棵大树根、茎、叶、花的关系是否也可以象征中华文化四大板块之间的关系呢？

肖云儒：在世界四大古文化中，或者用英国学者汤因比的话说，在世界二十六种古老文化形态中，为什么唯有中华文化历五千年而不衰，岂但不衰，且日新又日新，不断地蜕变出新的生命，开放出新的花朵，原因恐怕就在于此。而不用多加强调的是，根在维系整个大树生命进程中的作用是最根本的。"长安文化"就其实质来说是中华文化的根性文化区。

西安在中国六大古都中有三最：①建都时间最早。②建都朝代最多：它是十三朝古都，比洛阳多七朝，比开封多八朝，比南京多七朝，比杭州多十朝，比北京多十朝。③建都时间最长，达一千零六十二年，洛阳是九百七十七年，开封是二百一十年，南京是三百四十八年，杭州是一百五十三年，北京是六百四十二年。这三最说明：中华民族和中华文化一段最古老、最悠长也最辉煌的历史遗落在这块黄土地上，并积淀在长安老百姓的文化心理中。

河文化的代表　古通道的中心

记者：漫游两千年之后，您是否能从空间上谈谈"长安文化"的定位呢？

肖云儒：从中华文化图谱的角度来看，西安、北京、上海以及以广州为中心的珠江三角洲，早已是无可争议的中国西部和东部、北方和南方的文化中心，处于这四大文化中心之间的中间地带，常常构成文化的混交林带和次生林带。如我的老家江西就处在吴越文化和岭南文化的过渡带，虽然自成风景，但还是不好说是中华文化的主流板块。"长安文化"实际上是黄河文化的发祥地和中心带，黄陵、黄河、黄土地文化滋养了中国的西部乃至于整个北方。

中国古代，许多重要的文化通道都是以古长安为中心向四周辐射的。如东边长安、洛阳、汴京、商丘这一通道，构成了今天陇海线东段，成为长安辐射中国中部和东部的文化经济干线。由长安出发的丝绸之路，不但沟通了中国的中原和西域各地，而且成为中华古国走向世界的最早通衢。由长安出发，经青藏高原进入吐蕃（西藏）的唐蕃古道，不但自古就把西藏融进了中华大家庭，而且成为中国和东南亚的主要文化通道。由长安出发，经古秦直道伸延到北亚的草原之路，今天在沿途依然随处可见古代拴马桩，给我们描绘了几千年前这条路上人欢马叫的热闹景象。所有这些都说明西安作为中国西部的文化中心，对于全国的辐射力和西安在世界的知名度。

记者：较之于长安，其他几个文化地域呢？

肖云儒：上海是近代才发展起来的大都会，但经过百余年的发展，已无可争议地成为长江经济文化的龙头。那么，一个是河文化的代表，一个是江文化的龙头，它的涵盖面、辐射力难道是别的混交文化与次生文化能够比拟的吗？这得从东西文化梯层来看。

从南北文化梯层来看，北京作为中国近五百年的政治中心，它的文化影响力随着它的政治影响力覆盖全国，辐射世界，这是不争的事实。而珠江三角洲在改革开放后，于一块富庶的土地上崛起，它们不但以崭新的、越过若干历史阶段的跳跃性姿态给中华文化提供了许多新的内容、坐标、思路，更不可忽视的是在整个中国文化圈中，珠江三角洲地带作为本土华人文化和海外华人文化的衔接地带，对于中华文化远播海外和海外华人文化回馈本土起到了任何一个地区无可替代的作用。可以说是中华文化进一步走向世界的驿站和前哨，是中华文化向世界打开的一个重要的前沿窗口。

四大文化中心，经过程度不同的年代的积累，已经构成了各自不能相互替代的特色。

北京人什么都敢说　上海人什么都敢穿
广州人什么都敢吃　西安人什么都敢藐视

记者：四大文化板块在文化特征上有什么区别呢？也就是说如何从四大文化的反差中认识"长安文化"？

肖云儒：有一个大家都知道的说法，"北京人什么都敢说，上海人什么都敢穿，广州人什么都敢吃"。那么西安人呢？我们补充一句，西安人什么都敢藐视，也就是"势大"。我觉得这四句话从一个角度透露了四种文化在特征上的信息。

北京人什么都敢说，反映了首都居民的政治参与意识、社会投入意识。作为首都居民，议论国家大事、天下大事、政治风云、经济起落成为一种时尚，反映出的政治生活、经济生活已沉淀为老百姓的日常生活内容。他们住在首都，全国的经济文化信息汇聚在他们耳中，因此他们的内心格局相对大。这句话透露出京派文化处在中国现代的主体文化的中心部分，是一种政治参与感很强的文化，当然也是一种气象很大的文化。

广州人什么都敢吃，当然是特定南粤地域的饮食风习的一种表现。但恕我冒昧，强烈的食欲或其他欲望，是暴富者心理的表现。在这种什么都敢吃中间，反映了一个经济迅速发达起来的地区，老百姓还没有完全走出欲望。当然不是说这个地区的人没有精神追求，吃也有吃文化嘛——"食不厌精"，甚或还能造就非常高档次的文化——而是说在他们的精神追求中没有完全甩掉欲望的影子。因此"生猛海鲜"之类的食品广告如果从文化追求理解，不是太缺少了一点文化成熟期的温良敦厚吗？

而上海人的"什么都敢穿"，我以为在文化意味上就稍稍进了一步，进入了一种美的追求，这和上海繁荣了一百年的历史是相适应的。

记者：我在一份报上曾看到，精明的上海人并不愿意花钱穿名牌，这又做何解释呢？

肖云儒：是的，是的。上海人不但不愿花钱穿名牌，而且也不像别的地方那样喜欢在穿着上追时尚，他们常常是时尚的创造者和领头人。一旦这种时尚被社会普遍模仿所淹没，上海人总是从时尚的海洋里泅渡出来，登上一块新的陆地，创造新的潮流。什么是名牌？名牌是一种批量生产，名牌常常用高于一般审美水平的批量生产来扼杀普通顾客在穿着上的审美创造力。上海人的什么都敢穿恰恰是对这种扼杀的逆反。他们常常自己设计服装，这也反映了他们在文化上的相对成熟。

记者：那么西安人呢，我怎么觉得"什么都敢藐视"这句话里多少有点阿Q的味道呢？

肖云儒：西安人比上述三地的人总体生活水平要低一些，现状也较尴尬和无奈，却为什么"什么都敢藐视"呢？那是因为我们先前很好，我们先前比谁都好过。十三朝古都，你有吗？蓝田猿人、半坡村、兵马俑、大雁塔、明城墙，你有吗？连西安的苍蝇都是唐代的。丰厚的历史积淀带给西安人一种与生俱来的文化优越感，而西安人又常常用这种历史文化的优越感来平衡美人迟暮的尴尬，掩盖现实生活进程中的种种无奈。所以西安人的"什么都敢藐视"是一个复杂的矛盾体，半是自信，半是自卑。

记者：您不觉得这几句话有它独到之处的同时也有偏颇吗？

肖云儒：这只是从几句民谣生发开来说的，当然是挂一漏万的。它只是启示我们从文化特征上来给长安文化定位。大体上讲，京派文化反映中国主体政治文化的成熟大器；海派文化反映着近代兴盛的经济文化的老到与机智；珠江三角洲文化反映着现代新潮文化乍起时的鲜活与无所顾忌，它与海派文化的区别，一如摇滚乐和交响乐的区别；长安文化则无处不表露出悠久历史积淀的深沉厚实，虽然这种深沉厚实渐行渐远，也依然在故都人心里留下了几许自豪。

再简明一点说，北京文化凝聚着更多的政治色彩，上海、珠江三角洲文化凝聚更多的经济色彩，而长安文化则凝聚着更多的历史光彩。

宏伟的大都会思路纵横千年
灿烂的大都市文化风靡百代

记者：作为都市报记者，我想请您谈一谈"长安文化"对我国乃至整个世界都市文化的贡献。也就是从都城文化的角度如何给"长安文化"定位？

肖云儒：西安是中国唯一一座居世界四大古都之列的大都市，和古罗马、古雅典、古开罗并列世界四大古都之一。在秦代，咸阳、西安人口已达六七十万，唐代逾百万。据《大慈恩寺三藏法师传》载，初唐时观看玄奘迎接高宗慈恩寺碑典礼的有百余万人。到了中唐，韩愈在诗中写道："长安百万家，出门无所之。"西安最早为世界城市建设和都城文化的方方面面做出了开拓性贡献。

秦时京都咸阳就有了城市地下水道，汉城建设了严密的排水设施、砖砌路面，至于街市商业、藏书、学校和各种手工业更是一应俱全。

秦末被焚烧散佚的书籍到汉代又逐渐得到了发展整理，长安的藏书馆有近六百家，藏书达一万三千多卷，当时长安城里的石渠、延阁、兰台等书阁，可以说是世界上非常早的国家图书馆。司马迁就是参考了这些图书写出《史记》的。唐城周长35.5公里，是当时世界上最大的城垣，是我国封建时代城市建筑的活体总结。唐长安宏伟的建筑，整齐的坊里，中心区的东西两市、四通八达笔直的道路，以及遍布郭城宫院的水渠池塘，都是中国城市建筑史上的创举。

记者：从唐诗中可以看到唐长安的绿荫和碧水，亦有"八水绕长安"之说，当时的生态环境是否很好呢？

肖云儒：当时的长安已经有了行道树，百姓居住区主要种槐，宫廷主要是梧桐，这两种树至今依然是西安行道树的主要树种。唐长安不但有了繁荣的手工作坊和商业贸易，而且出现了"飞钱"的汇款方法，商人可以把钱交给各地驻京城办事处，自己远行到外地后凭券取钱，购买货物。

白居易在《登观音台望城》诗中所写，"百千家似围棋局，十二街如种菜畦"，真实地描绘了唐长安工整合理的城市布局和街市建设。

记者：这样说来，唐长安的都市画卷为我国此后的都市建设提供了最早的、最完善的范本，可以这样说吗？

肖云儒：唐长安的大都会的建设思路为此后一千多年的中国城市建设奠定了基础，西安在都城文化方面的历史贡献，北京、上海、广州可以说无出其右者。至于长安在文化艺术等其他领域对中华文化的贡献，早已反复介绍，众所周知，这里就不去说了。

世界来到了我们家门口
我们跨一步走向世界

记者：汉唐的长安文化夹杂着不少异域色彩，如《胡笳十八拍》、"胡舞"，这固然反映了汉唐文化的兼容并蓄，但它是否与长安在文化版图中的独特位置也有某种关系呢？

肖云儒：我想从中国中西部的结合与世界文化格局这个角度来谈谈"长安文化"的定位。长安自古帝王都，空间辐射力在中国四大文化都城中是名列前茅的。从横的方面看，古长安是中国中原文化和中国西部文化的衔接点，可以说是中国中原文化的西陲和最后的边疆，也可以说是中国西部文化的起点。它是中国农耕文化和游牧文化的交汇点，它也是中华文化中汉文化和西部各兄弟民族文化的交汇点。所以，古长安自古以来就和中华民族大家庭中的各兄弟民族有着广泛和密切的联系。如在画家林立的古长安城，于阗画家尉迟跋质那、尉迟乙僧留下了不朽的作品，被称为"大小尉迟"，画史上誉之为"中华罕有其匹"。这表明在那时就把西域各兄弟民族作为中华民族大家庭的一部分来对待了。当时就有许多兄弟民族领袖在唐代宫廷任要职。乾陵的六十一个石刻王宾像,其中就有突厥、龟兹、吐蕃、吐谷浑等许多民族的王宾像。因此,"长安文化"是以汉族为主的中华各民族共同创造的灿烂文化,是整个中华民族文化的一个聚光点。

从纵的方面看,陕西是全国唯一纵跨了三个文化带的省份,江苏(苏北、苏南)、安徽(淮北、淮南)勉可称为纵跨长江、淮河两个文化带的省份。但陕西除陕南属汉水长江文化带,关中和陕北南部属黄河、黄土文化带之外,塞北一部分还包括了草原、沙漠的朔方文化的一部分,是极为罕见的。长安自古以来就可以看到沙漠之舟、江南丝竹和羊肉泡馍共存于老百姓的日常生活之中。西域的骆驼客常常可以牵着骆驼,吃着羊肉泡馍,欣赏陕南渔鼓的旋律。

从世界文化格局看,长安是中国西部的起点,也是中国西部的文化中心,而中国西部荒原则是世界四大古文化的隔离区和汇聚地。正是西部荒原的隔离机制,使得古印度文化、古埃及文化、地中海文化和中国中原文化在难于交流的情况下形成了自己独特的内涵和风格。而在这几大古文化成熟之后,又向中国西部这块自然的高地和文化的洼地汇流。通过丝绸之路、唐蕃古道、草原之路等古文化通道,逐步传播到中国本土来,并且在中国西部形成了和世界几大古文化相呼应的藏传佛教文化圈、回鹘伊斯兰文化圈和西部化了的汉文化圈。这几个文化圈实际上是世界几大古文化在中国西部的伸延,在这种伸延中,经过了和中国本土文化的融化、嫁接。所以从世界格局来看,中国西部文化的空间辐射力和凝聚力的确是罕见的,而长安文化正是中国西部文化的一个重要窗口。

周秦汉唐,国家民族的青春期
历史留给长安怎样的精神传统

记者:关于"长安文化"的定位已从几个角度谈了不少了,现在您能否就"长安文化"的内涵发点议论,或者稍稍概括一下呢?

肖云儒: 关于"长安文化"的内涵我无力做全面的概括,这是一项长期的、细致的、缜密的科学研究课题,自有历史学家、文化学家去做。我虽有破门而入的冲动,却没有深入堂奥的勇气。但是,在这方面,我想提出一点看法,希望引起重视,尽管这个看法还是印象性的,我觉得对抓住"长安文化"的特质是至关重要的,所以姑妄谈之。

"长安文化"留给我们的精神传统到底是什么?西安连续作为古代京畿之地,大致是近三千年前到一千余年前这一期间。这期间,中国封建社会由诞生而发展,虽然有起有落、有兴有衰,总的看,处于朝气蓬勃的上升时期,是我们民族有为主义人格力量强盛的时期。中国最早卓有成效厉行改革的人如商鞅、最早向世界打开国门的人如张骞,他们的主要业绩都在陕西,都从长安开始。周、秦、汉、唐都是中国历史迈出大步的朝代,周文王、秦始皇、汉武帝、唐太宗,一步步励精图治、统一中国,兼容开放、走向世界,使我国经济文化达到当时世界的一流水平,使中华古国成为雄踞世界的泱泱大国。中国的封闭落后、挨打受气,从大的时间段落看,是京城东迁和北上之后的事。从这个角度看,西安和陕西作为古代文化的中心,其实是朝气充盈、蓬勃发展的那一段古代中国的象征。中国传统文化中封闭落后的东西对陕西的影响固然深重,但不能忽略陕西作为京畿之地在长时期内所得到的朝气蓬勃有为主义的文化营养。

因而能不能说,陕西优秀传统文化的内涵是"励精图治、兼容开放"的有为主义精神呢?此说如勉可成立,不仅可以消除对陕西、西安传统文化精神封闭自守这一老印象的误解,也可以从积极方面克服陕西传统文化中一些确实存在的负面因素,更可以将古代陕西的优秀传统和现代陕西的励精图治、改革开放的伟大实践融为一体。

这个思路未必准确,当然更难以尽善尽美,提出来供大家议论。或许能在长安文化的研究中拉出一道新的风景线。

长安文化当如何焕发时代新光彩
西安应以怎样的文化形象跨入新世纪

记者：我再提一个问题，古老的"长安文化"如何在今天焕发出新的光彩？或者说，西安应以怎样的文化形象走进新世纪？

肖云儒：早在一年半前，我曾在《陕西日报》发表过一篇题为《关于确立陕西文化形象》的文章，提出并讨论过这个问题，大体意思是：每个地区、每个城市都客观地存在着自己的形象，但不见得都形成了自己的文化形象，这是更内在的东西。可见可闻的市容、地貌、语言，大致的经济文化布局、成果和氛围，独特的民居、民俗、民风、民艺，以及一个城市、一个地区的社会风气、服务态度、管理水平等，都构成一个地区、一座城市的形象，但是文化形象、精神形象却是在内部、在更深层次上把所有这些贯连、交融到一起的东西。它既包括历史留存下来的可见的物质精神成果，也包括弥漫在社区生活深处的文化心理、社会情绪、地域特色和精神氛围，这往往需要较长的历史演进才能形成。这样来看，社区形象是社区形成之时就客观存在的，而社区文化形象的形成则是一个地区文明发展走向成熟的标志，是一个地区经济、社会综合实力和两个文明水平的总体表现。

西安作为有近七千年文明史（从仰韶文化算起）的中华文明重要发祥地，现在又作为我国当代政治、经济、文化的中心城市之一，其实早已在国内外初步具有了自己的文化形象。只是往往限于"传统文化荟萃之地""十三朝古都"这样一些笼统印象，这个印象当然是对的，但也难免偏颇，特别是长期以来对本地文化现象的具体内涵做深入系统的调查、总结、分析、研究很不够，往往使人只从古老、保守的角度理解。

记者：那么较之我们，其他三个文化形象的研究工作如何？

肖云儒： 北京、上海、广州近年来正在大力开展这方面的研究，并深入到社会舆论之中，成为街谈巷议的热点。如"京派文化""海派文化""岭南文化""特区文化"传统和现代内涵的研究和议论，"大市民意识"和"中国文化圈南中国衔接带"的研究和议论，都很引人注目。中国北部、东部、南部的地域文化现象正在以坚实的社会经济发展为后盾逐步确立。

这次我们的长谈，主要是围绕"长安文化"这个话题来展开的。应该说在整个西安文化形象的建设工程中只是形而上学的那一部分。一年前我在文章中还对确立西安文化形象相应的举措提了一些个人建议，比如建设以西安为中心，以宝鸡、咸阳、渭南、延安、汉中等各地区城市为网络，以各类文化园区为网点的三层网络组成的陕西文化圈层的构想；比如将现有的科技、教育、文化、文物点规范化、标志化、层次化，使得全省文化景点纳入梯层分明的总体网络之中；比如设计陕西、西安的省市徽标记，在一些重要公共场所、标志性建筑和进入我省、我市主要通道口悬挂；比如在西安建设既具古都特点，又有现代精神的标志性建筑，以代替原有的、千百年不变的雁塔、钟楼等纯古代标志性建筑。记得我还建议各级组织和社会舆论动员群众，广泛参与文化形象的建设工作，形成浓郁的舆论热点和社会氛围，如设计省徽、市徽及新标志性建筑，就可以搞群众性的设计竞赛。群众参与的过程本身就是富有乡土特色的爱国主义教育，就是社会精神文化建设的动员和实施过程，等等。但现在看来，这些个人零星的建议比起市上"八大工程"的规划构想实在是挂一漏万。我本人愿意也希望我的同行、邻居都能积极地参与到西安市"八大工程"的实施中去，力争使西安市的"精神文明建设八大工程"成为全国大城市抓精神文明的一个典型。

1996年9月，对谈于西安谷斋

确立陕西、西安文化形象

每一个地区、每一个城市都有自己的形象,但不见得都形成了自己的文化形象。可见可闻的市容、地貌、语言,大致的经济文化布局、规律和成果,独特的民居、民俗、民风、民艺(民间艺术),等等,都构成一个地区、一座城市的形象。但文化形象却是更内在的东西,它既包括留存下来的可见的物质精神成果,也包括流贯在社区生活深层的内在精神、文化心理和弥散在社区生活各方面的地域特色、文化氛围,这往往需要较长的历史演进才能形成。因而社区文化形象的形成是一个地区文明发展走向成熟的标志,是一个地区社会综合实力和两个文明水平的整体表现。

陕西作为有近七千年文明史(从仰韶文化算起)的中华文明重要发祥地,西安作为闻名于世的十三朝古都,作为承接东部、中部,辐射西部的我国当代政治、经济、文化的密集地区和中心城市,其实早已在国内外初步具有了自己的文化形象。然而对人们来说,只是往往限于"传统文化荟萃之地""悠久灿烂的历史文化""古都"这样一些笼统的印象。这个印象当然是对的,但长期以来,对本省、本市文化形象的具体内涵和总的特点做深入、系统的总结研究却很不够。北京、上海、广州近年来正在开展这方面的研究,比如"京派""海派"和"岭南文化"的传统和现代内涵的研究,"大市民意识"和"中华文化圈南中国衔接带"的研究,都很引人注目。中国北部、东部、南部的地域文化形象,正在以坚实的社会经济发展为后盾,逐步确立。西部虽已起步,相比之下稍显沉寂,需要很快赶上去。文化,包括历史文化和现代文化,是陕西、西安的优势和强项,陕西作为文化大省,西安作为文化重镇,不应在确立文化形象方面落在后面。

关于确立陕西、西安文化形象问题，初步考虑，起码有这几方面的工作可以先开始着手。第一，确立陕西、西安文化形象的精神内涵。悠久文化传统赋予我们的遗产，除了物质形态和文化形态的文明之外，留给我们的精神传统到底是什么？西安连续作为古代京畿之地，大致是近三千年前到一千余年前这一期间。这期间，中国封建社会由诞生而发展，虽然有起有落，有荣有辱，总的看，处于朝气蓬勃的上升时期。周、秦、汉、唐都是中国历史迈出大步的朝代，周文王、秦始皇、汉武帝、唐太宗，一步步励精图治，统一中国，兼容开放，走向世界，使我国经济文化达到当时世界的一流水平，中华古国成为雄踞世界的泱泱大国。中国的封闭落后、挨打受气，总的看是京城东迁和北上之后的事。

从这个角度看，西安和陕西作为古代文化的中心，其实是朝气充盈、蓬勃发展的古代中国的象征，中国传统文化中封闭落后的东西对陕西的影响固然深重，但不能忽略陕西作为京畿之地的长时期内所得到的朝气蓬勃的文化营养，这是历史老人留给陕西最宝贵的精神财富。改革开放以来，陕西作为中西部结合地区，在经济文化发展中的许多实绩，西安作为内陆开放城市在建设以商贸、旅游、科技为中心的外向型城市中的许多重大举措，都是和周秦汉唐这种精神传统一脉相承的。延安精神是中国现代革命运动留给我们民族的优秀精神财富，在半个多世纪的传播、教育、实践中，成为陕西文化传统的重要有机组成部分。如果说，延安革命精神的内涵是"自力更生、艰苦奋斗"，那么，能不能说陕西传统文化的内涵是"励精图治、兼容开放"？此说如勉可成立，不仅可以消除对陕西、西安传统文化精神封闭自守这一老印象的误解，也可以从积极方面克服陕西传统文化中一些确实存在的负面因素，更可以将古代陕西的优秀传统和现代陕西的励精图治、改革开放实践融接一体。

这样，陕西和西安文化形象的内涵，便可以大致概括为"励精图治、兼容开放、自力更生、艰苦奋斗"这十六个字。这样概括未必尽善尽美，只是提出来讨论。

第二，确立陕西、西安文化形象相应的举措。陕西省委副书记刘荣惠同志曾在全省宣传部长会议上就建设关中文化圈，促进全省社会经济发展的问题做了专题讲话，随后又撰写专文对这个问题做了更充分、翔实的论述。他提出了建设以省会西安为网领，宝鸡、咸阳、渭南等区域城市为网结，各类文化园区为网点的三层网络组成的关中文化圈的构想，以此辐射陕南陕北，重点抓好八项精神文明工程，带动各地文化扶贫，促进全省经济、社会全面发展。这个文化建设网络，可视为建立陕西文化形象一个最主要的操作机制，其中各类文化园区的建设对陕西的文化形象尤为重要。比如西安高新开发园区、西安高等教育园区、西安民族文化园区、杨凌农业科学园区、黄陵轩辕文化园区、岐山周文化园区、临潼秦文化园区、茂陵汉文化园区、西安乾县唐文化园区、延安革命文化园区、法门寺佛教文化园区、华山旅游文化园区、壶口——龙门黄河文化园区，等等，经过多年的经营建设，都已初具规模，只需在现有基础上统一规划、调整，建设标志，形成系列，即可成形。

此外，还可以配套开展许多专项、专题的文化建设活动。譬如，制订并推广实施简明易记的市民守则、乡民公约；开展"陕西人应有怎样的形象"讨论；开展陕西各类公民文化形象问卷调查；由城而乡逐步在青少年中实行"我是共和国公民"的教育和成年仪式，颁发"敬老证"；在现有发掘、整理基础上，从确立陕西文化形象这一角度出发，有计划地对我省民居、民俗、民艺进行系统研究，提供导向性意见，出版导向性著作，组织示范性展览演出；设计陕西省、西安市徽标，在一些主要公共场合、公共建筑和进入陕西、西安主要道口悬挂；在西安建设既具古都特点，又有现代精神的标志性建筑，以代替原有的千百年不变的大雁塔、钟楼这类纯古代的标志建筑；在现在给日本、港澳定期提供文字、音像宣传资料的基础上，扩大到给陕西、西安在各国的友好省区、友好城市提供宣传资料，开辟宣传窗口。

第三，确立陕西、西安文化形象应动员群众广泛参与。这项工作要在省市党政统一领导下，内外结合，专家和群众结合，职能部门和社会宣传结合，双轨或多轨并行。特别要发挥新闻媒介的作用，形成广泛的社会舆论，引起全民关注。上面提到的各项活动，在专家和职能部门研究、论证、实施的同时，最好在新闻传媒上围绕"爱国爱乡"这一中心，逐项开展群众性的讨论，集思广益，群策群力。设计徽标和关于民居、民俗、民艺的著作、展览、演出，可以以评奖竞赛的方式向社会征集。在群众广泛的参与中不断拓展思路，为决策提供坚实的依据，为实施创造浓郁的氛围。而群众参与本身，就是一种富有社区、乡土特色的生动形象的爱国主义教育，就是建立陕西文化形象的动员和实施。

1996 年 2 月，西安

大秦岭为大中华造像

——序《秦岭四库全书》

一

大约是 2010 到 2012 年期间，由于想汇集自己对于中国古典绿色文明相关联的种种思考，秦岭一度成为我的一个心结，一个兴奋点。记得我先后给央视《大秦岭》摄制组、《中国文化报》、《陕西日报》、《华商报》等媒体，以及在一些有关秦岭、渭河的研讨会上，提出了"秦岭是中国的'四库全书'，是中国的水库、绿库、智库、文库"的观点，并从不同角度做了阐发。此论一出，响应者众，一时多有传播。后来又将这些思考融入了两万余字的长篇学术论文《中国古典绿色文明》，发表在《西安交通大学学报》（人文社科版）的头版。其间，西安文理学院校长徐可为教授约我给学校的科研项目出出点子，记得我谈了三点，其中两点与秦岭有关。

我建议学校利用文理兼具的综合优势，集中学校文、史、哲、经、生物、地理方面的专家学者，全力以赴，尽快编写一套书，譬如可以叫《秦岭四库全书》，全面展示秦岭的水文地质、动植物谱系以及中国古典思想（易、儒、道、释）、中国诗文书画与秦岭的关系。图与文并茂、资料与论述辉映，力争成为我国首部多学科研究秦岭的多卷本著作。只要抓得紧，大约两三年内可以完成。这是我们研究秦岭的第一阶段成果，可称为典籍性成果。

第二阶段的成果，我建议以典籍为基础，从书本中走出来，在秦岭北麓择地进行绿色生态生存圈的科学试验。在新理念、新方法指导下，探讨并实践人与自然和谐相处的现代路径，追求发展社会与涵养自然并行，探索"自然—社会"科学循环的新的人类生存方式。这可称为试验性成果。

这部秦岭书系和这个"中国山水生态生存试验圈",与以往任何研究、试验不同,它不是纯自然或纯社会的科学试验,它是在崭新的人类生存观念的统摄、指导下,融天、地、人为一体,融自然与社会为一体的新的社会生存方式的探索和初始性模型试验,有那么一点"生态生存乌托邦"性质。它似乎类似于美国"生物圈Ⅱ"的实验,却又有中国特色——它力图将生态科学和社会建构(文科、理科、工科)组成一个大系统,将秦岭的原初自然生态和中国生存的古典形态转化为现代生态生存,在脱贫攻坚、建设新农村和"互联网+"的实践基础上,探索人类新的的生存方式和生命状态。

为什么选择秦岭山地来做这个试验?那是因为秦岭横贯中国腹地,山如龙脉,是形态上的脉象,也是精神上的脉络、生命中的脉动,是国家和民族雕塑化了的生命形象。在这里做一次关乎人类生存的新的试验性探索,是一件意义重大的事情。秦岭将会成为一座巨型中华雕像,横亘在天地之间。

这个课题比较宏大,涉及地质、地理、水文、动物、植物、社会和经济管理学、生产经营学以及文化心理学、艺术文学等多个学科,也许要动员组织文理学院各院系参与进来。我们的师生将可能轮流进到试验区中去,一边实践这种新的生存,一边研究这种新的生存,最后结晶为系列研究成果。这个研究成果,由科学试验报告、生存体验实录、生态生存圈图录,以及在此基础上产生的单科论文和理论专著组成。因此学校要有通盘的、长远的考虑,将此项科研与全校的教学、科研工作有机结合起来。由于项目涉及西安国际大都会的建设,涉及秦岭保护的总体规划,涉及方方面面的法规政策,也涉及投资融资,应争取省、市和相关主管部门的支持,并与当地行政、企事业单位妥善协调、团结合作、逐步推进。

在那一年的省政协会上,我就这个想法写了提案,受到省级有关部门的重视。尤其要说的是,西安曲江新区获悉此事后,予以高度关注,和西安文理学院、西安市秦岭办等单位率先成立了秦岭研究的专门机构，大型研究丛书《秦岭四库全书》的编撰工作就此正式启动。

真想不到这么快，不到两年时间，180余万字的四部皇皇大著就摆到了案头。我不由得敬佩参与写作的专家和老师们，也不由得给西安文理学院的科研写作能力和曲江新区的组织、支持力度一连点了好几个赞。

二

秦岭是座读不尽的山，世人常常只能窥其一孔，不同的人便因此读出了不同的秦岭。地质学家看到的是它的地壳运动，生物学家看到的是它物种的多样性，文化学者关注的则是它的历史遗存和文化积淀以及它对地域文化风格和文化人格的影响。

《秦岭四库全书》给我最突出、最直观的印象，是它的编撰者们以科学系统论和综合文化学的思维，在我们面前呈现了一个全维的秦岭，一个由物态、生态、文态、神态构成的完整而鲜活的生命系统。编撰者们将秦岭作为中国的中央公园来开掘、解读，从各方面表现了秦岭不仅是我们国家的中央水库、中央绿肺，还是中央智库（生发核心价值观之地）、中央神殿（聚集宗教祖庭之地）和中央文脉（诗词文赋音画荟萃之地）。全书由山进入去展示历史，由空间进入去打开时间，揭示出一座山与一个民族、一脉文明的深度关系。

这部大型研究丛书也改变了人们印象中的陕西文化底色。陕西原有的文化色调，主要由黄土地和黄河的形象决定，是我们家园的土地原色——土黄色。这部书则强力而全景式地展示了陕西的另一种文化底色——青绿色，推出了青山绿水的陕西形象。绿色陕西让世人乃至整个世界眼前一亮。其实，绿和黄从来就是三秦大地的两种底色，但绿色陕西长期被黄土地色彩掩映着，我们终将揭去遮蔽，涤除混浊，还世人一个原生之绿。秦山秦水大绿一回天下,好不来劲!

打开大秦岭,阅读大中华。这座山,以丰富而悠久的积淀,成为解读中国、解读中国文化和中华文明的一把钥匙。非常有幸,这把钥匙在秦地,系在三秦的腰际,那钥匙孔也许就是长安。非常有幸,地处长安的学者们得近水楼台之便,抢先拿到了这把钥匙,开风气之先地启动了探寻秦岭的文化、科学之旅。

三

秦岭对中华文明发生、发展、流变的影响是独一无二的。我将这种影响概括为"六源"。

一,水之源。秦岭是汉江、渭河、嘉陵江乃至淮河的一级水源(源头),是黄河的二级水源(青藏高原源头之外最大支流渭河),是长江的三级水源(最长支流汉江以及嘉陵江,位处金沙江、岷江、沱江等二级水源的下游)。江、河、淮、汉所以成为中华文明的重要发源地,秦岭是重要的幕后推手。

二,物之源。秦岭有丰富的生态资源(空气和水)、生物资源(动物和植物)和矿物资源(钼、锌、黄金等各类有色金属储存)。

三,力之源。秦岭是军事屏障,秦岭一带、关中周边的函谷关、武关、萧关、大散关四关有若屏风护佑着八百里秦川。除了具体的战略战术意义,更是民族精神力量的象征。柳宗元说得好:"南山(指秦岭终南山)居天之中,在都之南,国都在名山之下,名山随国威远播。"秦岭是长安的屏风,更是秦人的精神和心理支撑。

四,心之源。秦岭、关中是积淀和铸造中华文化核心价值观的地方,是"萌易、生道、立儒、融佛"之圣地。萌易,周易、周礼在西秦萌发而流布天下。生道,老子在函谷关写《道德经》,来楼观台讲经而扬播天下;楼观、华山、汉中,即秦岭南北,是道文化和道教的中心,可以说是道文化的发生和弘扬之地。立儒，儒的集大成者虽是东鲁的孔子，但孔子反复声明"郁郁乎文哉，吾从周"，他信奉的是周礼，梦见的是周公。后来汉武帝于长安未央宫采纳了董仲舒"罢黜百家，独尊儒术"的建议，儒逐步提升为中华文化尤其是汉文化的核心价值观。融佛，魏晋以来，印度佛教在我国广为传播、发展。一种宗教离开本土发源地，竟能在一个异国土地上生根开花、不断创新，不但将异地作为自己最大的基地，而且发展成为异国最大的宗教而转传世界，这在宗教史上极为罕见。正是道、儒、释这样一个三足鼎立的坐标，构成了中华民族的核心价值观，构成了千百年来中国人相对稳固的精神世界。

这里特别要说几句道文化的重要意义。历史常常青睐秦皇、汉武、唐宗、宋祖，青睐强盛者、成功者和盛世，却很少关注造就强者和盛世的时代环境、历史积累和幕后力量。在古代，其实每个盛世之前流行的常常是道家精神，比如汉武帝之前，实行"文景之治"的文帝、景帝都奉行黄老之学。秦末战乱频仍、民不聊生，文、景二帝用几十年时间收缩调整，铸剑为犁，轻徭薄赋，兴修水利，这才给汉武盛世打下了基础、积蓄了力量。历史常常在儒的进击和道的沉潜中，以四分之二的节拍前进。儒道互补，缺一不可。所以今天我们不能盲目搞 GDP 主义，不能一味追求政绩和速度，而要践行科学发展观，坚持可持续发展，实现新常态上的平衡、和谐，这一点历史上早已给予了启示。一种好的文化，一个好的理念，对社会和历史的影响会十分深远。我曾经说："为政可治一方，为文涵养天下；为政只有几任，为文惠及万代。"要谈道家思想对中国发展的启示，秦岭是功不可没的。

五，智之源。秦岭还给人们提供了许多生存智慧和文化启悟，比如区隔和衔接的辩证思维，仁山智水的人生哲理，道法自然的人文理念，感恩敬畏的彼岸坐标，等等。秦岭既把中国的南方、北方区隔开来，又将它们衔接起来。隔离和交流一样，是事物发展的一种状态，也是一种机制、一种潜力。有了秦岭的区隔机制，才有南北经济在相异中的互通，才有江河文化在对比中的互补。秦岭又用嘉陵江和渭河（所谓一山两水）将长江流域和黄河流域拉起手来、衔接起来。远古的地球，南、北两大漂移板块相撞击，挤压出青藏高原，挤压出昆仑、秦岭，中国才形成了今天的版图。从某种意义上说，秦岭、昆仑焊接了中国大陆，为统一的多民族大国提供了地质地貌条件。既区隔又融汇，秦岭给了我们以辩证思维的启示。

六，美之源。在中国，古往今来的文学艺术都崇尚自然山川之美，这一点在世界可以说是位列前茅。而众山之中，中国诗、文、书、画、乐涉及最多的一座山岳，恐怕就是我们的秦岭了。

中国山水文化的本质特点源于它的"天人合一"观念。中国的山水文化从来都是把自然之美、人文之美和艺术之美熔冶于一炉，秦岭在这点上做到了第一流。从审美角度看秦岭，我们感受到的是什么呢？

是刚与柔的相济。秦岭是山之刚与水之柔的组合。秦岭的标志形象之一华山，是一座浑然天成的花岗岩巨山，但它又有着一个非常柔性的比喻和一个柔情的传说。古代"华""花"通用，《水经注》说它状若莲花，故名华山，一个非常刚硬的形体却被赋予如此柔性的比喻。华山由刚硬的岩石构成，是一座父性的山，却有一个非常母性化的故事——沉香"劈山救母"，拯救自己被压在山中的慈爱的母亲。终南山在秦岭北沿，属于分水岭的北方，是秦岭的阴面，"终南阴岭秀"，灵山秀水，不也有柔性的一面吗。

是点与脉的相映。秦岭好似天宇的翔龙，在这道龙脉上，有许多亮点。太白山是自然景观的亮点，终南山是宗教景观的亮点，楼观台是道教景观的亮点，华山则集自然景观、宗教景观、文化景观的亮点于一体，可以称作秦岭的画龙点睛之笔。华山、终南山堪称中国山岳的华表，中国文化的华表。秦岭的莽莽脉络和星星般闪亮的脉点，组成了一种线与点、动与静的美学关系。

是景与文的相惠。秦岭的风景和文化互惠互济。如果说秦岭的"一山两水"

是中国的"四库全书",这部书的目录就在华山和终南山。秦岭是中国文化主流之一的河洛文化的上游,洛河就发源于秦岭深处。道文化实质是水文化,用绕指之柔的灵水去战胜百炼之钢的智山。道文化提升了秦岭景观,秦岭景观又为道文化做了最好的印证,秦岭的道文化跟秦岭的灵山秀水合二而一。

是形与寓的相生。秦岭千姿百态的自然形质和龙之寓象、道之寓象、释之寓象、易之寓象、父亲之寓象、奉献之寓象等,千象百寓相与辉映,互为表里。许多画家画秦岭、画华山,都喜欢将其拟态化、寓态化,或拟人,或拟龙,或拟八卦。石鲁有一幅画,用枯墨勾勒出一座孤立的华山,好似一个伟岸的中国男子汉、中国父亲,遗世而独立于天地之间,原因恐在于此了。

四

高不可攀的喜马拉雅山、昆仑山,是那种可望而不可即的"神圣之山"和"神话之山",所以孕育了最为理想主义和彼岸主义的藏传佛教和昆仑神话系列。秦岭不同,它被誉为"父亲山",与"母亲河"黄河、渭水是我们生命和精神的父本和母本。它是那样的人性化、人间化,永远用双臂温暖地呵护自己的孩子,无微不至地关爱着我们。地球上没有一座山、一道水像秦岭、渭水那样,养育了一个世上最庞大民族的整整十三四个王朝。人类的生存需要什么,它就赐给我们什么,从好空气、好水、好食物,到衣着材料和居住材料,再到文化理性、理想境界和艺术审美各个方面,是那样无私无悔毫无保留,完全是穷竭自身以抚育儿女的亲爹亲娘的形象。

因而谈秦岭不能不谈发源于它的渭河。正是这永远共同着时间和空间的秦岭与渭河,正是这一脉山、一脉水世世代代给了这块土地以人性的、伦理的温度。中华水网犹如一片绿叶的叶脉,渭河是中华绿叶万千叶脉中的一道主干脉络。它在中华文明的发祥地千秋万代地流淌,使得我们的民族年复一年地回黄转绿。它的枯荣与整个民族的兴衰息息相关。从炎黄到夏商周,再到秦汉唐，甚至延伸到现代的西安事变，当代的西部开发和古往今来的丝绸之路，整个历史都在渭河这部水幕电影里流淌。

"可怜天下父母心"，实际上，秦岭和渭河为养育他们一代又一代的儿孙，早已经不堪重负。干旱在汉、唐已经初露端倪，极大地影响了关中的农业生产和粮食产量，以致有几个皇帝不得不去洛阳就食，被谑称为"逐食天子"。这种对生身父母的"逃离趋势"，最终导致了都城的东迁。这让人不由得想起延安。延安对中国革命的贡献，秦岭对中国历史的贡献，是陕西矗立在中华大地和民族精神中的两座丰碑。但它们都曾因生态失衡而边缘化。

明代以降，"西安"这个新名称渐渐将汉唐长安边缘化，生态的退化导致关中失去了天府的美名，国家的中心与秦岭渐行渐远，长安从此在失落和遗憾中不安。喝秦岭渭河水的时代曾是中国历史上最强盛的时代，由于生态破坏，秦岭用自己悲壮的命运给中国乃至世界提供了一个深刻的教训：没有山水、没有自然生态的发展，人类终将失败，繁华和兴盛终将远去。

渭河对于中华民族有着最大的承担，有着最大的功劳，但是也承受着最大的耗损。她曾经那样丰腴、美丽，而现在却苍老、干瘪。她养育了一个又一个王朝，国家强盛了，自己却衰竭了。我的过度劳累、忍辱负重的好母亲、老母亲！

想到这一切，我心头就会泛起一种苍凉。渭水给关中土地以甘露，我们怎能还它以污浊？渭水给三秦城市以美丽，我们怎能还它以丑陋？渭水给陕西人心灵以温润，我们怎能还它以枯竭？苍凉背后，是久久的、深深的自责。"水旺则国运昌，水竭则国运衰"。当下，我们实在应该刻不容缓地在全民族中树立起"水是生命第一元素、社会发展第一元素"的观念，改变"水资源最廉价"的习见和谬误。

五

　　唐宋八大家之一的柳宗元，在1200多年前以"国都在名山之下，名山借国都以扬威"的名言，点出了秦岭山与长安城内在的感应和共赢关系。到了现代，科学发展观使我们从理论和实践的结合上逐步明确了，在这座山与这座城的酬对中，一定少不了水网，少不了乡镇。山是人类的乳房，水是大山挤出的乳汁，是沁入生命来营养我们的汁液。城市是乡镇的凝聚和提升，乡镇又是城市的疏散，城市的现代元素融入村镇，每家每户便得以共享。

　　基于这样的理解，我们不妨来描绘一番秦岭—渭河人性化、民生化的"新生存体系蓝图"，这便是：在秦岭北麓到渭河平原水网区这样一个大山、大水涵盖的硕大坡面上，全面共建自然生态和社会生态相交织的现代科学生存网状体系。这个网状体系应该将造化赐给我们"八水绕长安"的自然优势，尽快涵养、修复、提升为现代化的工程体系和功能体系，形成水源充沛洁净、注泄有度的科学水网。而在大都市西安—咸阳和整个关中城市群，在星罗棋布的乡镇网络的广袤土地上，则要科学布设、构建起一批又一批现代田园城镇。

　　这些田园城镇是城、镇、村三合一的，它内里的质地能满足现代人生产、生活的各种需求，而它的风貌则保留了也更新了绿色田园的种种情趣。通过城镇化发挥乡村、集镇的调蓄功能，让树林和草地绿起来，让清水流过来，更让人高高兴兴留下来。用舒适与健康提醒人们不要一味涌入大城市，而是贴着大地行走，走一条与城市现代化并行的乡镇现代化的路子。

　　在这个过程中，要有科学技术的介入，要有现代生活方式的融入，更要有整体文明程度的提升。因为城镇化进行到更深层面，面临的将是新城镇文明和新生活方式的深度创新和构建。清晨起来推开自家的门窗，你看到的也许不再是传统的村居村道，也不再是精心修饰的西式花园，而是溢满了生机的绿色农田和林子，是油菜开花、小麦扬花、棉秆挂花，是一派现代农耕文明的田园景象。

现代大都会是聚汇社会和聚居人口的"大水库",现代田园城镇则是社会生态化、现代化的"蓄水池"。城镇化发挥了乡村、集镇的调蓄功能,就可以逐步实现村里有"水塘"、镇上有"水坝"、省市有"水库"的层次分明的格局。"蓄水池"当然不单指水资源的涵蓄、管控,更是针对整个地域经济、文化和社会发展而言的。现代社会各方面的管理,都需要发挥多层"蓄水池"的作用。在这个意义上,乡村的现代化改造是中国社会发展在源头上最为稳定、祥和的根基。

大西安正在奋力建设国际大都会,西安、咸阳两座古城牵手之处不在别处,就在秦岭、渭河之间这个硕大坡面上,这是何等的意味深长。我们正在自己家园的土地上写一本新书、一本大书、一本现代的线装书。书页的南沿以秦岭的绿色为屏障,北边泛漫着渭水的波光。沣河、涝河、潏河、滈河和泾河,是书于其上流动着波光的文字。田园城镇有如其间的标点和分段,从周、秦、汉、唐笔饱墨酣直书下来,直至现代,直至当下,述说着这块土地上那些说不尽的故事。

我们致力于"秦岭四库"的研究,体现了"智者所图者远,所谋者深",这些年来,我们以打造"城市生态建设与文化复兴的典范、历史遗迹与现代文明共生的模本"这一理念,和"兴文、强旅、筑绿、富民"的切实行动,坚持走生态建设与经济发展并举、环境保护与产业开拓并重的路子,使二者形成良性互动,生态涵养和经济发展品位得到完善和提升,在生态、社会和经济各方面取得了显著的效益。

六

人类最早是从树上、从山里,沿着水迹拉出来的沟谷走向平川的。山是我们的故居,走出大山的人类永远在回眸大山、眷念大山。山水田园是我们的心结，是我们心头挥之不去的乡愁。正如一首歌唱的，"关山重重，云水漫漫，山山水水缠绵着我的思念"。

秦岭南北集聚了陕西2/3的人口，毫无疑问，秦岭、渭河，还有山和河孕育的那方热土，是我们秦人心中的乡愁。从空间意义上，秦岭是陕西人的乡愁记忆；从精神意义上，它也是中国人的乡愁记忆。

乡愁何止是一种愁绪，其实更是一种审美。乡愁不一定都是美好的，但一定都是向上的。它是生命里感情里最深刻的记忆，它构成了每一个人生命的底色。

在《史记》中，司马迁最早将关中即渭河流域称为"天府"。关中之所以能够最早成为"天府"，这"军功章"当然有秦岭、渭河的一半。对秦岭、渭河的奉献，我们应该时存感觉、时存感念、时存感恩、时思回报。最好的回报，就是要处理好人与自然的关系，用循环经济和大文化理念引领这座伟岸的山和这座伟大的城在当下的可持续发展。否则我们将会家无记忆、族无记忆、史无记忆、国无记忆。我们将悔之莫及。

城市在现代的发展中，开始是楼群之城，现在是园区之城，今后还要建成田园之城，城市与山水真正融为一体。这正是在接续"中央水库"秦岭的历史荣耀。一座亘古永存的山脉，一座古老而新兴的城市，肩并肩立于八百里秦川之上，执手言欢，谈笑风生，若绿般鲜活，若水般灵动。同样的生机蓬勃，同样的气韵生动，你说，那该是怎样的风景！

2015年1月12日，西安不散居北窗

诗心酒绪的人生境界

酒装在瓶子里是水,但喝到肚子里,就成了火,会将我们的生命点燃,使我们的生命进入一种异常状态。在这种生命状态下,你可能醉晕、醉骂、醉打、醉驾,反激出负能量;也可能让你各种才情像大坝放水那样,喷薄出正能量。关键在于酒绪是否有诗情垫底。

这里的诗情,不只指诗歌,其实是文学、艺术、文化和文明素质的一个总称。如若有了诗情,诗情加酒绪,平凡人生便有了诗酒情怀,进入一种新的境界。酒燃烧你的生命、你的才情,诗唤醒你的生命、你的灵智。这是一种生命的审美境界,它初具了人的审美能力的种种特征,比如想象幻觉能力、比兴通感能力、表达抒情能力、寓象暗通能力,等等。

所以,在《世说新语·任诞》中,王恭说:痛饮美酒,熟读离骚,可成名士——也便可称诗酒人生了。所以在英语中,酒(spirits)与精神、情绪(spirit)只差一个字母"s"。所以,台湾诗人洛夫这样表述诗与酒的关系:要是把唐诗拿去压榨,至少会淌出半斤酒来。

诗心酒绪看世界,常常是审美的、诗性的

上帝造人,又造了人与人,人与自然、社会的种种鸿沟,于是又造了酒与诗,让酒神与诗神用美来填平这些鸿沟。

著名画家石鲁终生嗜酒,他认为,酒能点燃创作激情,也能化解内心的苦闷,而创作本身也是一种精神的释放。他以酒调色,画出了与众不同的带着诗性色彩的《东方欲晓》和《东渡》。当时遭到误解,后来终成经典。

著名狂飙派老诗人柯仲平更是嗜酒如命,一边受批判一边偷着喝酒。他

将酒灌在当拐杖用的竹竿的节筒里,得空便偷啜一口。酒后即诗兴大发,诗成则去大庭广众中激情朗诵,每每引发潮水般的反响。这正如唐代张说的诗所云"醉后乐无极,弥胜未醉时。动容皆是舞,出语总成诗"。

在魏晋竹林七贤中排第一位的人物应该是嵇康了。此人好诗、善琴、嗜酒,他弹的一首《广陵散》已成千古之音。嵇康的容貌和内心均有过人之美,被赞曰"岩岩若孤松之独立;其醉也,傀俄若玉山之将崩"。他融仁心、琴心、酒心为己心,聚仁德、琴德、酒德为己德,粉丝满朝野,风靡绵千古。

在古代,在一些诗酒人生的文士心中,那是"有山皆图画,无水不文章"的,是"除却诗书何有癖,独于山水不能廉"的。在常人感觉不到美的地方,他们也能发现美,并诱发众人的审美共鸣。思念是美,杜甫"感时花溅泪,恨别鸟惊心";愁肠是美,"绿水本无忧因风皱面,青山原不老为雪白头";淡然淡定也是美,王维"行到水穷处,坐看云起时";案头随处有美,"天寒水不冻,日用心不倦(砚池)";洪荒更是大美,王维"大漠孤烟直,长河落日圆",一条直线、一条曲线、一个圆,便将宏博悲怆的西部美传达了出来。

诗心酒绪看人生,常常是旷达的、透彻的

丹麦评论家勃兰兑斯曾说,诗酒使人追求一种完美充盈的生命形式,呼唤着一种强烈的真正的个体。这既是物我两忘的大生命境界,又是天人相融的大文化襟怀。诗心酒绪看生命、看人生,是宏大的,是通达与透彻的。

南宋张孝祥的《念奴娇·过洞庭》就表现出了辽阔宇宙格局中那种大生命气象:"尽挹西江,细斟北斗,万象为宾客。扣舷独啸,不知今夕何夕!"

《世说新语·雅量》记载,晋孝武帝司马曜在华林园饮酒,天上突然出现了彗星(扫帚星),暗示天下将乱,国破君亡,群臣嫔妃无不失色,唯孝武帝镇静自若,举杯敬彗星曰:长星啊,劝汝一杯酒,自古何时又有万岁的

天子呢！这是何等通达透彻。

竹林七贤中论嗜酒，首推刘伶。他曾对来访的贵客口放狂言：我以大地为房屋，以房屋为衣裤，你怎么钻到我的裤裆里来了呢？他乘鹿车，携酒壶，后面着人荷锄相随，叮嘱：吾若醉死便就地埋了。我感到，这种狂言狂行多少有一点儿作态，他是在用变态性的言行来表达对现实的不满啊。

而阮籍却借醉隐身，"大隐隐于酒"，甚至于佯醉，或者如郑板桥说的"难得糊涂"。透彻倒是透彻了，却多了一点儿冷漠和机智，显出一种避世的消极来。唐人吕岩诗云，"世间甲子管不得，壶里乾坤总自由"，就透露出个中消息。

我更喜欢集诗仙、酒神于一身的李白，君子坦荡荡，比较直率而可爱。他终生不考科入仕，在都城长安待了三年，也进了兴庆宫，接触了唐明皇、杨贵妃，写了那三首著名的《清平调》。但是接近庙堂后，却更坚定了他对诗酒审美生存的追求，那是远比在朝阁逢迎皇上要惬意、自由得多的。他愤然吟道："安能摧眉折腰事权贵，使我不得开心颜。"于是辞官翰林院，"且就洞庭赊月色，将船买酒白云边"，浪迹天涯去了。这是对庙堂不满的一种心理叛逆和行为拨反。

而在鲁迅先生身上，这种诗酒气度却有着常人少有的深刻表现。对生命、人生旷达与透彻的理解，使鲁迅对社会有了一种更深刻的介入。那首传诵天下的《自嘲》诗，就是在郁达夫、王映霞夫妇做东的酒席上吟成的。这是1932年秋，鲁迅与郁达夫夫妇、柳亚子夫妇边喝边聊。那时50岁的鲁迅晚年得子（还留有一张鲁迅亲笔题写"五十和一"的他和海婴的照片），忙于照顾许广平母子，与朋友们见面少了。郁达夫打趣说，你年来辛苦喽。鲁迅略有尴尬，吟诗一首作答，"运交华盖欲何求，未敢翻身已碰头。破帽遮颜过闹市，漏船载酒泛中流。横眉冷对千夫指，俯首甘为孺子牛。躲进小楼成一统，管他冬夏与春秋"。这首诗从自己具体的生活状况出发，从"自嘲"

出发，很快转向对社会的反讽。说在这个交了"华盖运"（厄运）的社会，你能干什么？又能让你干什么呢？他们千夫所指来围剿我，让有思想有作为的人"破帽遮颜""漏船载酒"，我只管当好我的孺子牛（平民百姓的牛）吧。鲁迅将个人当时的生活状态与积极的人生态度、深度的社会责任融为一体，突出体现了深、广、忧、愤的大境界。这是一种至高至上的诗酒境界了。嗜酒的郁达夫是位激情的革命作家，1945年在印尼被日本宪兵枪杀。胡适感慨他的一生，可谓"生于醇酒美人，死于爱国烈士"。他们正如方志敏所说：大丈夫行事论是非不论利害，论顺逆不论成败，论万世不论一生。这也就是我们理解的深与透。

诗心酒绪看社稷，常常是豪放的、刚烈的

诗与酒，将我们的家国情怀、社稷责任强化、烈化到极致。我们吟诵岳飞的《满江红》，读到"莫等闲，白了少年头，空悲切"怎能不仰天长啸？读到"待重头，收拾旧山河，朝天阙"，怎能不"壮怀激烈"？读到"三十功名尘与土，八千里路云和月"，又怎能不敬佩古今岳飞们那种大境界、大人生呢？

说到八千里路云和月，我想给大家分享一段亲身的经历。

2017年，我随丝路万里行车队跑中东欧十六国，这已经是我坐汽车第三次跑丝路，累计旅程已经达到八万多华里了。在最近的全国书博会上，我从三本写丝路的书中选了20万字，签约中、俄文版，名字就叫《八万里丝路云和月》。那年9月30日，我们在波兰的克拉科夫参观了奥斯维辛集中营，看到那种组织严密、令人发指的杀人流水线，每个人的心里都痛苦至极。我们都联想起南京大屠杀，想起731部队拿中国人做细菌战试验。弱国岂但无外交，落后那是一定要挨打的，衰败那是一定要受欺凌的呀。那天，愤怒使我写不出一个字，只给家里发了个微信，几张集中营的照片，一句压抑着万

钧雷霆的话：我诅咒！

晚上在宾馆，大家郁闷地喝了一点酒，啤酒和西凤——赳赳老秦的烈性酒。我们决定第二天，10月1日，一定要在万里之遥的异国好好庆祝一下新中国的生日。我们车上带了大国旗，又连夜出去买到了几十个小国旗贴。

第二天天气晴朗，在克拉科夫的中心广场，大家围定五星红旗，把手捂在心口的国旗贴上，慷慨高歌：起来，不愿做奴隶的人们……起来，起来，起来！我们万众一心，前进，前进，前进进！胸口的五颗小金星和我们的心一起跳动。热泪盈眶又扬眉吐气，真是无比的自豪、自尊、自信啊！

车队重又登上去布拉格的征程，人人意犹未尽。年轻的主持人在车台里朗诵了一首余光中的诗，"酒入豪肠，七分酿成了月光，余下三分啸成剑气，绣口一吐就半个盛唐"。我给大家谈了读这首诗的体会。它有三个数字，七分、三分、半个，加到一起超过十分，那是极致。它有三个动词，酿，酿酒；啸，啸剑；吐，吐就半个盛唐，这是中华血性。它有三个主题词：豪肠、剑气、盛唐——这正是当前中国的气象啊。

李白也有这种大气象。他去拜谒当朝丞相，牍板上写着"海上钓鳌客李白"。丞相问："先生临沧海钓巨鳌，以何物为钩线？"答："以风浪逸其情，乾坤纵其志；以虹霓为丝，明月为钩。"相又问："何物为饵？"李白答得惊天动地，"以天下无义丈夫为饵！"想必丞相当时如雷轰顶，面如土色！这是何等自信和气派！

荆轲刺秦是尽人皆知的故事，有充分的浪漫诗性、极致的刚烈人格。这个英雄、这件壮举与诗酒有关吗？有的。在《大秦帝国》第五部《铁血文明》中，作者孙皓晖写得很清楚：这天燕国去易水送别荆轲，白衣白冠列队而立，残阳如血在西天燃烧。萧萧的风声送来了悲壮的口令："为先生致酒壮行——"太子丹捧起了一尊硕大的铜爵，肃然一躬，送到了荆轲面前。荆轲悲凉大笑："荆轲生于人世，从来未曾祭祖……今日这酒，敬给祖宗了！"一声哽咽，将酒洒在地上。这时高渐离的筑音裂帛般响起,"风风萧萧兮易水寒,壮士一去兮不复还——"歌声传达着苍凉、血性、豪强……荆轲义无反顾奔秦地而去!

诗心酒绪看爱情友谊,常常是迷醉的、痴心的

说到这点,我们马上会想到陆放翁陆游。想到他与唐婉儿在诗酒中浸泡了九百多年的爱情,如醉如痴的爱情,凄美的爱情。

他们的故事大家都熟悉,陆家曾以家传的凤钗作信物,给这对表兄妹定亲。婉儿容貌姣好,才华横溢,他俩本是绝好的一对,但过分的沉溺于诗酒情长,又容易懈怠了丈夫仕途的晋升,加之不能生育,完不成宗法社会给女性的使命,终于导致陆母强命儿子休了婉儿。几年后,他们在沈园相遇,婉儿向陆游进了一杯酒——注意,酒!陆游饮后在沈园写了一首诗《钗头凤》——注意,诗。诗与酒浸泡到了浓浓的爱情中,必然产生故事。晚上回家后,婉儿久久玩味陆游的诗,并以同一曲牌和了一首。终于思念成疾,不久怏怏逝去。陆游一生凭吊不断,直至晚年。

你看陆游那首《钗头凤》,开始几句"红酥手,黄藤酒,满城春色宫墙柳",爱情酒绪若春天般的美好,而两句之后便是,"一怀愁绪,几年离索。错,错,错","春如旧,人空瘦,泪痕红浥鲛绡透","山盟虽在,锦书难托。莫,莫,莫"。再后面,婉儿的诗又唱和,"欲笺心事,独语斜阑。难,难,难","怕人寻问,咽泪装欢。瞒,瞒,瞒!"陆游五十年不能忘怀,五十年旧地重游,如醉如痴无有此者。酒绪、爱情、诗心,佳酿、佳人、佳句,便这样孕育了一段千古佳话!这段个人之爱,与陆游对家国江山的大爱互为表里。对家国社稷之爱是陆游感情世界的大背景,对个人爱情的忠贞痴迷,又使陆游有了独特的人性化情怀。诗、酒、情三位一体,醉得多么缠绵,多么凄美!

唐金昌绪的"打起黄莺儿,莫教枝上啼。啼时惊妾梦,不得到辽西",《诗

经·郑风》的"宜言饮酒，与子偕老。琴瑟在御，莫不静好"，都是写情爱的佳作，但比起《钗头凤》，境界便稍小一点了。梁启超说得好，陆游是"亘古男儿一放翁"，恋情爱国真朋友。

诗心酒绪看山川自然，常常是绿色的、鲜冽的

针对当下这个人类对自然恣意享用的时代，德国哲学家海德格尔说：只有一个上帝能救度我们，就是诗与艺术。现在唯有诗与艺术视自然有生命，能够通过让物化的世界讲话、唱歌、起舞，来同物化本身做斗争。他希望人性与"物性"能够经由诗与艺术做交流对话。海德格尔与我们千年前的陶渊明是相通的。他们是古今中外诗性哲学、诗意栖居的代表性人物。霍克海默也是德国哲学家，他说真正的艺术是人类对彼岸渴望的最后的保存者。而诗酒情怀中的自然万物，不正是如此鲜活而富有生命吗！

中国古代早有了自己的绿色文化观，且具有一定的体系性。天下，人在天之下；环境，人为境所环。英语生态学 ecology 的字头 eco，希腊原文的意思就是"居所""家园"。可见生态和家园不可分，乃是人类的共识。

庄子在《齐物论》中提出过"天倪"（人和万物从分界线的开端，就要和谐、协调）和"天钧"（万物万象皆生于必然，人权天权皆应该均平）的概念。孟子说要"仁民爱物"，北宋的张载提出了"民胞物与"（人与自然是同胞，要同样爱护）的主张，提出了"为天地立心，为生民立命，为往圣继绝学，为万世开太平"的横渠四句。我把它叫作中国精神的绝句，中华文士精神、文化人格的绝唱。人享用至多的资源，居于至尊的地位，理应承担最大的责任。不但要为生民立命，关爱百姓，为往圣继绝学，传承文化；更要为天地立心，要领悟天地之仁，树立自然伦理，并以此作为宇宙共有的价值，也就是要在天文、地文、生文、人文四文文化的大格局中，确立并重视天地哲学、自然伦理的文化价值。

早在《诗经》中就有吟诵人爱护自然的君子风度。《甘棠》："蔽芾甘棠，勿翦勿伐，召伯所茇"，这里的树木不要剪伐，那是周开国元勋周召伯居住过的地方啊。后面几段又反复吟唱，勿翦、勿败，勿翦、勿拜，要爱护树木。看起来，这是在说因为人（召伯）才要爱护树，其实这是诗歌中人与树互寓的一种手法：像尊重人那样尊重树，像爱护树一样爱护人吧。这不就是张载所说的"民胞物与"吗？

这是较早体现了生态思想的古诗了。那以后，赞美自然、品味环境之美，赞美生命、呵护生灵之责的作品，构成中国诗歌一道清澈而丰沛、绿色而生动的流脉。我们从古诗词中享受烂漫的春天、缤纷的夏天、灿烂的秋天、洁净的冬天，唤起自己对大自然的热爱之情。我们从古诗词中欣赏众兽之欢跑，百鸟之啁鸣，千树之摇曳，万花之竞艳，唤起我们对一切生命的赞美和呵护。

我们既能读到"划却君山好，平铺湘水流。巴陵无限酒，醉杀洞庭秋""不用移舟酌酒，自有青山渌水，掩映似潇湘"这样写自然生态的绝美诗句，又能读到"猎人箭底求伤雁，钓户竿头乞活鱼"这类宣示天地、自然伦理的诗句，还能读到"山头鹿下长惊犬，池面鱼行不怕人"这类赞美人与自然和谐共居的歌吟。而唐代孟浩然的名诗《过故人庄》，则与陶渊明一样，明确把生态生存作为一种人生境界、一种幸福安宁的至境。"故人具鸡黍，邀我至田家。绿树村边合，青山郭外斜。开轩面场圃，把酒话桑麻。待到重阳日，还来就菊花。"山水、村居、农事、友谊、邀约，还有青山绿水和淡淡的酒香，在一种恬静素淡之美中，展开了农耕文明时代理想生活的画卷，这不也是生态生存、绿色生存的画卷吗？

诗情酒绪、诗酒情怀，不但是一种审美情怀，那更是一种我们向往的人生境界啊。

2019 年 8 月 10 日，西安

新葩和厚土

——序《法门寺文化研究（文学艺术卷）》

法门寺文化研究，作为一门学科，自提出以来，不过十来年的历史。其间不但举办了三次国际性和全国性的学术讨论会和一些大型学术活动，出版了专著、专题记文以及其他学术读物，现在，又将高若盈尺的五卷本《法门寺文化研究》摆在我们面前。历史、考古、佛教、文学艺术、资料汇编，总共五卷，少说也有一百五十万字。文艺新葩能够开得如此艳丽，令人暗自称奇。

面对这么一部皇皇巨著，我想到了辛劳，青灯黄卷的辛劳；想到了执着，暮鼓晨钟的执着。而更给我以启发的，是方法的力量，是思路和点子的力量，是策划和组织的力量。从一开始起，法门寺博物馆的主持者，就在三重意义上运用多维主体思维来做这件事。

第一重意义上的多维主体思维，是依托法门寺博物馆和法门寺寺院两个有力的实体，将法门寺文化研究、法门寺文物的发掘展示和法门寺寺庙的宗教活动结合起来，从社会事业实践、学术文化思考和群众精神生活，乃至文化、经济的多层面来策划、开展这项文化研究活动。

第二重意义上的多维主体思维，是在法门寺文化研究内涵的布设、拓展上，历史、文物、宗教、文艺，举凡法门寺文化涉及的方面，同步交叉进行。这便于资料共享、思维共享、成果共享，相互激励、相互学习、共同推进，也利于从唐代文化的大背景上，从法门寺文化的总格局中来观照、思考某个具体的分支学科。

第三重意义上的多维主体思维，是研究人才的聚集。采用专业和业余结合、专门机构人才和社会人才结合、多学科人才交叉的方法，通过法门寺文化研究会这样的民间学术组织,迅速从无到有,拉起了一支研究队伍,形成了令人刮目相看的文化生产力。

收集在《法门寺文化研究(文学艺术卷)》中的作品,可以大致分为三部分。

第一部分是研究、介绍法门寺文学艺术创作以及创作者的论文、述评。这方面的研究作为法门寺文化研究的一个分支,能够反映出整个法门寺文化研究的共有特征,体现出整体性、交汇性、辐射性的色彩。整体性,是指有的论文能够从法门寺文化总的格局和发展脉络中来论述其中的文艺问题,理解艺术现象深处的文化历史内涵。交汇性,是指有的论文能够从多维文化交汇融合的坐标上,剖析法门寺文化中印度佛教艺术,古代欧洲、波斯艺术对盛唐文化的深刻影响,以及对中国佛教艺术的补充。辐射性,是指有的论文能够以反映法门寺生活的各类文艺作品作为信息载体,从储存于其中的文化信息出发辐射开来,对整个唐代文化乃至整个中国古代文化的动势、动律进行研究。

在这一部分内容中,有的论文资料性较强,对法门寺文艺做了综览性的述评,为中国文化拉出了一道新的风景线,如王瞻的《法门寺佛教文学艺术综述》。有的论文能够运用现代文化和美学的新理论,对古代的文艺问题做出深刻而又新颖的分析,如常智奇的《法门寺佛教艺术的美学形态》。有的评论文章还通过具体作品的分析,力图对"法门寺文学"这个概念做科学的定位、定性,并尝试着概括出它的特点,如雷树田的《从〈法门寺恋歌〉的创作看"法门寺文学"的发展前景》。这些文章都给我们以不同程度的教益。

第二部分,是历代以来,特别是当代表现法门寺题材的作品。如古代有关诗歌的选注,女诗人苏蕙的《璇玑图》,当代季羡林、王蒙、贾平凹等的散文、报告文学,还有王戈的小说,杨捷、黄新亚的电视、电影剧本,梁贤之、王吉呈等有关的法门寺故事,以及卢向阳的"法门寺说宝"系列快板,等等。有的限于篇幅没有收入,比如众多关于法门寺的历史故事戏和当代马安信的长诗《法门寺恋歌》。尽管这样,我们仍然可以看到法门寺文艺的大致面貌，品种齐全，有的有相当质量。法门寺题材的文艺作品，与通常的文艺创作比较，大都具有双重特性：一是文艺创作的特性，如思想性、艺术性、观赏性，我们可以用评论一般作品的尺度，从形象性、感情、人物、冲突、情节、细节等方面来衡量剖析；二是法门寺文化的特性，如反映法门寺文化内涵的容量、深度、精度，以及将法门寺文化转化为艺术形象、艺术感情和艺术语言的成功程度。应该说，这些作品在宣传、普及法门寺文化历史方面，目的性和整体感都比较强。成功地反映法门寺文化的作品，既是对法门寺辉煌历史鲜活的还原和形象的再现，又在一定程度上，譬如说精神、情感层面，构成对法门寺历史生活的伸延、拓展和开掘。对法门寺文化的理论研究和历史考证，在理性上可能更有深度，不过理性的深度常常是以牺牲历史生活的丰富性、复杂性为代价的。含纳在历史生活中的个人命运、社会情绪和人类感情常常被学术研究淘汰，在文艺作品中却可以得到鲜活的保存和精彩的再现。这些命运的、人情的、心理的感情素材，常常能够透露历史进程中那些藏匿在理性视野之外的东西，尤其是那些隐秘而复杂的精神现象。从这个意义上来说，法门寺的文艺作品，可以补充和丰富学术研究。

第三部分，还收集了几篇与法门寺有关的唐代茶文化的论文，此处不赘。

法门寺是中国佛教的胜地，也是各类历史文化和民间戏曲、民间传说、民间工艺、民间风俗聚汇的胜地。法门寺曾是历史的闹市，又正在成为现代文化的闹市。它给文艺创作和文艺研究提供了丰厚的资源，是孕育文艺新葩的厚土。文艺界，特别是陕西文艺界，有责任将这些文艺资源转化为文艺创作和评论；其实又何止是责任，恐怕它也正是陕西作家艺术家得天独厚的优势吧！

法门寺文艺研究已经跨出了令人欣喜的第一步。我相信，它的第二步、第三步同样会令人欣喜。

1998年岁尾，西安谷斋

秦头楚尾的文化

先后三次来安康。一次大水之前，两次大水之后。对汉水文化的粗略接触，使我对安康的文学创作有了更大的期望。作为汉水流域的重镇，作为汉水中上游的临界点，安康是文化信息的集成电路片。观察安康可以号汉水文化的脉象，甚至可以号中华文化的脉象。我想此说并不为过。

汉水流域是中华文化的一个重要发祥地，本体文化丰厚。自古至今，在这里可以数出中华文化好些"第一"来。这里有年代最久远的猿人化石；神农架流传的神农氏尝百草而有稼穑，是中华民族由渔猎文化向农耕文化过渡的最早信号；张鲁在汉水上游建立的"五斗米教"，是我国历史上第一个政教合一的政权；张骞是我们民族第一个睁眼看世界的人。汉水—汉朝—汉族—汉语—汉文化，这几个攸关我们民族命脉的概念之间的内在联系，使汉水之滨的安康有了深刻的自豪。处在秦巴山脉封锁中的腹地，不消说有落后和封闭的一面，说"盆地意识"也好，"山地意识"也好，当不是无中生有。不过，隔离造成文化封闭，隔离机制却有助于形成文化个性。也许这是秦巴腹地在中华文化总格局中具有自己色彩的重要原因。这里有源远流长的传统，却并不总是历史的闹市。在日夜兼程的、喧闹的中国历史征途中，它常常成为一处不可多得的后院。每当这些时期，此地的经济文化得以闹中取静，忙里偷闲，得到一个稳定发展的机遇，而腹地四围处于震荡、撞击中的文化经济因子则相继涌入，在休养中生息，在交汇中萌出新的生机。这里是历史的船坞，是历史再度起航的港湾。

于是，在象征隔离、象征静态、象征仁厚的山中，我们看到了象征交流、象征动态、象征灵智的水。汉水的干流支脉，不但在经济政治上，而且在心理时空上沟通着每一道山褶。逆汉水各条支脉而上，是一条条穿山而过的通道。如古代的褒斜道、陈仓道、子午道，现代的宝成线、襄渝线、焦枝线。汉水把这里相隔的千谷万坳汇为一体，汉水使这里和外面的世界相通。这里便成为大家常说的秦、蜀、楚文化的交叉地带，成为中华文化中东西南北文化圈丛的集散中心和水旱码头，成为关中经济区乃至陇海经济区、江汉经济区乃至长江中下游经济区、成渝经济区乃至大西南经济区的过渡地区。

我们姑且用一个术语，这里的文化可以叫作隔离、开放并存的互激型文化，可以叫作本体深厚的多维交汇性文化。次生林和混交林也许一时出产不了大批量的乔木伟干，但那景致却是极有变化、极好看的。对于次生林和混交林在中华民族整个文化景观中的地位、作用，人们理解得并不很够，作为一种专门的研究课题和专门的创作主题，恐怕更是凤毛麟角。它将为安康的文学创作和文学评论提供更凝重的文化心理底色和更宏阔的历史审美视角。

我感觉处在长足进展中的安康文学创作，已经对此做了有意无意的开掘。在对安康作品断断续续的阅读中，常常能感到这种文化感觉在这里的流露，常常能感到原先只是某些作家艺术家的个体感觉，如今正在成为安康地区文艺创作群体的共感共识。

1993 年 12 月 11 日，西安谷斋

九宫遗雄风　金鸡啼新阳

——关于西秦文化

这次宝鸡市文联举办的文艺理论研讨会开得很好，我学习到不少东西，也引起了一些思索。研讨会回顾总结了宝鸡市近年的文学创作和评论研究，在我们眼前展现了一支有实力、有实绩，而且正在鼓实劲的队伍。这支队伍是陕西文艺界的一个重要的方面军。研讨会从创作实际出发，就文艺的一些重要问题做了交流，意见尽管不完全一致，却是认真的、具有思想启动力的，各种意见不妨互补互益，以促进创作的健康发展。这次会使人强烈地感受到宝鸡文艺创作力图从更大格局和更深层次上发展自身的宏阔气度，感受到宝鸡文艺呼唤新境界的热切追求。这是创作激情的震颤、生命力的搏动。

情况了解得不多不深，作品读得少，今天只能从文化的角度谈一点看法。我总感到，我们中华民族文化从内部结构看，是静态（稳态）和动态两种传统精神的对立统一。几千年来形成的中华民族的许多精神素质和文化心理，包括团结凝聚、自信自强、艰苦奋斗和奋发进取的民族精神，包括天人合一、家国同构和伦理中心的文化特色，包括其他种种意识形态文化和集体无意识心理，构成了一种相对静止、稳态的传统精神，它深刻地影响着我们的文艺创作。这是一方面，即民族文化的既在性结构，近年来谈得很多了。但还有另一方面，从民族文化过程性结构来看，却又是开放的、动态的。在我国文化传统的每个发展段落上，莫不是以本位文化为基础，大量地汲收、融会异质文化的精华，然后进入一个新段落。这又形成了我们民族文化传统精神的另一面，即对异质文化的开放，促进对本位文化的开拓，这是一种多维动态结构。

这种多维动态结构表现在各方面。比如，中华文化起源的多维性——现已发掘考证，中华文化不是一线单传，而是东西南北中多源形成的。既有北京周口店人，也有广东马坝人、湖北的长阳人、山西的丁村人；既有西安的半坡文化，也有浙江的河姆渡文化、山东的大汶口文化等。又比如，中华文化构成的多民族性、多流派性——千百年来，回鹘文化、吐蕃文化、蒙古文化、南诏文化、辽金文化一直和汉文化多维共存，构成中华文化有机的部分。而在汉文化中，既有过先秦时期的秦蜀、邹鲁、三晋、燕齐、荆楚、吴越等多板块组合，又有过其后的儒、道、墨、法、兵、名、农、阴阳的多流派、多学派竞荣。后来虽然在发展中渐趋统一，形成儒、道、释三足鼎立、三位一体的格局，原先的多维性却潜藏下来，形成统一文化中的隐性多维结构。再比如，中华文化发展的内交汇性和外交汇性——不是汉文化内部的封闭运动，而是五胡十六国和南北朝的战乱和民族大迁徙以及西域文化的传入，带来了隋、唐文化的大发展、大繁荣。同样，不是中华文化内部的封闭运动，而是西方文化和俄国无产阶级文化的传入带来了20世纪初五四新文化运动和三四十年代文化艺术的新格局、新境界。

我们在继承发扬民族优秀文化传统时，一定要以对立统一的辩证方法把握稳态和动态两个方面，双管齐下汲收营养，为我所用。这两方面，前者是一块碑，是我国文化历史既在的标高。后者是一条河，它将引导我国文化向更高、更远的地方奔流。拿现代和当代文艺的发展来看，正是对民族传统精神两重性的辩证把握，造就了一座座高峰：在中外文化交汇点和中国文化内部的多板块交汇点上，矗立着"鲁（迅）、郭（沫若）、茅（盾）、巴（金）、老（舍）、曹（禺）"六大宗师；在中国民间文化和城市文化、传统文艺和革命文艺、中国革命文艺和俄苏革命文艺的交汇点上，矗立着从"左联"到《讲话》的革命文艺丰碑。这实在是很启发人的。宝鸡地区的文化底色中，明显地蕴含着上述民族文化传统的双重结构。一方面是古代周秦文化和以农村自然经济为基础的稳态文化模式，另一方面是现代工业交通和商品经济的发展带来的动态文化内驱力。宝鸡地处中国文化东西南北的交叉点上，衔接着中原文化和西部文化、黄河文化和蜀楚文化。稳中有杂，因杂成动。经过这里向西北、西南和正南辐射的古代丝绸之路、唐蕃古道和博南古道，现代的陇海铁路（已经向西伸延为欧亚大陆桥）、青藏铁路和宝成、成昆铁路（将要向北伸延到宁夏、内蒙古），作为物质和精神的通道，激活着宝鸡地区文化中的动态因子。四方杂处的移民，作为多型文化的载体，汇聚于金台观下，形成了崭新的现代化城市；现代城市文化又通过优越的社会主义体制向农村强有力地推进、渗透，更使宝鸡地区文化的多维动态结构呈现出空前活跃的生命力。这些都告诉我们，在中国地图上，宝鸡不只是一个重要的交通枢纽、经济中心，也应该是而且必将是一个重要的文化枢纽、文明中心。这种战略地位为宝鸡精神文明的建设和文学艺术的发展提供了广阔的前景，也给宝鸡的思想、理论、文化、艺术工作者增添了深重的责任。

研讨会期间拟得一联。联曰：九宫遗雄风，金鸡啼新阳。我愿以此为题，并作结。

1990年9月25日，宝鸡

信马由缰谈"优势"

繁荣陕西文艺要发挥优势,这谈得很多了,做得也很好。大家主要是谈两个优势——民族文化传统和革命文艺传统的优势。发挥这两个优势时,又主要是从艺术题材、艺术方法和风格的角度着手的。比如题材的周秦汉唐热和民族民间的黄土地风格热。这无疑是对的,也出了一批好作品。今后还需要在这个意义上继续发扬这两个传统。

只是感到,从民族文化传统和革命文艺传统的内在精神和内在结构上继承、发挥优势,理论和实践都做得很不够。

比如说,汉唐文化传统和延安革命文艺传统的内在精神中,很重要的一点,就是在一种开放的、动态的结构中汲取中外多民族文化的营养,促进自身的开拓、创新、更生。对这样一种优秀的内在精神,我们认识得怎样?在理论、实践中继承、发扬得怎样?又比如说,延安革命文艺传统一个很重要的内在精神,就是文艺家要深入新的生活,迅疾地反映新的世界、新的人物。总的看来我们省在这方面做得是很好的,但反映新时期改革开放的作品,特别是描写工业财贸战线和文化科技战线改革开放新生活和新人物的作品,是不是还稍微显得薄弱呢?事实上,如何从更深层次来发挥两个传统的优势,仍然是需要在理论探讨和艺术实践中不断解决的问题。

我们还可以从陕西的文化背景来思考优势问题。在全国各省之中,陕西可以说是唯一纵跨三种文化带、横跨两大文化区的省份。关中是中华主体文化的重要发祥地;陕北的长城内外,是土地文化和游牧文化的交汇地带;陕南的汉江中上游,是秦、楚、蜀文化交汇地带;秦东秦西又衔接着我国的中原文化和西部文化。纵跨游牧文化和江、河文化的唯有陕西。陕西文化土壤这种罕有的多样性、交汇性和全息性，使我们的文艺创作具有了广阔的天地。它不仅为在中华民族多彩多姿的文化底色上来描绘各类独具特色的生活和人物提供了更多的可能，而且为通过对黄土地生活的描绘展现中华民族文化的深刻性和丰富性，为发掘中华民族文化多维交汇的整体效果提供了更多的可能。陕西在全国格局中所具有的这种文化环境上的典型意义，使我们的文艺在塑造典型的民族性格方面有着难得的优势。当然，这种优势要结成艺术硕果，还需要艰辛的劳动。

以黄陵为基座的桥山山脉、以西安为中心的渭河流域，是中华民族精神的重要培养基。在众多的民族精神发祥脉流中，轩辕黄帝最终被公推为整个中华民族的始祖，可以说这个含义主要是指文化的、精神的始祖，即"人文初祖"。黄帝是中华民族精神人格化的最早凝聚，民族文化意义上的"中国人""中国精神"从此诞生。

秦汉隋唐使我国的多民族、多地域、多文化板块有了统一的版图。这种政治、经济、文化、民族的大一统，使中华民族的群体人格、群体精神得以发展和成熟。最终以"汉人""唐人"的形象，也就是以"中国人"的形象，伫立于世界。"中国文化""中国精神"成为地球上几大古文明中少有的充满活力和生机的文化精神，实现了泱泱中华在历史长河中的一次辉煌。

以延安为舰标的陕甘宁边区，酿造了常青的延安精神，它不但构成中国共产党人的革命精神，而且发展成为中华民族崭新的群体人格，发展为社会主义时期的"中国精神"。延安精神的孕育以及它在新中国成立之后的继承发展和光大弘扬，使中国人以具有本国特色的社会主义、共产主义文化品格跻身于20世纪的世界民族文化之林，又一次为人类精神的更新做出了独有的贡献，又一次实现了泱泱中华在精神上的辉煌。

面对陕西在民族心灵史上如此举足轻重的地位，我们实在应该深长思考之，深长开掘之，深长表现之，使优势在作品中体现出来。

不消说了，陕西也还有很多弱点。有物的贫乏，有人的落后，也许还有超过别处的因袭重负。那起步中的踯躅，那前瞻中的后顾，那在历史堆积中复苏的艰辛，都分外地撕心裂魄，分外地难以名状。在实际生活中，这无疑是我们的负面。但对作为心灵史的艺术来说，却未必完全是劣势，甚至还可能转化成优势——因其深刻地浓缩了一个古老民族在历史转型期涅槃的痛苦而更具典型意义。物质生产和精神生产既然不平衡，我们是不宜衡之以一个尺度的。

优其优？负其优？优化其劣？以劣化优？一切都祈望于作品的回答。

1991年5月，西安谷斋

黄河不息[①]

——电视文化片解说词四章

创 造 篇

1995年6月17日,黄河入海口竖起一座世界上独一无二的水体纪念碑。它汇集了黄河流域一千零九十三个地段的水样,碑体长达800米。它浓缩了蜿蜒中华的黄河形象,也浓缩了生生不息的中华精神。

黄河,你是中华民族的魂魄,你是炎黄子孙的根脉,你书写着一部中国人的无字歌。天行健,君子以自强不息;天行健,滚滚长河奔腾不息,泱泱中华自强不息。黄河源,是欧亚大陆的至高之地,是山之根,河之源。这里发育着山脉和河流,也为中华民族的繁衍发展提供了最早的契机和动力。

黄河流到陕甘宁黄土高原的西沿,朝北绕了一个大弯,像母亲温柔地搂住这块土地。在她宽大的怀抱中,坐落着中华民族的人文初祖轩辕黄帝的陵墓。据传说,黄帝原姓公孙,名轩辕。轩辕黄帝不仅统一了黄河流域各部落,还创造了文字,发明了养蚕、算数。他百岁时,在陕西桥山驭龙升天。每年清明,炎黄子孙都要来黄陵祭祖。从此,这里成为中华民族的精神原点。

黄陵南面几百里,一东一西坐落着中国授时中心和中华大地原点。所有的中国人都要和这里原子钟传出的北京时间对表,中华大地和宇空的各种测

[①] 此文为四集电视文化片《黄河不息》的解说词,该片由中共西安市委宣传部、西安市工商行政管理局、陕西省中建实业公司联合摄制,已在中央和省、市电视台播出,并获得1997年陕西"五个一"工程奖。

量,都以这里为坐标。这是我们国家的时空原点。千秋万代,无论什么时间什么地方,我们都和这条长河、这块土地血脉相通。

"问我祖先来何处?山西洪洞大槐树。"许多远离故土、客居在异国他乡的炎黄子孙,一听到这两句民谣,心头便会漾起热辣辣的乡情。洪洞大槐树在黄河中游的汾河畔。元末明初,黄河下游赤地千里,山西洪洞一带却风调雨顺。明太祖屡下诏令从这里移民去下游垦荒纳粮。这棵大槐树是移民的集散之地,他们从这里出发去创建新的家园。老槐树成为他们对老家最后的回忆,成为中国人故土故国的精神象征。

黄河就是中华文明的老槐树。五千年古国文化从这里发源,民族文化的航船从这里启碇,开始了遥远而又辉煌的旅途。

文化的内涵是"人化""人类化"。有了人,就开始了人的历史,开始了人类文化。中国文化和中国人的起源是交织在一起的。火的使用,标志着人类和动物的告别。这是十多万年以前旧石器时代先民一项具有划时代意义的创造。而旧石器文化的标志——丁村遗址,便坐落在黄河中游襄汾县一处连绵起伏的山丘上。在此前后,晋陕峡谷西岸渭河流域的蓝田人和大荔人,也进入了旧石器时代。

先民们以执着的实践和卓越的想象,制造了石片、石刀、石球、石矛等多种工具,为了生存发展和大自然展开生死搏斗。他们以创造性的劳动揭开了人类文明的新页。从此,那种征服自然、创造生活的有为精神,便汩汩地流进了中华民族的血液中。

从距今七千年开始,我们的先民进入了新石器时代。它像一个摇篮,抚育中华民族从蒙昧走向文明!

西安半坡遗址、姜寨遗址的完整发掘,使新石器时代先民的生活复现于我们眼前。那时,他们已经开始按家庭或氏族合居为一个聚落,聚落清晰地分为居住区、制陶工场区和公共墓葬区。半坡人是我国最早的农人,也最早发明了种植蔬菜的方法。半坡人在陶器上绘制了以大自然和劳动对象为题材的艺术形象，还刻制了作为事物标记的各种符号。这是中国文字发展的一个渊源，是人类文明最初的曙光。

女娲氏、庖牺氏、神农氏、有巢氏、燧人氏等上古神话中母系氏族社会的英雄，都是这一时期凝聚着先民创造精神的神祇。其后，凝聚了父系氏族社会创造精神的"五帝"，如黄帝、唐尧、虞舜，主要活动区域也大都在黄河流域。中华先民有为主义和创造精神的杰出代表人物大禹，毕生的活动都与黄河分不开，更是黄河精魂的伟大象征。

发祥于黄河下游的商族，公元前14世纪从曲阜迁徙并定都于殷，即今天的河南安阳。殷是中国最早的古都。殷商主要从事游耕农业，而且使用以"象形""会意""形声"等为制字规则的甲骨文。从此中国历史有了最早的文字记载，开始跨入文明社会的门槛。

处于黄河中上游秦西陇东一带的周，经过数百年的经营，在公元前11世纪取代殷商入主中原，使中国文明模式来了一次大的转换。在物质生产上，周人由游耕发展为定居型的农业生产。

周代的始祖后稷名弃，孩提时代就喜欢种麻和大豆，长大后爱上了庄稼活，垦田植禾，四周的人都来向他学习。尧举他为农师，舜任他为农官，教民稼穑，管理农业，成为我国农业的始祖。后稷受封于邰，即今天关中的杨凌。神圣而勤劳的后稷啊，你能否想到，您当年的受封地，已成蜚声海内外的农业科学城。

周人建立政治权力统治和血亲道德制约双重功能的宗法制，它的基本精神渗透到民族文化的深处，构成我国传统文化的基本特征。周人的另一文化创新，是确立了把上下尊卑等级关系固定下来的礼制，即周礼，以及与之相配合的情感艺术系统，即周乐。周代的礼制文化经过孔子的弘扬阐发，构成中国儒学文化和封建礼教的核心，直到今天仍然影响着我们的精神和行为。

春秋战国时代，学派蜂起，百家争鸣，中华文化呈现出空前的繁荣。孔子、墨子、老庄，是中国文化史上第一批百科全书式的渊博学者。他们以宏伟的胸襟、无畏的勇气和深刻的思考，开创学派，编纂一批中国文化元典性著作，对宇宙、社会、人生等无比广阔的领域发表纵横八极的议论，使中华民族文化有了确定的形态。德国学者雅斯贝尔斯认为，每个民族的文化都有自己的"轴心时代"，先秦诸子就构成了中华文化的轴心时代。

公元前221年，经过多年兼并战争，秦王嬴政完成统一大业，中国历史上第一个君主集权专制的一统帝国——秦王朝建立。当时，秦帝国是与东地中海的罗马帝国、南亚次大陆的孔雀王朝鼎足而立的世界性大国。秦王朝立国未久，因统治政策的失误被农民起义推翻，取而代之的汉王朝，版图和事业更在秦之上，与其同时并立的世界性大国唯有罗马。

秦王朝的历史虽然短暂，但它的所作所为都是前无古人的创造性劳动。它建起的如黄河一样气势磅礴的长城永远是中华民族的骄傲，它留下的像黄河一般雄强厚重的兵马俑阵成为世界奇迹之一。

汉代的经济文化更处在一种创新、开拓的亢奋之中，相继出现的探险家张骞，思想家董仲舒，科学家张衡、蔡伦等人才，像星河般灿烂辉煌。

瞧这位目光深邃、神情专注的史学家，他的胸中奔涌着坚忍执着的黄河波涛，他的笔下飞溅出汹涌澎湃的黄河激浪，那包容着黄河魂魄的《史记》，为中华历史文库留下了第一批珍贵的拷贝。

公元7世纪，当伊斯兰教的创始人穆罕默德建立起横跨亚、非、欧三洲的阿拉伯帝国时，经过魏晋南北朝时期儒学、玄学、佛教、道教二学二教在冲突中的整合，经过北方各少数民族和汉族文化在冲突中的交流，杨隋和李唐以长安为首都，在东亚大陆建立起东临日本海，西至中亚细亚的隋唐大帝国。在社会结构巨大变动中登上中国文化舞台的庶族寒士，是世俗地主的精英分子。他们以精神上的无比自信和实践中的空前活力，使中华民族的创造精神和有为主义进入了史诗般壮丽的隆盛时期。

隋炀帝时期开凿的以洛阳为中心、贯通黄河长江的大运河，长达四五千里，是世界性的伟大工程，对于南北经济文化的交流和祖国的统一，起了很大作用。经过隋唐几代建设起来的长安城是当时世界最大的都市，它的建筑风格雄阔对称，设计构想大气磅礴，堪称当时世界一流和东方城市建筑的典范。

在隋唐时代发明并得到广泛应用的雕版印刷术，是中华民族对世界文化的伟大贡献。唐代僧人一行在世界上第一次发现了恒星位置变动的现象，第一次实测了子午线的长度，发明了浑天仪、不等间距二次内插法，在天文学上取得了世界领先的成就。

中国诗歌辉煌的顶峰也在唐代。在岁月湮没了许多作品和作者之后，清代所编《全唐诗》仍收有诗作48 900余首，诗人2300余家。它的气度之博大、艺术之高超都是空前绝后的。

画圣吴道子改变传统线描技巧，活化了条线的生命和灵性，充分张扬着盛唐气度。中国书法在魏晋开始走向美的自觉，到了唐代达到一个高峰。你看，篆书圆劲，草书飞动，行书纵逸，楷书端整，真是昂扬奋发的盛唐精神一个痛快淋漓的喷发。

同样令人叹为观止的是这个时代的雕塑艺术。莫高窟内珍奇万千，瑰宝满目，塑像神态自如，壁画风神潇洒；龙门石窟中精品繁多，你看这座高达17.14米的卢舍那大佛，轩昂的仪态喷涌出开放、外倾的盛唐雄风；唐太宗墓前的昭陵六骏，雄壮健伟，神采飞扬，透露着大气盘旋的民族自信和不竭的活力。

这些何止是一个文明时代的行动描绘啊，这是黄河文化的浓缩，这是中华精神的凝聚！

宋代文化则另有一番韵味。它相对封闭、内倾和淡雅。宋词、宋画、宋文和宋代理学，构筑成一个精致优雅的上层文化和文人意趣。在世俗社会中，生动的市民文化则在熙熙攘攘的商市生活以及红男绿女的瓦舍勾栏中发展起来，体现出新的经济因素和社会力量对中华民族精神的积极影响。

北宋画家张择端在《清明上河图》里，对位于黄河之滨的都城汴梁（河南开封）的繁荣景象，做了生动细致的描绘，青屋、绿树、栈桥、酒楼、商贾、百姓、淑女、公侯，五彩的生活就像喧闹的黄河在流动，将遥远的历史拉到我们眼前。

指南针、火药武器等发明创造和其他许多闻名于世的文化硕果，是宋代为历史做出的巨大贡献。沈括"于天文、方志、律历、音乐、医药、卜算无所不能，皆有论著"，且创见迭出，是像恩格斯称誉的西方亚里士多德那样的文化巨人。当时的学校设遍天下，授业无问门第，社会的文化素质在整体上超过了汉唐。

宋代是中华文明经过长期积累的时代，尽管不如汉唐大气，却使黄河文明的创造精神趋于成熟，并插上了科学的翅膀。这一切，都深深影响着后代子孙。

北宋以后，中国的政治、经济、文化中心开始南迁北移，从黄河流域发端并几度辉煌的中华文明向全国辐射。历史老人执着而又从容地前行，留给黄河一个背影。但是，中国历史发展最精彩的篇章，却永远记录在黄河铜汁般的波涛中。从中国封建社会上升期的历史实践中蒸腾、凝聚起来的创造精神、有为精神、自强精神，像滔滔黄河水那样，永远在我们的血管中奔涌，奏响每个时代的最强音。

就在这片曾经创造了人类文明的土地上，汉唐后裔以不息的创造精神开拓出超越前人的奇迹。五彩缤纷的都市辉映着现代社会的文明，星罗棋布的大工厂、大油田支撑起国家经济的脊梁，传播科学的殿堂滋养着我们民族的智慧。

黄河母亲啊，您曾用饱满的乳汁养育了我们的祖先，也一定会用不衰的活力给当代人以创造的热情和能量，使我们绘制出无愧于母亲，无愧于时代的壮美画卷。

啊，黄河不息！

奋 争 篇

他叫王仁民，整整七十一年，足迹叠印着黄河的波涛。他有过黄河母亲给予的荣光，也和母亲相伴着遭受过许多苦难。他总是和黄河一样坚毅地抗争着自己的命运，用永恒的挚爱去美化母亲的容颜。

他拖着累瘸的腿，在黄河岸边，建起风光秀丽的"黄河游览区"。他四处考察，生发出一个惊人的构想——要在黄河岸边的郑州邙山上雕刻起一座高达106米的炎黄二帝巨像，比美国的自由女神像高出8米，比苏联的母亲像高出2米，让其成为"世界第一雕"。

这一浓缩着炎黄子孙共同心愿的构想得到了各级领导、海内外同胞的支持，捐助的资金像雪片一样从世界各地飞向黄河岸边。经过八年执着的追求，被誉为当今夸父的王仁民的构想正成为现实，巨像的像基工程和主体框架已经完成。1997年，在香港回归祖国之际，炎黄二帝的巨大雕塑将以庄严雄伟的旷世风采挺立在亿万炎黄子孙的眼前。

请不要把这看作一个人的追求和普通的塑像，这是黄河哺育的民族奋争精神的浓缩和写照。千百年来，对社稷的责任、对民生的忧患、对苦难的抗争，一直构成中华精神重要的人格内容。孔子倡导的"忧道"，孟子疾呼的"忧民之忧"，杜甫的"穷年忧黎元"，陆游的"位卑未敢忘忧国"，还有范仲淹的"先天下之忧而忧，后天下之乐而乐"，无不激荡着忠义节烈之士的忧患意识和浩然正气，它们如黄河一般在民族精神的河床上奔涌。

"兰州名胜地，笑谈五泉山。"董必武老人笔下的五泉山坐落在黄河岸边的兰州市。相传汉武帝派霍去病将军西征匈奴，曾驻兵于此。士卒因长途跋涉，饥渴求饮，但苦于无水。急迫间，霍将军用马鞭在山崖上怒击五鞭，顷刻山崩水涌，遂成五眼清泉。今天，当我们品尝这清激甘甜的泉水时，能不为中华先贤与天地抗争的情怀而感奋吗？

黄河的支流无定河，塞北土地上一行长长的泪！在这个硝烟弥漫的古战场上，秦代名将蒙恬率三十万大军修筑长城，戍边数年。唐代名将郭子仪任朔方节度使，从这里出击，东进南下，为巩固大唐江山立下了汗马功劳。满门忠烈的杨家将在这一带前仆后继、舍家卫国的壮举，更是妇孺皆知，代代传颂。

著名英雄岳飞的名字，一直在黄河的涛声中回响。他出生在河南汤阴，三十二岁便担任封疆大吏节度使。在朝廷南迁、上司投降的险恶形势下，他坚持孤军抗金，几度出入黄河，使金兵闻风丧胆。后被主张投降的秦桧以"莫须有"的罪名迫害而死，年仅三十九岁。在岳飞短暂而光辉的生命中，凝聚着中华民族拼搏奋发、自强不息的精神光彩。

奔涌在这块被苦难折磨得支离破碎的土地上，黄河用沉默迎来了多少王朝，又用愤怒击碎了多少皇冠。陈胜、吴广、张角、黄巢、李自成，这些农民起义的领袖在黄河两岸演出过多少恢宏壮烈的悲喜剧，谱写过多少强悍坚毅的抗争篇。黄河上下，三十六处烽烟不息；长城内外，七十二杆义旗招展。中华儿女在黑暗中摸索，在泥泞中扑跌，终于在1912年推翻了帝制，终于在1921年举起了斧头镰刀红旗，在中国共产党领导下，开辟了一条崭新的历史航道。

挺立在黄河岸边的"二七"纪念塔记录着中国工人阶级的觉醒和伟力。当年烈士的鲜血淌进黄河顺流而下，悲鸣的汽笛传遍万里山河。

这片黄河畔的大草原曾留下红军长征中最艰难的脚印。请数一下这些沉重的步履吧，你就会知道有多少战士为了未来倒在了历史的血泊中，碧血浇灌出草原上的鲜花。

　　黄河也把中华民族的优秀儿女汇集到圣地延安，使他们的才华和智慧发挥到最高点。长诗《黄河》正是这种情绪下产生的佳作之一。他们在黄土地上匆匆前行，心中奔涌着黄河的咆哮。于是，便有了冼星海和光未然那惊天地、泣鬼神、传万代的《黄河大合唱》。

　　你听出了涛声吗？你听出了蹄声吗？你听出了浩瀚的情愫、博大的胸怀、不息的创造、不息的奋争吗？黄河之魂飞扬起来了，民族之魂飞扬起来了，一个崛起的民族从此有了自己的音乐形象。

　　在这旋律的伴奏下，全民族抗战如愤怒的黄河席卷侵略者：平型关伏击战首战告捷，大快人心；台儿庄围歼战，两万余日寇灰飞烟灭；狼牙山壮士威震敌胆，一曲壮歌至今激励人心。

　　在这旋律的伴奏下，毛泽东、周恩来、彭德怀牵着敌人的鼻子转战黄河西岸，在运动战中粉碎了国民党军队对陕北的重点进攻。刘伯承、邓小平挥师鲁西南强渡黄河，千里挺进大别山，像一把尖刀插入敌人心脏，揭开了战略反攻的序幕。陈毅、粟裕率部在黄河下游摆开山东战场，孟良崮一仗全歼国民党军队精锐主力74师。

　　1948年2月23日，在取得全国胜利的前夕，毛泽东来到吴堡川口岸边，他要离开生活了十三年的陕北，东渡黄河去西柏坡了。船到中流，黄河开始涌动，这是在漫长冬季里孕集起来的春的生命。流冰的挤压，浪涛的拨弄，一次次使木船跌进波谷，又一次次被高亢的船工号子召唤到浪尖上。毛泽东的诗情被激发了，他突然挑战似的提议："你们谁和我游过黄河去？"警卫战士全力劝阻，相持良久。这位征服过千山万水的伟人叹了一口气，自言自语："藐视谁都可以，但不能藐视黄河。藐视黄河就是藐视我们这个民族！"那以后，毛泽东游遍大河名湖，唯独不再提游渡黄河的事。这是一代伟人对民族魂脉的崇敬，对母亲之河的珍重啊！

黄河激励着我们，又考验着我们，这考验是那么严峻，那么沉重。

沙漠的南侵、风暴的剥蚀、战争的毁坏、过度的开垦，使二百万年前天地化育的那个草木葱茏的高原荡然无存，剩下了这光裸的千沟万壑。高原因此命名为黄土高原。雨水和支流每年将十六亿吨的泥沙冲进大河，大河因此得名黄河。其中四亿多吨泥沙沉淀在河道中，使河床不断增高。出三门峡后，黄河便在总长1340公里的堤坝挟持下东流，这是相当于十三座长城的工程。到了开封附近，河床甚至高出地面7米，形成世所罕见的地上"悬河"。"悬河"易淤、易决，像悬在人们头顶上的达摩克利斯剑。另外十二亿吨泥沙，则被黄河带到入海口，移土填海，创造着新的陆地，以每年1.8平方公里的速度向大海伸延。

人们给黄河带来了灾难，黄河又锻打了她的儿女，在无数次与大自然的交锋中，站起一代一代奋起抗争的大禹。

大禹这尊天天注目着黄河的塑像，向我们诉说着一个父子两代前仆后继治水的故事。尧舜时代，黄河发了大水，大家推荐鲧去治水。鲧奋斗拼搏了九年，到处造堤筑坝，总被黄水冲塌。舜以鲧治水不力，赐其死罪，让他的儿子禹接着治水。大禹发扬父亲的拼搏精神，也总结父亲的教训，在修堤堵水的同时，采用疏通河道、开渠灌溉等积极办法，变水患为水利。

积石山若苍龙卧地，堵截了黄河去路，大禹率百姓用巨斧斫出一条水道，又劈开青铜峡，一路疏川浚河，经历千辛万苦来到晋陕峡谷南段，黄河在这里被龙门挡住了去路。大禹下令昼夜不息开山凿石，终于水归其道，百姓从此安居乐业。

大禹精神和黄河同在，世代生生不息！

都江堰和郑国渠历经两千多年光阴的剥蚀，今天还在滋润着大地，为百姓创造福祉。

民国时代的李仪祉，在西方学习了先进的水利工程技术，回国后毕生献身于黄河水利事业。他在陕西完成了泾惠渠、渭惠渠两项工程，使渭北高原阡陌纵横，棉海麦浪和黄河的波涛遥相唱和，他的足迹遍及江、淮、河、汉，构思了治黄的规划，提出了导淮的设计，三十余年积劳成疾，终于酿成不治之症，倒在黄水之滨。

倒在黄河之滨的还有治黄专家王化云。

他是新中国第一任黄河水利委员会主任，当时很少有人愿意当这个"河官"，王化云却把这看成是报效国家的机会。他首先提出了"宽河固堤""蓄水拦沙"的主张。他有过成功，也有过失误。"蓄水拦沙"使三门峡水库淤积末端上延，水轮机磨损，最后不得不改建。在批评和责难面前，王化云默默咽下了痛惜的泪水，坚持执着探索。"上拦下排，两岸分滞""调水调沙，水沙平衡"，一个个新的方案提出来了，三门峡终于重新焕发青春。1982年，在党的十二大上，这位古稀老人又向中央提出兴建小浪底水利工程的建议。从此，他不知疲倦的脚步就没离开过黄河，直到战死在黄河边。

在这绵延几千年的大禹群像中，我们还要提到沙坡头治沙研究站的科技人员。宁夏中卫，腾格里沙漠几乎要淹了黄河水，断了包兰路，沙坡头却像一片绿叶长在金色的黄河滩上。研究站用先进的科学方法有效地控制住流沙，使无边的沙海中永远有一个绿色通道。二十多年来，包兰铁路这40多公里长的路段畅通无阻，创造了"世界第一"，在国际引起了巨大反响。

我们还要提到牛玉琴。这位陕西靖边的农家妇女，也投入了中华民族"黄河清，天下宁"的巨大工程。她和丈夫承包了一万七千亩荒沙地，现已治理一万二千亩。丈夫过度劳累去世后，牛玉琴独立挑起家庭、治沙两副重担，继续着丈夫未竟的事业，这位"巾帼大禹"获得了联合国拉奥博士奖，参加了1995年秋在北京举行的世界妇女大会。

我们还不能忘记郑州附近花园口的大禹们。蒋介石政府为了"以水代兵"，曾两次扒开这里的河堤，使八九十万人死于非命。黄泛区从此成为苦难的代名词。新中国成立后，这里的老百姓在党和政府领导下，将家乡建设成"一畦春韭熟,十里稻花香"的花园。还不能忘记甘肃民勤县的荒漠里,花一样开放着全国第一个沙生植物园——这里的绚丽和缤纷,终究要变成整个大漠的色彩。

黄河两岸环绕着碧玉般的防护林带,镶嵌着珍珠般的水利枢纽和发电站,挟持着比十个长城还要长的堤坝,水库和人造湖中倒映着北国晴空的蔚蓝——这里的每一处都是大禹家庭建造的无字碑,都是中华民族的精神群雕。

黄河再也不是在苦难中呜咽的古琴,她世世代代奏鸣着一种精神,这就是抵御敌寇、改造自然的奋争精神,这就是愈挫愈坚、百折不挠的不屈精神。纵然九曲也东流,更有百折不灰心。中国人改造了黄河,也在黄河的改造中熔铸自身,中流击水的黄河儿女,在奋争中主宰着自身的命运。

融 聚 篇

黄河,中华民族的母亲。

为了表达对您的敬意,您的孩子用虔诚的心雕刻了两尊名为"黄河母亲"的塑像,一尊位于黄河上游的兰州,一尊位于黄河下游的郑州。两尊塑像宛若黄河母亲两只宽大的手掌,把亿万儿女紧紧地搂抱在怀中。

母亲怀抱里的儿女们,有无限的安宁和舒坦,有无数的感慨和心声。无论对哪个儿女的诉说,母亲都会以慈祥的微笑接受,都会用宽阔的胸襟包容。黄河是一条包容万千、融聚无限的母亲河!

黄河从青海发源,流经九个省区,一百三十二个县,她在广袤辽阔的流域里哺育了汉、藏、蒙古、回、满、撒拉、保安、裕固、东乡、朝鲜、达斡尔等十多个民族,哺育了中国最早的农耕文化和游牧文化,将中华文化连接成一个完整的景观。专家认为,黄河文化乃至中华文化,就其已经形成的空间结构看,是一种多维复合的稳态结构;就其不断发展的历史过程看,又是一种交汇融聚的动态结构。这使她既活跃又稳健,充溢着内在的生命力。

黄河中下游主要是汉文化、农耕文化区。汉文化内部呈现出多地域和多流派的斑斓色彩。在古代，既有秦陇、三晋、燕齐、邹鲁、巴蜀、荆楚、吴越文化板块的组合，又有儒、道、法、兵、名、农、阴阳等多流派、多学派的竞荣，还有这些文化板块和流派边缘交界区的许多"文化混交林带"和"文化次生林带"。

黄河中上游是我们通常说的中国西部，这里多民族杂居，游牧文化和农耕文化杂呈。中国西部大荒原将南亚、西亚、北亚和东亚隔离开来，产生一种隔离机制。四周的文化在长期的隔离中形成了自己独有的特色和体系。这便是印度文化、波斯文化、蒙古文化和中国中原文化，它极像一枚葡萄叶，中间的叶掌部分是中国西部，四个叶端则是几大古文化，周边几大古文化形成之后，又反过来向中国西部荒原流动、传播。

这种传播交流是经过三条文化通道实现的，一条是连接中原、西域直通波斯乃至地中海的丝绸文化之路；一条是连接中原、青藏高原直通印度、尼泊尔的唐蕃文化古道；一条是连接蒙古、宁夏朔方和甘肃、青海河湟地区的草原文化走廊。在这三条文化线交织的网络中，中国中原文化和西部文化长期融会，中华文化和世界文化长期融会，积淀为中国西部的四个文化圈。这便是陕甘文化圈、青藏文化圈、新疆文化圈、河套文化圈。三线四圈，构成中华文化西部的半壁江山。

中国西部四大文化圈的结合部在青海湖东北和祁连山南麓，这里形成多文化、多民族杂居共存的旋涡。生活在这里的撒拉族、保安族、东乡族、裕固族和四周的蒙藏文化、伊斯兰文化、汉文化，千丝万缕地胶合在一起，形成各种各样的亲缘关系。青海循化县就位于黄河岸边的积石山下，是十世班禅活佛的家乡。当年撒拉族的先民被迫离开中亚细亚的撒马尔罕万里东行，漫漫长途中丢失了仅有的一匹骆驼，却在积石山下的泉水中找到了这匹骆驼的化石，于是撒拉族的先民便在骆驼泉边定居下来。多少年来，保安、东乡、撒拉、土、回、藏、汉各族儿女和睦地生活在富饶的积石川上。

银川的贺兰山上至今还留存着百余座颓败的寺庙，这些寺庙的建筑熔冶佛教、道教、伊斯兰教风格于一炉，既是文化交流的结晶，也是民族团结的象征。

从贺兰山极目远眺，是"万里黄河，惟富一套"的河套平原。原野上血脉一样流动着三十多条引黄灌渠：秦渠、汉延渠、唐徕渠……这些打着历史印记的名称告诉我们，从秦代蒙恬来朔方戍边垦殖开始，经汉唐直至现代，回、汉人民团结战斗，共创改造自然的丰功伟业。中华各族人民，用黄河做金线，装订起一部塞上江南的历史画卷。

此处，一座淡雅的古墓中安息着一位勇敢的女性，她曾用荏弱的双肩担负起民族和亲的重任。西汉时期，北匈奴的单于呼韩邪来中原谋求胡汉联姻，宫女王昭君毅然请求随单于北行并长期定居匈奴，传播中原文化，使汉朝北疆保持了六十年的和平。

被藏族同胞奉为神明的文成公主，则是唐蕃古道的开路先锋。公元641年，文成公主经日月山、青海湖、唐古拉山入藏，与藏王松赞干布和亲。她的嫁妆除了珠宝绸缎，还有许多高原上没有的药材、蚕种、谷物、果树种子和大批医药、农林、工程技术、天文历法书籍。文成公主在吐蕃生活了四十年，为汉藏人民的友好和吐蕃经济文化的发展做出了重要贡献。

在中国历史上，很多开明的为政者都能以兼容并蓄的襟怀处理民族关系。战国时期赵武灵王提倡胡服骑射，汉武帝临终以胡人金日磾为托孤大臣，唐太宗主张"胡汉一家"，鲜卑族的北魏孝文帝致力于汉化改革，无不体现了中华各民族间的多维融会精神。

每一次大的交流和融会都促成了中华文明的大发展。春秋战国的多邦交错和百家争鸣，经过凝聚统一，催生出秦汉时期的发展高峰；魏晋南北朝异质文化的输入和民族大迁徙，经过凝聚统一，催生出隋唐时代的发展高峰；

辽夏金元在战乱中的南北交汇，经过凝聚统一，催生出宋明时代的发展高峰。

我国近代思想家梁启超曾深刻指出：中国不仅是"中国之中国"，也是"亚洲之中国""世界之中国"。中华文化精神不仅在内部各地域、各流派、各民族文化的相互渗透和融会中得到发展，而且在与外部世界的交流中进行传播。秦代徐福的下海帆影、汉代张骞的西行驼铃、盛唐玄奘取经和鉴真东渡的壮举，显示了中华民族在外向交流中的主动态势。中外文明在漫长的历史中实现了三次大的交汇：第一次是晋唐时代，以吸纳、改造南亚次大陆的佛学为标志；第二次是明末，以历算等科技的交汇为标志；第三次是清末，西学东渐，到五四以后马克思主义与中国实践相结合。到了社会主义改革开放时期，中外文明更出现了全方位的创造性融会。中国文化在内外交流融会之中，不断更新、复壮着自身。在云冈、敦煌、麦积山等石窟艺术中，印度佛教经过汉文化的改造，佛陀的森肃与庄严、菩萨的温和与柔美、天王力士的雄健和威力，无不注入了活力，带上了盛唐的气象。

唐宋以后，印度佛教开始式微，而在再创造的基础上发展起来的中国佛教却有了长足的发展，并大量输出到东北亚、东南亚。日本出版的佛学百科全书《大正藏》，大部分为中国学者的译著。这一"输入、吸收、输出——开放、融会、创造"的过程，显示出中国多维动态文化系统强劲的生命力。在对外交流、融会的过程中，中华文明的精华为世界文明的进步注入了活力。在东方，东南亚各国大都以中国为文化母国。日本先后十八次派出遣唐使，大规模引进盛唐文化，以促进岛内的文化革新。当时，日本用唐律，盛"唐绘"，行唐礼，穿唐服，食唐膳，蔚成风气。东渡日本的鉴真和尚被称为"日本律宗太祖""日本文化的恩人"。中国古代文化沿着水陆丝绸之路传到西方，倾倒了西方各国。法国思想家伏尔泰说，"在东方发现了一个新的精神和物质世界"，中国是"举世最优美、最古老、最广大、人口最多和治理最好的国家"。崇尚自然规律和理性精神的孔子学说，为当时神学盛行的欧洲开创了思考世界和发展社会的崭新思路,而指南针、造纸术、火药和印刷术,更是我们民族献给世界的伟大科技成果。

英国历史学家汤因比认为,在六千年的人类历史上,出现过二十六个文明形态,四大文明古国都有自己独具特色的优秀文化体系,但全世界只有中国的文化体系是长期延续发展且从未中断的。

在兰州九台一带,黄河冲击出世界上最厚的黄土层。从这里我们目睹了黄河在十几万年前留下的足迹。唯有如此深厚的黄土才能养育凝聚力极强的民族,这就像雄浑博大的黄河培植了中华文化的凝聚功能一样。

中华文化的凝聚功能使我们民族精神具有巨大的思想统摄性,使每个中华儿女同心同德地为民族整体利益不懈努力,以国家和睦为乐,以人心散乱为忧。

无论黄河儿女云游何处,他都像依恋母亲那样,深深地依恋故土。

明末清初,西迁到伏尔加河下游、备受沙俄压迫的中华儿女——蒙古族的土尔扈特部落十七万人,在首领渥巴锡的率领下,扶老携幼,穿越千里冰山雪原,向着故乡前进,担任后卫的九千名勇士在和沙俄追兵的殊死搏斗中全部壮烈牺牲。其他人历尽千辛万苦,终于结束了流落异国的历史,回到了祖国温暖的怀抱。

清代西迁吉尔吉斯定居的甘肃、陕西回民,将自己定名为"东干族",这是陕西话"东岸子"(黄河东岸)的谐音。东干族的歌唱家黑老五在祖先离开故土一百多年后,回国省亲。他在电视春节晚会上用熟练的陕西话向三秦父老问好。

融会是中国人的胸襟,凝聚是中国人的愿望,心灵合力是团结统一的内在神韵。团结统一,中华才有发展和稳定,才能在世界奋飞。我们用耳朵贴着中国人的心扉,那里面会清晰地传出一个雄浑的声音:我们都是龙的传人,根叶相连,血浓于水。

变 革 篇

　　黄河从青藏高原呼啸而下，冲过层峦叠嶂，千回百转，义无反顾地向着东方，向着大海奔腾。中国历史正如九曲十八弯的黄河，在不断的变革中调整着自己的航位，在不断的变革中开辟着新的境界。

　　从奴隶社会过渡到封建社会，除去血肉横飞的斗争，经历了十余次大的社会改革。禹变革原始社会的各种制度，建立了标志文明开端的夏王朝。春秋时的齐、晋、鲁、楚各国对土地分配和税收制度的不断改革，冲破了奴隶社会的井田制，从法律上改变了劳动者的地位。战国时期魏国李悝的变法，废除了旧的世卿世禄制，实行粮食"平籴法"，建立一整套封建法制，巩固了地主阶级的政权，使魏国成为战国初期强盛的封建国家。而从魏国逃到楚国的吴起，在李悝变法的基础上，帮助楚悼王进行了更进一步的改革，楚国因此迅速强大，最后反过来大败魏国于沁阳，北上饮马黄河，使各路诸侯刮目相看。楚悼王死后，旧贵族作乱，变法流产，楚国很快被在商鞅变法中奋起的秦国所亡。

　　商鞅也是从魏国流落到秦国的，秦孝公听他谈论富国强兵之道，几天不觉疲倦。在秦孝公的支持下，商鞅实行了一系列改革法令：废除世袭的井田，实行土地私有，允许土地买卖；废除世袭特权，实行论功行赏的军功爵制；还实行重农抑商、统一度量衡。秦国太子犯了法，商鞅照样依法处罚，百姓从此相信商鞅是依法办事的。取信于朝野，取信于臣民，商鞅变法由此取得了胜利。

　　大刀阔斧的变革就像激越的鼓点，为秦王朝的建立鸣锣开道，为中国确立封建制度奠定了雄厚的政治基础。

　　封建体制在中国整整绵延了两千年。这是欧亚大陆最稳定、最漫长的封建社会。这种稳定、漫长，和小农经济、村社文化的社会基础，家国同构的社会结构有关,也和中国封建社会内部不断改革以顺应社会的变化有关。这些改革一次又一次地使当时的社会由乱而治,由治而兴,一次又一次地为黄河输入新的血液,一次又一次地展示了中华民族居安思危、锐意进取的精神光彩。

刘邦建立汉朝后,大臣陆贾经常给他谈论诗书中的治国之道,刘邦不耐烦地说:"我是骑马打仗得的天下,用得着什么诗书?"陆贾说:"金戈铁马打天下,怎么能金戈铁马治天下呢?"刘邦觉得有理,便要陆贾专门写书总结秦朝灭亡的教训,厉行改革。到汉文帝、汉景帝的"文景之治",再到武帝的新政,逐步削减王族权力,朝分内外,废除苛法,轻徭薄赋,并率先实行了盐铁专卖、独尊儒术,使社会经济得到迅速发展。西汉成为当时世界上最强大的国家。

唐太宗重用正直的魏徵。魏徵前后直言进谏二百多次,常常据理力争,不留情面,皇帝也有点害怕他。魏徵死后,唐太宗悲伤地说:"以人为镜,可以照得失。现在魏徵死了,我失去了一面镜子。"唐太宗认为唯贤是为政之要,轻徭薄赋是社会安定的基础,依法办事国家才有威信。历时二十三年的贞观之治以及其后的开元盛世,使中国历史文化出现了一个高峰。

宋太祖之所以能在战乱中统一中国,关键是实行了一系列加强中央集权的改革措施;宋仁宗使大宋江山"积贫积弱",正在于他缺乏改革的决心;宋神宗转弱为强恰恰由于是他大胆起用因前朝改革失意而回乡的王安石,推行以青苗法为核心的改革措施。宋神宗曾问王安石:"有人说我们不怕天变,不听人们的舆论,不守祖宗的规矩,你怎么办?"王安石说:"陛下勤于政务,这就可以防止天变了。陛下征询下面的意见,这就照顾到舆论了。至于祖宗的老规矩,本来就不是万古不变的。只要我们行之有理,又何必怕人议论呢?"

列宁称赞王安石是"中国11世纪的改革家"。

这些以国家前途为己任的改革家就像黄河里的波涛,顺应辨察河的流向,也推动着大河的流速，使黄河锐气不减，活力不衰。遗憾的是，这些改革都是在统治阶级允许的范围内对人们做出的有限让步，改革一旦超出皇权的允可，必然遭到统治阶层既得利益集团的强烈反对，流产在所难免，改革者也厄运难逃。吴起最终被迫离开楚国，商鞅的肢体遭到车裂，范仲淹被赶出京师，王安石二度复出、三度辞官，最后抱着未竟之志被一抔黄土淹没，就是到了东天已经微现曙光，清末"百日维新"的六君子仍然倒在罪恶的屠刀下。变革的步履是那么沉重，代价是那么惨烈！历史的车轮一次又一次将推动它前进的人碾在轮下，他们的尸骨在漫长的岁月中化作泥土，热血汇进了黄河激浪……以致明代以后，中国的步伐未能踏上世界前进的鼓点。

古老而漫长的黄河，需要新的血液和文明！

中国共产党领导的新民主主义革命是一次彻底的反帝反封建的大革命，是中国几千年历史上第一次推翻剥削制度的最伟大的社会变革，新中国的建立，带来了社会生产力的大解放。

1979年以来的改革开放是在社会主义制度下的一次全方位的变革，中国在政治、经济、文化和人的思想观念等方面都发生了翻天覆地的变化，真正体现了邓小平"改革也是革命"的伟大思想。

黄河旧貌换新颜，激荡起从未有过的洪涛巨澜。黄河沿岸各省以开放促开发，以开发求发展，正在奋起直追。和黄河相交织的陇海、兰新铁路已经沿古代丝绸之路向西伸延到遥远的西部边陲，和中亚的钢铁动脉接轨，直通欧洲大港鹿特丹。它是黄河的伸延，也是黄河的新生，一条水中蛟龙，一条陆上铁龙，二龙戏珠，发掘、辐射中西部经济文化潜力，给中华大地平添了几分生动。

古老的黄河，古老的丝路，钮接成我国举足轻重的黄河陇海经济带。在这个经济带中，商品农牧业、矿产能源工业、重化轻纺加工工业、旅游文化产业和高新科技产业，五大支柱，形成强大的支撑合力，在21世纪的中国经济格局中，重如九鼎。现在，黄河陇海经济带这条巨龙，龙头已经高扬，龙腰正在拱起，龙尾也积蓄着新的力量。

山东作为龙头，经济腾飞为全国所瞩目，在短短几年中跃居上游。山东无私支援中西部发展，和陕西结成伙伴，对口交流。在和谐的交流中，陕西不仅得到搞活经济的良策，也有了更新观念的能量。

巨龙腰部的鄂尔多斯高原上，内蒙古、山西、陕西北部的巨型煤矿群，已成为全国最大的煤田能源基地。新修的包神、神朔、大秦铁路和计划中的神黄铁路、黄骅港，将各个矿井和千里之外的出海口岸连为一体。

巨龙尾部，新疆塔里木油气田的开发紧锣密鼓，荒芜的戈壁就要成为金色的聚宝盆。为了更经济地利用这里的能源，沿海地区的一些工业已经开始朝西部迁移。沿海地区已经做出了典范，深圳、珠海、广州、厦门、上海、青岛、天津、大连等城市呈半圆形，像一张正在拉开的强弓。黄河陇海经济带也不示弱，它与后劲十足的长江经济带好似两支指向蓝天的箭矢。一弓两箭，箭在弦上，全民协力，挽弓待发，这便是21世纪中国经济社会发展的态势，这便是黄河在这个态势中的位置。

黄河从青藏高原奔流而下，扑向大海的怀抱，奔向太阳升起的地方。雪山草地明澈的清泉，记录你儿时的歌声；河套平原丰腴的绿洲，诉说你母亲般的厚爱；黄土高原被风雨剥蚀得千疮百孔的脊背，展示你的强悍和不驯；中州大地的千里大堤，像亿万双手，捧奉着中华儿女对你的忠诚；你移山填海的伟力远远超过神话中的精卫。

黄河——中国，在创造中自强！在奋争中自强！在融聚中自强！在变革中自强！

1997年1月31日，西安谷斋

追 日

——电视文化片解说词二章

地 母

（红军的脚在大地上行走，叠印长征地图）我们的华夏之邦，苦难和希望像大地一样无边无际。这支来自穷苦人的革命队伍，从井冈山到延安，走过一条比万里长城还要长的路，他们用脚步丈量这块土地，用心叩问这块土地，用碧血浇灌这块土地，像红烛那样照亮这块土地。他们燃尽了自己，不愿留下纪念碑。

这是位于陕西泾阳县永乐店的中华人民共和国大地原点，整个中国都以这个原点为基准，测定自己的三维坐标——经度、纬度和高程。这是位于渭北蒲城的陕西天文台铯原子钟，标准的北京时间就在这里发布，整个中国都要和它对表。（叠印地图，延安、黄陵、永乐、蒲城闪烁）由中国这两个时空原点南去几十公里是周、秦、汉、唐十三朝建都的古城西安，北去一百公里是轩辕陵，再北去二百公里是宝塔山，那是中华民族精神和革命精神的三个原点。每一个历史时期，中国人都要在这里检验、校正自己的心灵时空。这些中国妇孺皆知的地方，几乎都聚集在东经109°附近。神秘的东经109°线便成为中华民族的时空坐标和精神坐标。

（推出片名：《地母》）

（沉默的、色彩丰富的黄土地；黄土地上的家常景物；老人和孩子；辉煌的太阳；日出和日落）

土地和太阳是人类与生俱来的两个谜，也是生命最后的两个谜底。

人类对土地的崇拜和对太阳的崇拜一样古老,关于太阳的传说最后几乎都和土地联系在一起。一代一代,老奶奶告诉我们,阳婆是从土地中升起来,又回到崦嵫山后的地底下去居住的。我国古代典籍中记有崇拜"地乳"的习俗。甲骨文的"土"字是大地乳房的象形。《说文解字》云"土,地之吐生物者也",是"生命"的标志。女娲"抟黄土作人",人类才开始了自己生命的航程。共工一头碰倒了擎天的不周山,天塌了,女娲赶紧熔炼大地上的五色石去补。海吞噬了太阳神的女儿,她化作小鸟在西北的土地上衔石去填平它。古往今来,"王者必居于土中",才能与天上的北斗对应,才能长治久安。太阳神本来是人类创造的,人类将心灵的全部光华凝聚为一个人格化的太阳,却又感到一种隐隐的召唤:不要忘却土地。土地是我们更亲近的母亲,更现实的力源。土地是人类生存、社会发展须臾不可离开的依托。

(清润石板和翻动的《史记》,叠印陕甘宁地图)地层一页一页沉积着生命的历史、人类的历史、社会的历史。岁月在陕北这块土地上镂刻下古铜色的皱纹。黄土地像大脑一样默默思考,像根线一样默默伸展,又给人类提供了多少通向未来的路。(陕北老农皮肤一样的山褶;脑沟一样的山褶;根脉一样的山褶)

(晃动着的山川大地。旋转)

厌恶黑暗的夸父,诞生于我们这个渴求光明的种族。他有一个伟大的梦:把太阳拴住,让人的精力能有双倍的倾注。他扶杖疾行,追逐着太阳。到了西北大地,在难耐的干渴中喝尽了渭河,喝尽了陕甘宁的高原湖,终于扑倒在这片黄土地上。手杖化作一片森林,给后代留下一个需要思索、需要奋斗的遗嘱。

(字幕叠印陕甘宁地图,延长闪烁:汉班固的《汉书·地理志》和郦道元《水经注·河水》,"高奴县有洧水,肥可燃,水上有肥,可捼取用之";北宋沈括《梦溪笔谈》"鄜延境内有石油……生于地中无穷";神府煤田,延长"中国第一油矿"延安炼油厂喷火的烟囱）大地将这片森林育化为土壤，育化为煤田、油田、气田，成为罕见的"乌金三角"。今天，地下的黑色浮沉，地上红色、绿色的革命和宇空金色的阳光，使延安无日无夜地创造着、更新着。夸父的子孙正在以双倍的速度追日，只是他们发现，夸父追逐不上的那天上的太阳，同时运行在他倒下的这片土地上！

（太阳从有着树和采油人的地平线升起。同时升起字幕："这是一片没有黑暗的土地。埃德加·斯诺，1937年于延安。"雾霭中的轩辕柏及其各个细部；巨大的轩辕脚印；桥山；叠印地图，黄陵闪烁）

中华民族的"人文初祖"轩辕黄帝，陵墓在延安南部的桥山。在河南南阳王庄汉代画像石上，轩辕黄帝的车座上有一个象征着太阳光芒的"卍"字形符号。学术界认为，这表明了他的太阳神身份。有意思的是，这位太阳神恰恰选择了"土"日降临人世，又恰恰是这位生于土日的黄帝，最后融合了其他生于金、木、水、火的四帝，成为炎黄子孙共同的始祖，成为我们民族的代表。据说古代"帝""地"相通，"帝"即占有土地之谓。"黄"表示金色的太阳和黄色的土地。"黄帝"这位太阳神原来同时是黄土地的神圣化和人格化。

关于这位人神糅杂、地天合一的黄帝有很多民间传说，但他在天庭里的故事大多语焉不详，在民间的活动却颇为生动。他的脚印深深地镌刻在这块土地上。他手植的轩辕柏笼盖四野，七八个人搂不住，被称为"世界柏树之父"。这位太阳和土地合一的黄帝，也确有点平民化的味道。他与庶民一道狩猎、耕作，鼓励风后发明了指南车，帝后嫘祖自己养蚕、织锦。庶民称颂他的功劳，他说这都是大家的功劳，大家的洪福。民间传说于是将中国古代一些主要的文明成果都归功于轩辕时代。

对轩辕黄帝的称颂，是人民对自身本质力量的肯定，也是他们对领袖理想人格的憧憬。轩辕身上凝聚着人民创造历史的光辉，轩辕柏的绿荫是黄土地的恩泽。

（人类文明成果展示；黄牛犁地；牛哞声；鼓声）

人民是历史实践的主体，是历史运行的基线，是杰出人物生长的土壤。人民以如椽的巨笔书写着历史。任何阶级、政党和它的领袖，任何历史活动，都将在对待人民的态度上受到终极的检验，并在检验中确定自己的位置，谁也掺不得一点假。这块被苦难折磨得支离破碎的土地，用沉默迎来了多少王朝，又用怒吼击碎了多少皇冠。一千五百多年前一个残暴的君主赫连勃勃在延安北部建立了大夏国（地图，统万城闪烁），他驱使老百姓用糯米搅拌黄土蒸熟，修建三丈多厚的城墙，命名统万城，以图统治万方。修成后用铁锥刺土，刺进一寸便杀筑城者，刺不进去又杀刺土者，"视民为草芥"。城墙坚硬到能够磨砺刀斧，结果不到十年便亡了国。统万城在历史的风烟中成了残垣断壁。古人评论说："蕞尔小国，用民如此，虽欲不亡，其可得乎？"（字幕：《魏书·卷九五》叠印地图。米脂闪烁）而那个在近三百年的统治中腐败到骨子里的明王朝，正是被在陕北米脂揭竿而起的李自成农民起义军扫荡出历史舞台，崇祯皇帝孤魂一缕游荡在景山之上。

马克思饶有深意地谈过"林肯的幽默"，正当美国各边界州的奴隶主深信不疑，他们这位同乡当选总统将会使自己的利益得到保护时，林肯却遽尔背叛了他们，选择了人民，发表了废除奴隶制度的《人权宣言》。马克思指出，这种"行动的幽默"，使林肯"这位善良的常人担负起需要英雄豪杰才能担负的任务，人民因而将他送上了历史的最高位置"。

（延安中央大礼堂；仰拍的高高的石柱）

每个人心中都有自己的上帝，尼采在19世纪末说"上帝死了"，说的上帝其实是他自己。

半个世纪之后，毛泽东在延安宣布，上帝没有死，上帝就是人民！他在延安中央大礼堂党的第七次代表大会上庄严号召全党用"愚公移山"的精神挖掉压在中国人民头上的封建主义和帝国主义两座大山。他说："我们一定要坚持下去，一定要不断地工作，我们也会感动上帝的。这个上帝不是别人，就是全中国的人民大众。"人民是共产党人的上帝，是共产党人心中的太阳。中国共产党全部理论宗旨和实践活动，都以人民的利益为出发点和归宿。毛泽东从青年时代起，便像夸父那样追求着他心中的太阳，纵贯疾行了大半个中国，来到陕北黄土地的怀抱中。

这时候是 1945 年的 6 月，抗日战争胜利在即。把日本帝国主义认作上帝的汪精卫已如丧家之犬。而毛泽东和蒋介石，一个在共产党领导的民族战争取得胜利的时刻，一如既往地重申我们的人民观，重申我们依靠人民上帝去取得胜利的决心；一个则更公开地以美国人为靠山。他们俩，对中国之命运，用武器和主义争论了几十年，最后的答案已经显而易见。

一个夏日的雨后，斜阳将杨家岭的炊烟照成了彩虹。就在这棵苹果树下的石桌旁，毛泽东由陆定一做翻译，和美国记者路易斯·斯特朗谈到了蒋介石先生。他说："你可以说，如果蒋拥护人民的利益，他就是一只铁老虎。如果他抛弃人民并向他们发动战争，他就是纸老虎。"他朝雨后的天空一扬手，用英文重复了一句"纸老虎"，"雨水会把它冲掉"。毛泽东似乎在给蒋家王朝暗示一条生路，尽管知道他们不可能采纳。当时毛泽东七岁的小女儿李讷穿着陕北娃娃的花布衣服爬上他的膝盖，要亲爸爸。她已经和战士一道吃大灶，用小嘴吃力地咀嚼着陕北的小米和黑豆。她不知道自己已经是父亲一个伟大思想的实践者了。

相隔十年，毛泽东和蒋介石先后来到延安。八十二岁的李启唐老人说（同期声）："1937 年 1 月 13 号，红军进延安城时，从八九里路外的杨家岭起，就挤满了欢迎的人。锣鼓、唢呐，可红火哩。毛主席、朱老总一边走，一边和大家说笑。农民代表马生有牵来一匹披红挂彩的大骡子请主席骑，他笑着不骑。记得是穿一身棉军衣，一顶八角红星帽，右袖肘上有一块补疤。最早，就住在凤凰山下我家窑洞里……"

李世杰老人说（同期声）："1947年8月5号上午，蒋介石坐'美龄号'专机来延安，还有四架战斗机护卫。街上戒严，清水洒街，黄土垫地。我们扒在门缝里偷看着……"胡宗南为蒋介石的到来，购置了全新的生活设施：美国造的"皇后"牌澡盆，"万年牌"红木马桶，"睡美人"牌席梦思。日本茶具、中西餐具，各种山珍海味和专用厨师由飞机送到延安。

这是延安时期边区文协的办公室，在这个窑洞和其他单位的墙上，当时是将毛泽东、朱德的肖像和工农劳动模范赵占奎、吴满有等人的肖像并列悬挂的。蒋军进驻延安后，却拿着这些劳动者的画像去追捕他们。

（插曲——

山前的云彩山后的雾，

各人走的各人路。

谁人要把百姓害。

平地上倒把腿闪坏！）

对待人民截然不同的态度，在根本上决定了国共两党在现代中国截然不同的命运。蒋介石在一两年里，以罕见的速度完成了由铁老虎向纸老虎的转化。中国大陆仿佛在一夜间变了颜色。他所依靠的巨额美元没能挽救濒危的命运，却如数转赠给了共产党，武装起了一支强大的中国人民解放军。

1949年4月16日，蒋介石拒绝了《国内和平协定》，人民解放军百万雄师准备启碇渡江。同一天，美国人让宋美龄当选为"世界十大美人"。据《纽约时报》这一天电讯称，"蒋夫人之鼻列为世界最美！"这无异是祭奠一个王朝覆灭的美丽的花圈。

蒋介石开始酗酒，变得孤独起来。10月初，当五星红旗在京华的蓝天下婆娑，他在台湾海峡一叶孤舟"华联号"上漂泊，月下独酌，度过了众叛亲离的中秋节。这个被四万万炎黄子孙遗弃的人，四次前往舟山普陀寺焚香拜佛。

（天安门城楼；各地庆贺的群众；延安庆贺的群众；山野小村中庆贺的群众）人民共和国的成立对于中国共产党人来说完全是人民革命的成果，是人民的胜利。毛泽东以领袖的庄严向世界宣告（同期声）："中华人民共和国中央人民政府成立了！""中国人民从此站立起来了！"面对着群众的欢呼，又以人民的激情酬唱（同期声）：

"人民万岁！"

………（陕北黄土地的回音；黄河、黄陵、宝塔的回声；嘉岭山明代古钟的回声）

谁能想到，毛泽东在开国大典上穿的这套黄色的呢料中山服，竟是用美军的将校呢做的呢？谁又能想到，在赶制这套新装之前，这位大国的领袖竟没有一套礼服呢？

他们都是非常普通的平凡的人，无论是领袖还是干部，无论是将军还是士兵，都是穿上了制服和军装的老百姓。他们在朴质中找到尊严，在平易中显出超群。

一代元戎的朱德，多少人描绘过他那农民般的质朴，又有多少人被他那记述自己清贫母亲的文章所感动（朱德《我的母亲》）。

另一位战功赫赫的彭德怀在蒙受不白之冤后坦然要求自食其力，去挂甲屯种地，当普通劳动者，他希望死后不要打扰任何人，将骨灰埋葬在家乡的土地中，上面栽一棵小小的苹果树。

马海德，一位印度血统的中国共产党党员，1937年到延安，从此将整个生命献给了中国的革命和建设，献给了这片土地。他在告别人生的时候，要自己的中国妻子将他的骨灰撒进延河水，化为齑粉，化为微尘，也要融化进黄土地中。

延河，黄土上一线长长的泪，北中国历史一个长长的感叹。到了20世纪30年代末，它像一条有力的臂膀，挑起了陕甘宁边区的红灯笼。

延安窑洞的门洞开着，心和心方便、敞亮地出入。九龙壁的龙是冷峻的，宫廷的石狮是威严的，延安人喜欢自己的狮子滚绣球和龙灯。他们每年跳着秧歌去给党中央、毛主席拜年。在幸福渠边的这些窑洞里和领袖拉家常、谈年景、吃南瓜饭。

新中国成立后，毛泽东的老朋友、劳动模范杨步浩三次去北京看望他。1952年的初冬，他背着小米、红枣，没带任何证件，拿着一张当年和毛泽东的合影，走州过县，串亲戚一样进了中南海的红墙。毛泽东见到他像孩子那样高兴，连道"大稀客，大稀客"，辞掉了一个宴会，说"我们两个老乡要好好拉一拉"。长谈之后，派干部陪他在北京游览，来到了天坛。一个土里刨食的农民登上了历代皇帝祭天的地方，杨步浩没有慨叹天穹的博大，只对着回音壁悄悄地问那位同行的北京干部：

"我是延安来的，你能听见我的声音吗？"

"能听见，听得可清楚！"

（鼓声。从地平线下伸出朝天的唢呐和全力以赴拉犁的牛）

赶　　考

（由缥缈的天际蜿蜒而来的黄河；由茶色到彩色的黄河；由月色下到阳光下的黄河；由平静到奔腾的黄河；逐格播放的变幻的波涛交叠着船工古铜色的肌肤；涛声，号子声，木船起碇声，冰的炸裂声）

黄河啊，你从女娲补天的那个缺口流淌下来，漂浮着一部漫长的二十四史，书写着我们民族命运的曲曲折折。你从雪山直泻千里奔腾而下，到了黄土地上，却迟迟不愿远去，绕着陕甘宁边区流成一个大弯，像母亲那样伸开胳膊温柔地护住就要临产的新中国。你以奔腾不息的古铜的汁液铸造了中国人古铜的脊梁，我们便有了一次又一次力的激活。黄河，中国人的无字歌，中国人的根脉。

（推出片名：《赶考》）

1948年2月23日，转战陕北的中共中央前敌委员会机关来到吴堡川口。取得全国胜利的毛泽东和他的战友们就要离开待了十三年的陕北，由这里东渡黄河，去河北平山西柏坡了。

毛泽东上了船，久久凝望着西岸的群山和欢送的人群，要拍张照片。

（插曲——

  树梢树枝树根根，

  亲山亲水有亲人）

"咔嚓"一声，这位农民的儿子，土地的儿子，便永远定格于黄土地中，显影于黄河浪里。他说："陕北这个地方好，这儿的人民好，这是很有意义的纪念。"

船到中流，黄河开始骚动了，刚刚解冻的冰层像早春的雷声轰鸣着。这是在漫长冬季里孕集起来的春的生命。冰块的挤压，浪涛的拨弄，一次次使小小的木船落到波谷的深处，陕北的船工又一次次用高亢的号子将船召唤到浪尖上，一往无前地疾行。

毛泽东的诗情被激发了，他突然挑战似的提议："你们谁和我游过黄河去？"警卫战士全力劝阻他。相持良久，毛泽东叹了一口气，像是自言自语："藐视谁都可以，但不能藐视黄河。藐视黄河，就是藐视我们这个民族！"此时船过中流，河面波光粼粼，毛泽东仰天长吟："君不见，黄河之水天上来……"此后他游遍大河名湖，却终生不再提游渡黄河的事。这是一代伟人对民族魂脉的崇敬，对母亲之河的珍重。

一年之后，又到了春动草萌芽的季节，人民革命战争取得了决定性的胜利，毛泽东和中共中央又要离开河北平山西柏坡，进京建都立国了。一只脚踏上吉普车，他扭头对周恩来说："进京赶考去！"毛泽东向京城方向凝视着，自信地笑道："我们决不当李自成，我们会考个好成绩。"

说来也巧，东渡黄河的吴堡川，离明末农民起义领袖李自成的家乡米脂不足一百公里，在古代和现代，都划进过一个大县。而进京赶考的平山西柏坡，北面紧邻着太行山，西南不远便是王屋山，方圆几百里内竟是传说中那位感动了上天的移山老愚公的故里，也是被旧制度折磨得人不人鬼不鬼的白毛女的家乡。三百年前，李自成的起义军也是在这样一个早春天气，由西柏坡南面的娘子关和西面的忻州两路夹击，于3月19日攻进北京，建立大顺王朝。但只待了四十一天，便不得不撤出京城，原路返退陕西。一年多后，这幕悲壮的历史短剧落下了帷幕。这是一场以失败告终的考试。

时光不会倒流，但历史在三百年后又回到了太行山脚下这个相同的空间。西柏坡村后阅尽人间沧桑的群山峻岭，无数已经由鬼变成了人的白毛女和等待着翻身的杨白劳，似乎都在注视着这支由共产党人组成的进京大军——他们将怎样经受一场新的考验？

17世纪的世界，在东方和西方分别爆发了李自成领导的农民起义和克伦威尔领导的资产阶级革命。中国的起义，规模与声势远胜于英国，结局却相反：李自成失败了，满洲的入关导致了中国封建制度内部由明到清的朝代更替；克伦威尔胜利了，不仅实现了改朝换代，而且在英伦三岛建立起了崭新的资产阶级社会制度。这当然与中英两国当时社会矛盾的性质和新经济因素的发展程度有关。中国的农民在当时还不可能从政治制度上否定封建政权。他们反贪官、反皇帝，却没有也不可能想到要反对封建政治结构和封建经济基础，他们只能按照刚刚被自己推翻了的那个封建统治的权力模式来建立自己的政权，而没有给历史进程提供新的政治经济形态。这就像马克思指出的，实际上导致了旧秩序某种程度的恢复。除了历史的局限而外，李自成的失败还有自身的原因。

1944年，中国共产党开展了整风运动。4月初的一天，延安枣园的这孔窑洞彻夜亮着灯光。繁忙的毛泽东通宵不眠，读完了郭沫若在《新华日报》

连载四天的长文《甲申三百年祭》。他在朝霞中将报纸递给秘书,说:"告诉每一个共产党员,要当作整风文件学习。"

《甲申三百年祭》在总结李自成由胜利转向失败的历史教训时认为,这主要是:"沉沦进了过分的陶醉里",而骄傲自满;"失掉了平常的秩序",不能保持优良作风;"屠戮功臣",导致领导核心解体。这触怒了国民党,重庆《中央日报》认为影射了当局而大加挞伐,共产党人却从中受到了将革命进行到底的启示,延安《解放日报》全文转载,中共中央宣传部和八路军总政治部向全党全军印发。毛泽东在接着召开的总结党的历史的高级干部会上发表的《学习与时局》的讲话中指出:"近日我们印了郭沫若论李自成的文章,也是叫同志们引以为鉴戒,不要重犯胜利时骄傲的错误。"

(西柏坡。《开国大典》中剪辑各路领袖聚集于此的群像)中国共产党进京前最后一次中央全会——七届二中全会,选择了这个只有七八十户人家的小山村召开,意味深长。毛泽东面对着这些感动了上天的愚公们,面对着这些从喜儿的村庄和大春的部队走来马上要去领导一个新的东方大国的中央委员们,说了些什么呢?

(电波声中,一字一字打出字幕)

他说:"因为胜利,党内的骄傲情绪,以功臣自居的情绪,停顿起来不求进步的情绪,贪图享乐不愿再过艰苦生活的情绪,可能生长。因为胜利,人民感谢我们,资产阶级也会出来捧场。敌人的武力是不能征服我们的,这点已经得到证明了,资产阶级的捧场则可能征服我们队伍中的意志薄弱者。可能有这样一些共产党人,他们不曾被拿枪的敌人征服过的,他们在这些敌人面前不愧英雄的称号;但是经不起用糖衣裹着的炮弹的攻击,他们在糖弹面前要打败仗。我们必须预防这种情况。"

话说得诚恳而直接,透露出一种急切和忧虑。其言锐重,其心良苦。在告诫和自己一道从征战中走过来的战友们时,他连用两个"务必"加重语气,以表达自己的心情："务必使同志们继续地保持谦虚、谨慎、不骄、不躁的作风，务必使同志们继续地保持艰苦奋斗的作风。"

延安作为一个历史时期，即将过去；延安作为一种精神凝聚，方兴未艾。已经取得的胜利只是一个序幕，距离高潮还有遥远的路。在共产党人的长征中，"窑洞"和"红墙"，仅仅是两个驿站。

生于忧患，死于安乐。忧患是远行者的心曲，是深虑者的苦吟。只有社会主义能够救中国，只有共产主义能够使人民得到最后的解放。为天下忧，为人民忧，使共产党人和一切历史上的革命者区别开来，具有了旷古未有的目光和襟怀。

新中国开国大典之后，毛泽东从天安门城楼回到中南海，秘书送来一叠国内外的贺电。他看了一遍，满意地点起一支烟。很快想起了什么，又在这叠贺电中寻找，怎么没有延安来的贺电？他要秘书去找，还是没有。他掐灭了烟，有些失落。

（插曲——

人想家园马想草，

走遍天下忘不了）

延安人对新国家的态度，在毛泽东心中至关重要。在他看来，来自这块养育了革命的土地的祝贺，最具有实质性意义。他焦虑地期待着。

也许是电路的延误，二十多天后，陕北工会、妇联、青年团给中国人民政治协商会议的贺电，延安各界人民庆祝中央人民政府成立大会的贺电才改经邮路到达北京。两封迟到的贺函立即送到毛泽东的案头。他放下手中的工作，逐字逐句地读。

（边区生活剪辑；妇女剪窗花；民歌：《蓝格莹莹的天》《解放区的天》；延安群众集会）贺函说："陕北人民十几年以来在毛主席亲自领导下和日本鬼子、与蒋胡匪帮的斗争中，战胜了一切困难，发展生产，丰衣足食，过着民主自由的生活，深深体验到新民主主义政权下人民生活的愉快和幸福。"这是延安人民对过去十三年考卷的评定。

贺函说，新成立的中央人民政府是"中国有史以来第一个真正的人民政府"。这是人民对眼下发生的历史事件的评断。

贺函说，作为新中国的主人，"我们的努力和其他兄弟解放区一样，没有一分钟松劲"。这是人民对新时代、新生活的热忱态度。

毛泽东感到从未有过的充盈和实在，即刻挥毫作复，习惯地写了"陕甘宁边区"几个字，略加思忖，又重新写下了我们现在看到的这个开头："延安同志和陕甘宁边区的同胞们"，他打破了地区的管辖序列，特意把"延安同志"提到前面——

> 接到你们的贺函使我十分愉快和感谢。延安和陕甘宁边区，从1936年至1948年，曾经是中共中央所在地，曾经是中国人民解放斗争的总后方。延安和陕甘宁边区的人民对于全国人民是有伟大贡献的。我庆祝延安和陕甘宁边区的人民继续团结一致，迅速恢复战争的创伤，发展经济和文化建设。

划上这个句号，毛泽东搁下笔。似乎言犹未尽，停了一会，又提起笔写下几行苍劲的大字：

> 我并且希望，全国一切革命工作人员永远保持过去十余年间在延安和陕甘宁边区的工作人员中所具有的艰苦奋斗的作风。

毛泽东　一九四九年十月二十六日

复电立即发出。新中国的领袖在复电中向全体革命工作人员提出了永远保持延安精神的问题。共产党人在新中国成立第二十五天，刻不容缓、迫在眉睫地向延安发出的这份复电，和李自成进京四十一天败退陕西，是两份多么不同的历史答卷！

一个多月后，延安又收到了毛泽东的亲笔题词："发扬革命传统，争取更大光荣。"井冈山也收到内容相同的题词。对发扬革命传统精神以防止骄傲、变质的思考，凝结为简明的口号在全党全民全国传播。

至于毛泽东和他们的战友们，在新中国成立初期乃至以后的年月里，则是带着一种血缘般的感情，保持着延安时期那种清纯的作风和昂扬的精神。(《延安精神报》有关报道)大将许光达1955年三次给毛泽东写信，要求将自己的级别待遇降低。中央军委最后接受了这位老共产党员的请求。最高人民检察院检察长张鼎丞60年代和70年代两次辞官，将高位让给年富力强的同志。(王树声的平房)大将王树声在新中国成立后甘居陋室，在狭小的平房里终其天年。领导人和群众同甘共苦的事例时有所闻，广为流传。

(毛泽东与警卫员的照片及信件)毛泽东对身边的警卫员很有感情，有人要调走了，互相拉住手流泪。但毛泽东的临别赠言却掷地有声："我们朝夕相处感情很深，可是你们如果腐化了，就不要怪我翻脸不认你们。"或许有人感到老一辈革命者对传统作风的坚持过于偏执，但我们正是从这种近乎偏执的坚持中，感到了他们对失去传统精神的戒备和担忧。

(插曲——

酒毁好汉水毁路，

谁若忘本要摔下沟！)

让我们将话题再拉回黄河，拉回黄河西岸的那片土地。生长在那遥远的山褶和河川中的塞上柳。像千千万万大地母亲伸出的手，召唤着千千万万已经离开延安的革命者，牵动着他们的心，撩拨着他们情怀中最敏感的那根弦。

1962年，毛泽东的机要秘书高智要调回西安工作了。这是一位跟随他转战陕北、东渡黄河的老战士。送别时，毛泽东请他帮个忙：想骑着马沿黄河走一趟，回一次陕北。他让高智打前站，像战争时期那样，先走一步为他号房子。高智回省后认真对沿途情况作了调查、记录，三年以后去京向毛泽东

——汇报。毛泽东凝神地听着，又详细地询问，不无惆怅地说："……脱不开身啊，一直不能如愿。我对陕北是有感情的。我还是要回去看看，吃陕北的小米，沿黄河走一趟，走一趟……"

他终于没有能够再回到延河岸边。

（今天延安的山、水、花木、村落、街市和拥挤活跃的人群）

（插曲——

  山在水在红旗在，

  年年花开满世界）

一个又一个春天在这片土地上降临，一茬又一茬庄稼在这片土地上收获。杨家岭、王家坪、枣园疏林中的桃花一年比一年繁茂，嘉岭山、清凉山、凤凰山怀抱中的新生活一年比一年红盛。

只有延河还在静静地流着，宝塔山还在默默地立着。那水从千沟万壑中滴滴地聚流，那塔由无边无际的土地上拥立。昔日闹红的人至今还在宝塔山植树；昔日长征的人至今还在南泥湾插秧；昔日的八路至今还在山峁上放羊；昔日边区的英模和干部自动集结起来，义务维护延安的革命遗址。他们一下一下地扫，一步一步地走（黄土上的扫帚花纹和脚印）；他们在维护一个常青的信念，一个不褪色的时代。（字幕打出老红军、老八路、老干部的姓名、职务。他们前仆后继，像时光在衔接，在伸延，在旋转，在叠印，最后幻化为土地）

人民创造着一代一代的生活，又一代一代用自己的血汗躯体肥沃着这片土地。他们像时光那样流逝在冥冥的历史长河中，却又沉积、熔铸为实实在在的大地。

1991 年春，西安、延安

陕人文化心态的切实议论

——读《话说陕西人》

《陕西日报》副刊近几年来设立了不少反映时代生活和现实问题的栏目，如描绘改革开放和科技、农业第一线的报告文学征文、散文征文和杂文征文，在以优秀的作品鼓舞人、弘扬主旋律方面，做了很多有成效的努力。这次《陕西日报·秦岭》副刊主办的"话说陕西人"杂文随笔征文，和上次《西安晚报·曲江》副刊主办的"外向型城市·西安人"征文一样，又引起了各阶层读者广泛的关注和参与。从报面走上了社会，走进了街头和村道，成为一段时期的热门话题，也引起了省上领导的重视。

我虽然是江南人，但在三秦这块土地上生活工作了三十五六年，在自我意识和自我感觉中，早已以不折不扣的老陕自居。说真的，对陕西的关切，对陕西人群体心理和三秦文化的关切，对这块土地兴衰荣辱的关切，那是远胜于对老家的。以此故，我几乎悉心地阅读了征文中的每一篇文章。读后有四点感觉：

一是这次征文浓郁的文化感和较高的文化层次。"话说陕西人"的文章，大都从陕西文化和社会心理的角度来谈陕西的振兴，有的文章虽然从饮食、语言等民情风俗入手，最后也都归结到陕人的文化心理上来展开论述，几乎篇篇弥散着一种文化气味。其中有不少文章都能从思辨理性的高度对所论现象作分析，有深度、有角度、有新看法。我想，这不但对文化工作者、理论工作者思考振兴陕西会有启发，恐怕对从事实际工作的同志也会起到转移视点、开阔思路、启动决策的积极作用。

我们常说陕西是科技大省、教育大省、文化大省，在说"科技兴陕"的同时，有时也说"文化兴陕"，只是常常将"文化兴陕"理解为发展陕西的文化文物事业和繁荣文艺创作，宣传陕西，提高陕西的知名度和地域自信心；或者理解为搞文化搭台、经济唱戏，以文引资，扩大改革开放，壮大陕西经济。

这当然对。其实，以文化促进陕西的振兴，更深的层次，在于理清陕西社区文化心理的优长和短处，扬长补短，清除积垢，用新时代的文化精神、文化人格、价值坐标、思维方式来推动陕西文化精神和社会心理的改造、更新、进步。以文化铸人、铸魂、铸思、铸能，这才是文化对于社会发展最根本的功能。

这次"话说陕西人"征文，在一些方面触及振兴陕西、重塑陕人的深层次问题，可以说是很好的起步。

二是这次征文在论及陕西振兴和三秦文化人格时的大众性和平民感。稿件的作者大都是普通的作者、读者，他们处在经济生活、文化生活的第一线，从各自不同的社会角色出发来"话说陕西人"，使整个征文显示出一种鲜活的气息、老百姓的气息。文章有的从宏观着眼，条分缕析；有的见微知著，由象入理，大小角度穿插。大处落笔的文章反映了群众作者的社会主义意识和积极参与意识。小处落笔的文章则是群众作者从自己所见所闻出发伸延出一些很有分量的见解和建议，由于从群众生活的实际出发，便常有新角度、新思路。《老陕精神与老陕心理》和《说不透的陕西人》，或正或奇，对陕人文化心理和三秦文化传统中的矛盾和张力都做了很有特点的分析。大众性不但使报面的讨论热气腾腾，也使社会上的讨论热烈盎然。

三是"话说陕西人"征文文章没有不着边际的大话、套话、空论、玄论，说优说劣，道好道坏，都切切实实。尤其可贵的是，许多文章对老陕文化心理上的弱点，说得毫无保留，痛快淋漓，却又能从字里行间感受到那种乡党对乡党"怒其不争""恨铁不成钢"的拳拳之心。切实地说长处，是总结，是激励，可以增强信心，高扬长处；切实地说短处，是鞭策，也是激励，明确短处，知耻而后勇，便有了新的动力。在眼下传媒评论说好之风日甚一日的时候，这次征文能对大的社会问题、文化心理现象持实事求是的态度，很是难得。它也从一个角度证明，正确地、有分析地、切中要害地批评，甚至"鞭笞"，常常是社会进步、文化进步的动力之一。

四是开了报纸文艺副刊配合正刊宣传中心、促进社会经济发展的新思路。党报（也包括其他综合社会报刊）的文艺副刊要配合正刊宣传、配合党的中心工作，这一贯是明确的。通过文艺形式、文艺手段间接配合，在多年的实践中已经有了一套成熟的经验和自如的做法，但像这次征文这样，直接介入社会问题的讨论，对焦点现象发言，以前在副刊上似乎少见。征文在社会上引起的强烈反响和在新闻文艺界圈内赢得的认可，反证了这种新尝试的成功。它为今后报纸文艺副刊走出专业和业余文艺圈，走出爱好文艺的读者圈，更广更深地进入社会舆论提了一个思路，也触发着其他新思路的诞生。

我想，陕报文艺部在总结这次成功尝试的基础上，还会推出新的动作。

1996年3月6日，西安谷斋

朱鹮和世界的文化对话

　　文艺永远怀有深刻的传播欲望。艺术家在自己作品的传播中，先是和读者观众作命运和情绪的对话，随着传播面的扩大，接着就要求和不同时空、不同梯级的社区对话，和整个社会对话。对话范围的扩大一步步诱发着扩大对话范围的欲求，最后是，艺术家将和世界对话作为自己最终追求和最高境界。从传播角度看，和世界对话是一种极致。

　　文化和文艺，一直是陕西和世界对话的重要通道。这种对话，有民族文化层的，有意识形态层的，也有人文心理层的。前者如丝绸之路沟通文化对话（这种对话结出了沉甸甸的经济果实）；中者如世界对红星照耀下的中国——陕甘宁边区的关注（这种关注焦点，主要是马克思主义这种意识形态在中国的成功实践，也包括革命文艺的成功实践）；后者如我省现代一些较为深刻的文艺作品，像《创业史》《秋菊打官司》《白鹿原》所再现的中国近现代社会的文化心理和人文品格，及其辐射的中华民族的文化底色、致思方式和种种心灵密码以及民族秘史。这些作品使世界从一个较深层次上解读了我们的国家和民族，也使我们的民族文化以审美的形态进入了世界文化的总格局。

　　最近在国际上获大奖的电视纪录片《最后栖息地的朱鹮》，又为我们提供了一种和世界对话的方式，姑且称之为人类生存层的对话。这部电视片呈示的是中国人如何保护朱鹮，创造各种生存条件，使濒临灭绝的朱鹮在陕西洋县最后一块栖息地拥有了它们生存与繁衍的乐园。其实表现的是人类如何保护自身，如何在善待环境中善待自己，在改变自然生存环境中改善人类的生存环境。人与鸟，作为生命，其实共居于一个生态环境之中，共处于一个生物圈和食物链之中。鸟类的生态环境遭到破坏之日，也正是人类的生存环境遭到破坏之时。人类的过分密集和生活的高速发展造成的植被减少、资源破坏和各种污染，不只威胁着朱鹮，首先威胁着人类。朱鹮只剩下了最后的栖息地，人类的栖息地也在急剧减少。而当人类终于着手将它们仅有的一方栖息地改造为它们第一方生存乐园时，朱鹮也就成为人类生存乐园报春的吉祥鸟。——电视片编导就这样以一种人类的眼光，抓住并开掘出一个世界性话题。这部电视片由是成了人类的共语。

《最后栖息地的朱鹮》还包含着堪可贡献给世界的中国文化珍宝，这便是全片所着意营造的人与自然亲和共处的氛围，这种氛围传达着中国文化的天人合一观念。那些拍得美极了的人鸟恬静蔼然携手于生命之途的画面，无疑对现代生活的繁杂、焦灼是一种反拨和平衡。它隐隐地告诉你，优秀的中国传统文化和生存观念，是多么有益于人类的一种生存哲学。电视片也在意识形态层向世界宣告：社会主义中国在改善人类政治、经济、文化环境的同时，也成功地改善着人的生态环境。这里，在人类生存层的对话中，又鸣响着民族文化层和意识形态层和世界的交流。

表现这样一种和世界共语式的题材，编导者恰当地采用了目击性的纪实手法。全片几乎没有倾向性评价和大篇幅的煽情语言，只是用朴实无华的日记体，对朱鹮命运的转机作状态性呈示。一切无须多言，世界皆能接受。丰富的语言在不言之中。

朱鹮便这样从秦岭深处飞向世界。

1995年春，西安

税的文化断想

一

人的每一个行为，都有它的事件性动因和实践性效果，也都有它的心理动因、感情内涵和精神底蕴，而作为心理、感情和精神大背景的，则是文化。人的每个具体行为、每个具体思想，都可以直接或间接地在文化背景上找到它的蛛丝马迹。税收也不例外。

纳税、收税和用税，归根到底是经由具体人来进行的。纳税意识、与纳税意识相关的纳税态度，乃至整个纳税行为方式以及隐藏在这种行为方式后面的心理活动，等等，都是一种文化景观。纳税观作为一种观念，是社会观、经济观的一部分，也常常构成纳税人、收税人、用税人人生观、社会观、文化观的一部分。

文化不是个体人的生存现象。文化是整个社会或某一社区共有的生活实践和精神认同。税收正带有这种共有性和认同感。这个世界自有社会管理以来，特别是自有国家以来，税收和准税收就是一种覆盖社会和贯穿历史的现象。谁也逃脱不了它。不论自愿还是被迫，你都浸渍在税收文化氛围之中。你乐意或不乐意，正好便构成了这一文化景观中的一个镜头。

二

"修身、齐家、治国、平天下"，是中国文化把个人、家庭、国家、世界紧紧联结在一起的精神纽带。中国文化认为，个人的修身与国家的治理，是一种逐级放大的同构和全息，是一种逐级深化的延展。这既反映了中华文化"家国同构""天人合一"的特色，也是凝聚民族和稳定社会的一个重要砝码。

税收，则可以视为把个人、家庭、社会、国家紧紧联结在一起的经济纽带。个人、家庭所得，小单位、小社区所得，不只用于养活自身、发展自身，也以纳税的方式，用于发展社会、建设国家，最终又反过来为自身的发展营造了富足而文明的公共环境。税收便这样将个人与社会、家庭与国家联在一起，构成一种有难同当、有福共享的利益共同体。这条由税收建立起来的经济纽带，成为"修、齐、治、平"精神纽带的行为实践，构成精神纽带的经济基础。

这还只是从经济层面上来说。从精神层面上看，税收将纳税人、收税人、用税人带进了一个更阔大的人生格局和精神空间。人不再只是为自己创造财富，同时也为群体、为社区、为整个社会创造财富。人天然具有的群体精神、归属认同意识，在这里得到了实现。这是物质的实现，也是人生价值的实现，道义、责任和荣誉的实现，一句话，精神的实现。纳税使人有了社会的共鸣腔，人生因此而恢宏、高尚。

家乡、民族和祖国，是我们每个人的母亲，纳税是儿女在对母亲尽孝。亿万人用税金报答母亲、赡养母亲，母亲又用儿女的供奉，把大家庭的各项公用设施和基础性的、长远的事业建设得更好，让儿女们享用，并且调剂余缺，"老吾老以及人之老，幼吾幼以及人之幼"，让所有的兄弟姐妹都能过一种较有保障的生活，母爱得以普济天下。这母爱中融蕴了儿女的爱，也有兄弟之情。爱国主义、集体主义、原本意义上的社会主义精神，与民族优秀传统，融为一体。

三

纳税不只是法律规定的责任，更重要的是公民自觉的奉献。无论被动还是主动，纳税作为一个过程，培育着我为人人、人人为我的品德，也使你感受着我为人人、人人为我的幸福。纳税使金钱和物质转化为一种文化陶冶和文化享受。

一般来说，纳税是衡量社会贡献的重要标尺，是经济贡献的标尺，也是奉献精神的标尺，也就是说，是文明水平的标尺。过去我们评选劳模和先进，偏重于精神品格的单维坐标，其实，对社会财富贡献的多少、纳税的多少，也是一个标尺。纳税大户，经济上贡献大，也表明他劳动成果多，生产效率高，管理水平好，是名副其实的"劳模"，还是他奉献精神、爱国品格的闪光，是名副其实的"先进"。外国有评"纳税英雄"的，荣誉很高，恐怕是意识到了这个称号经济、文化双重含金量的缘故吧。

纳税诱发纳税人一种强烈的关切，关切那含有你血汗钱的事业。税款在缴纳的那一刻起，就转化为一种文化自觉：这个社会、这个国家，从此有我的一份。政府的钱，由"人家的钱"转化为"自己的钱"，这种转化不是别的，正是主人翁意识的萌生。你会关心"自己的钱"怎么个花法，花得妥当不妥当，经济不经济。于是，政府的事情便变成了自己的事情，爱国和爱家合而为一。对社会的管理和建设，便有了参与的责任，监督的责任和同甘共苦的责任。

老百姓因为纳税，增加了主体意识，而且利益主体会迅速转化为政治主体、精神主体，构成一个国家民主制度的群众基础。人民代表，在相当程度上可以读为纳税人代表。他们代表纳税人行使立法权、监督权，并委托收税人和用税人（他们同时也是个体纳税人）实施社会的管理、建设，透过税收的聚光镜，我们看清了：纳税人是主人，收税人和用税人是公仆、公务员。

经由税收的渠道，道德文化就这样转化为经济文化，并上升为政治文化，凝固为现代民主政治制度。民主意识和民主制度又反过来将社会提升到新的道德境界——那种讲科学、讲廉洁、讲效率的境界。

四

收税人和用税人具有公仆精神是至关重要的,它不但体现了个人和行业的文明形象,而且体现了国家管理的文明程度。

但这还不够。勤政廉政、爱国爱民不能保证你避免目光的短浅,使用税收需要有深刻的人文精神。这便是从社会,甚至从人类可持续发展的战略高度,在社会管理与建设的投资上,体现一种长远、宏大的胸怀,一种对人的"终极关怀"。终极关怀就是文化关怀,这种关怀是以人为中心的战略布设,是以人类长远的全局的发展为总坐标,来规划眼前的一切。这就可能最大限度地避免走死胡同,避免走弯路、回头路、重复路。这已经不是一种技术性工作,而是一种艺术化境界。在这种情况下,纳税人的钱才能花得最科学、最经济、最有效益,也最智慧、最艺术。

这种理想境界,正在地平线上出现。

1991 年秋

都市需要精神营养

——宋馨登门访谈都市文化

如今，可谓都市问题大爆炸：

拥挤的车辆，

拥挤的人群，

拥挤的楼房院落，

拥挤的心理环境……

在大城市的硬件建设和纷繁的人际关系中间，怎样理出个头绪？

这无疑是我们《城市博览》杂志关注的课题。也正是这种责任感促使我们来到了陕西省文联副主席、突出贡献专家——肖云儒先生的面前。

谁知，肖老这里更拥挤。

一间不大的办公室里来人川流不息，他几出几进，居然找不到一个谈话的地方。无奈，只好把我们让到了外人本不该进入的机要室。我们唯恐他人打扰，也就立即进入了"角色"。

宋：肖老师，我们想请您谈谈对于都市意识和都市文化的看法，谈谈都市人际关系的现状和问题。

肖：好！我很乐意与《城市博览》的读者共同探讨这些问题。

关于都市意识，我有这么一些想法：第一个特点是它的交流性。市，本身就是交易，就是市场的意思，既表现为物质的交易，也表现为思想感情之间的交流。物质与文化的关系，马克思有句话：任何商品的输入，同时就是观念的输入。比方说马车时代，英国皇宫贵族的马车精雕细刻，传遍了欧洲，那是一种商品的输出。而在商品输出的同时，也就带着审美观念，甚至政治意识的影响。城市文化的交流性，决定了市场经济中间的很多意识需要我们研究，比如公平意识、选择意识、风险意识，等等。这种交流性又使人的思维由圈式思维、线性思维变成了散发式思维或者球状思维。

市场是无祖国的，这是马克思讲的。在市场没有地域限制的情况下，整体意识十分重要。例如一件衣服，不管你是社会主义还是资本主义，只要好看，人们都会喜欢它。再比如搞股票，不仅要考虑中东局势，还要考虑美国总统竞选……因为世界任何一个地方不均衡，都会影响股市的起落。站在宏观的方面来考虑局部，这实际是人类思维的很大提高。

都市意识第二个重要的特点是它的多维性，也就是多元性。

城市和农村不一样，它的文化是杂交的，它不由单祖遗传，也不是一脉相承。大城市更是如此。

城市意识的形成，首先表现为一种动态杂交过程。比如"海派"就是封建的、半殖民地的、西方现代、东方传统的多种文化组成的大上海文化，这是一个动态的过程，因而，现代城市文化在形成之后，一般处于一种静态的杂化状态。国际城市中表现最突出的是纽约、巴黎。纽约街头，可以看到各国、各民族的服装，可以看到各国、各民族的建筑，可以听到各国、各民族的语言，一切都很自然。一方面自成格局，有唐人街等；另一方面又像拼盘一样，组成了一个现代都市大文化。

都市都有这个特点，我国的上海也同样。旧上海有南迁的人：北京的皇眷贵族，在上海买所洋式花园，梳着辫子，挂着红灯，娶着三房四妾，过着寓公生活。江苏、山东一带的大地主，也在上海买房，置地，搞一个外室，由地主向地主兼资本家过渡。来上海的绍兴人，多是财东、银行家和实业家。劳动阶层主要来自江北，住在棚户区。此外，还有美、英、法租界带来的租界文化。在现代史上，上海又是中国革命根据地，共产党的成立、工人武装起义都在上海。新民主主义文化，马克思主义文化在这里很发达。因此可以说上海文化是中国文化的半壁江山。上海的城市结构典型地表现为一种动态的、多维的杂化过程。

多维性常常引发各种亚文化现象，"海派"和"京派"不一样，广州和北京也不一样。"京派"是中国的政治中心，又是古都，它的主文化非常强盛，亚文化也有，但根本干扰不了主文化。

上海这个地方就不同了，它由主体文化、亚文化构成了一种复杂的多维、多元并存的文化现象，形成了"海派"文化的特点。

宋：所谓亚文化主要指什么？它在城市有多大的比例？

肖：在各个大都市里，亚文化群已成了一个相当重要的社会文化现象。对此，我们要清醒认识，并加强引导和管理，以免它诱发社会疾病。

亚文化既包括红色的，指严肃的文化；又包括黄色的，如淫秽读物、录像，甚至嫖娼什么的；包括黑色的，如青洪帮组成的黑社会文化，吸毒组成的黑社会文化，地痞流氓组成的黑社会文化等；也有白色的亚文化区，带着某种游离状态，对当前主流文化持保留看法，甚至反对看法。

在红、黄、黑、白文化中，有不少宽广的模糊的文化地带。比如青少年喜欢的通俗文艺、舞场、卡拉OK、书摊文艺、追星族、发烧友，等等，组成了广阔的蓝色文化群和蓝色文化带。在众多的文化群里，主文化要发扬，蓝色文化要允许，要提倡主旋律，坚持多样化，通过宏观控制，落实两个文明建设的方针政策，防止蓝色文化向黄色、黑色和白色转化。

就是这种多维性在西方产生了嬉皮士和雅皮士。我们西安把它叫闲人，两种闲人。刚刚出版的《废都》一书里就写了嬉皮士跟雅皮士。书中的四大文化闲人，他们很高雅，他们是作家、画家，但他们已被市民化了。像魏晋的文人一样，在酒与女人之间，无度地生活，荒废有限的生命，连他们自己也感到无聊、痛苦，于是，最终弃世而逃。都市文化的多维性导致了都市意识形态的动态杂交和静态杂化。而都市意识、都市文化格局多元化的局面，很主要的一个表现是主体文化和亚文化的多维并存和竞争。最近上海人有认为他们那里的大文化环境进入了黏滞期，物质欲望和消费诱惑太多，许许多多的精英都处于惶惑状态下。因此，在近时期难于产生大作家、大思想家。而西安这块土地上，主体文化还很强盛，至今保留着中国传统文化较完整的切片，正因为杂交现象不像沿海城市强烈，传统文化还能相对保持完整，因而，在这里主体文化还较为强烈。

宋：意识的交流性产生了动态生存观，能不能说它直接影响着人际关系和价值取向？

肖：可以这样说，现代都市是一个动态的社会。我曾在《民族文化结构论》一书中写道："流动的生存状态、动态的生存观，是中国西部除世袭农民而外的这六个人口群体（游牧民族、集团移民、流动性生活、流放者、盲流、行旅者）共同的特征。"中国西部虽然落后，但从生存意识上看与现代市场观念有某种呼应。西部文化是马背文化。在这里，一切价值标准都和"动"字有关。动为贵，动为上，动者为尊。一个姑娘崇拜一个小伙子的时候，她的价值观念是什么？是风暴来临之际，哪位小伙子最快地拆掉了帐房，最快地将整个牧群赶往新草场，又最快地在新草场上重新拉起自己的帐篷。"动"的能力，意味着生存能力和生存智慧。从这个意义讲，中国西部的动与现代社会的动态是相呼应的。不过，现代人不是马背文化，是汽车文化。在美国，什么叫家？家在路上。在中国，什么叫家？家在房子里。现在一个美国人一生旅行的里程，大致相当于七十年前一个美国人一生旅行里程的三百倍。进城，在六七十年代不但行政上受控制，而且道德上受谴责，现在则成为符合历史要求的行动，"打工"也成了很时髦的事，它对社会发展有利，对经济腾飞也有利。现代打工潮成为反映历史发展的一种社会现象。如今再没有人说："你怎么跑到海南去了？"而在过去肯定会说：这人怎么让财迷了心窍！

现在人们说起下面的话往往理直气壮:"发财是我的人生选择。"当然,像我这样的公职人员也动,只是动得很可怜。每天从家骑车子到单位,或者跑跑外省、外县。北京的大作家、评论家,他们一动就是全国性的。还有一些老板,比如哈默,他可以全世界跑,地球对他们来说只是一个"地球村",到北极也不过是从村东头走到村西头。巩俐、张艺谋也是这样。行政关系、户口,对他们都无所谓,只要是华语国家,他们想到哪里就能到哪里,在整个地球上空取得了自由。可以说,经济愈发达的国家,文化知识愈高的级层,这个现代游牧民族的雏形就越清晰。

这一切都表明了现代都市化的动态生存状态。都市是市场的核心,市场的瞬息万变影响人的心理、情绪和价值观念的变化,促发了人际关系的多变。包括家庭离婚率上涨,某种程度都是与动态的生存意识有关系的。

宋: 现代城市文化导致心理上的畸变甚至病态,有哪些表现形式,人们怎样去适应这样一个环境?

肖: 感觉轰炸和信息轰炸给人带来的疲惫,是社会的普遍现象。

首先,现代社会剧烈动荡,急速发展。人的困窘、焦灼,导致了种种文化心理病变。一方面迫使人类疲于奔命地处理信息,融解感觉,以跟上时代潮流,保持自己一定序号的社会位置;另一方面又使人的感觉麻木,使人厌恶和排拒信息的接收和处理。

我们都有这样的感觉:如今有多少事情使人无法应对。原来我们这些文化人积累资料靠做卡片,现在根本做不成了,一则抄不过来,二则也记不过来。需要计算机,没有怎么办?所有信息要储存在大脑,大脑受不了,就很烦。电话号码原来很好记,如今几个本子都不够记,这都是信息轰炸带来的疲惫。

再就是感觉轰炸。我似乎感觉在城市到处是车、是人,永远闹哄哄的。你无论做任何事情,议论的人总是很多。所以,我真想画这么一幅画——画面上全都是嘴,整个世界都是嘴,唾沫星子就让你感到很可怕;或者整个世界都是眼睛，都是绿眼睛、充血的眼睛、嫉妒的眼睛……有这种生活体验的人，看了它就能感觉到，现代城市生活确实是这样。

的确，现代生活中，许许多多的感觉，使我们感到疲劳。加之文字的爆炸，有各种各样的刊物要看，各种各样的书要看，又看不过来。这种疲惫常常导致心理逆反，导致一种反文化倾向的出现。比如，许多人不想听美声唱法，而愿听嘶哑的唱法。迪斯科的出现就是反文化现象。原来跳交谊舞，有各种各样的仪表矩度：男的西服革履，女的穿长裙，邀请女士要行礼、说请。但迪斯科想怎么扭，就怎么扭，穿的是随心所欲的牛仔服，这正是文化轰炸产生的一种逆反心理。文化和人的关系是一种辩证关系。人类创造了文化，扩展了人的认识世界，也提高了消费水平、享用世界的水平，但每项文化成果反过来又削弱了人体。就是说每一个文化带来了好处，也带来了坏处。皇冠车使人日行千里，却排斥了"夜行八百里的"的飞毛腿；居室空调使人在炎夏凉如秋，却难以承担烈日下的体力劳动。在文化轰炸的现代，再不可能产生原本意义上的鲁滨孙了，即那种可以离开现代文化而靠自己的生产力在大自然生存下来的人。

随机性与无所适从感也是现代人面临的问题。

现代社会每走几步，就是一个十字路口，现代人随时都面临选择。健康的现代人，在社会生活中培养了随机性。而不健康的人无所适从，难免产生忧虑、徘徊和失落的感觉。他无法选择，只有不选择了，把家门一关，不出去了。于是，可以说：现代社会在造就了一大批有主意、能决策的企业家的同时，也造就了一批没有任何主意，只是盲从随俗的庸人。现代文化动荡还造成一部分人对生活采取的消极的不介入的态度。这些人以超悲剧、超喜剧、超义愤、超真诚的油滑对待生活。这正是"现代幽默"的别名，也是现代人的一种病态心理。这也是一种逆反。

人愈拥挤在城市，社区空间愈密集，人跟人靠得越近，利益的冲突便会越大。随着这种利益冲突,人们心灵之间距离越来越大,于是在闹市的人群中也难免会出现孤独的感觉。悲剧感也是孤独感的产物。欲对美的超重压抑使人异化,人的精神要求一旦利益化,精神也就被销蚀,走向委顿。

宋: 看来,探讨现代都市意识与人际关系,必须强调研究文化,这应该说是《城市博览》杂志面临的一个课题。

肖: 是的。城市意识主要是城市经济导致的。我今天是着重从文化角度谈一点看法。我认为,这是一个很大的课题。我们都生活在都市里,你们又办起了《城市博览》杂志,就都市心理、都市意识这个课题而言,它的含量比都市研究的其他课题领域都大,都宽泛。如果生动地去研讨都市意识和都市文化,我相信,生活在都市的每一个人都会投入其中,都会兴趣盎然。我建议,《城市博览》能多多开展这方面的讨论,请各行各业的人来研讨分析都市的文化现象。我们有责任向社会呼吁:都市需要营养。需要物质营养,更需要精神营养。

1993 年 8 月,西安西一路

美哉，西部

《陕西日报》编者按：

　　美国的西部片盛行于世界。它也像历经二百多年的美国的资本主义制度一样，经历了由盛而衰的过程。它反映了美国政治、经济上升时期的开拓、进取精神，也表现了其走下坡路时的腐朽性和末路感。它作为一种自成体系的类型艺术，在其数十年的发展演变过程中，形成了自己特有的格调、情趣和"程式"。研究和借鉴它，对我们创造崭新的社会主义文学艺术不无益处。这是作者关于西部文化艺术系列研究的第一篇文章。

　　我国的大西北，也是一块有待于全面开发的土地。在这广袤壮阔的土地上繁衍生息的勤劳而勇敢的人民，也具有质朴、刚烈、粗犷、剽悍的气质，千百年来凝聚成独特的传统、习俗和风采。在这种历史和现实的土壤中培育起来的艺术之花，具有独特的韵味和色彩。但是，明确提出西部文艺这个地域性或类型性的概念，并对其进行定向性的艺术实践和理论探讨，则是近一两年间的事。著名电影评论家钟惦棐来陕期间首倡其事，西影厂根据我省中年作家路遥的中篇小说拍摄的影片《人生》再兆其端，遂演为波澜，响震秦中。本报副刊今天发表的肖云儒同志的文章，就是我省敏感的评论界对这一课题探讨的成果之一。

　　我们期待着西部文艺的繁荣和理论研讨的深入。

一

自从电影界提出要拍摄中国自己的"西部片",谈论这个问题的人多起来。不光电影界,整个文艺界,以至社会上,都用一种新的审美的眼光来看待祖国的西北角了。这一看不打紧,许多人不约而同地发现:原来西部之美,竟是如此的美不可言。

美国的西部片是好莱坞商业电影的一种,它发展了一套完整的自觉的编导方法,被称为类型电影或样式片。类型电影的特点是把影片分成若干不同的样式、类型,然后按各个类型所应有的具体特征来拍摄影片。美国格杜尔德对类型电影下了这样的定义:"类型是由于不同的题材或技巧而形成的影片范畴、种类或形式。"在好莱坞,各种类型片达七十五种之多,它有三个基本特征:公式化的情节、定型化的人物和图解式的视觉形象。套路虽然陈旧,但由于它本身具有相当强烈的趣味性甚至感官刺激性,有不断更新的明星偶像参加演出,注意添加别出心裁的噱头和细节,以及采取"热潮更替"的方式(一定时期制造出一种样式片"热潮",如强盗片热、西部片热、喜剧片热、歌舞片热、科幻片热,使观众口味常新),所以一直极受观众欢迎,成为好莱坞电影能长期霸占世界电影市场的一个重要原因。

我们现在提倡的中国西部片,和这种类型电影在性质上是完全不同的。

我认为,西部片以至一切西部文艺,都应该以发现、捕捉、提炼、升华西部之美为自己的一大特点。中国社会主义新时期的西部美和古代的、外国的西部美,内涵发生了根本的变化。它既有自然和历史的古朴淳厚,又绝不是旧时代的牧歌;有拓荒历险的魅力,又绝不是西方式的猎奇和刺激——古漠驼铃、城堞烽烟、长河旭日、丝路新城、盐湖牧场、油田井架……那是只有社会主义时代的中国西部才具有的大气磅礴啊。

二

　　钱锺书先生的《谈艺录》认为，盛唐之音不能完全理解为时间概念。"诗分唐宋乃风格性分之殊，非朝代之别"；"唐诗多以丰神情韵擅长，宋诗多以筋骨思理见胜……非曰唐诗必出唐人，宋诗必出宋人也"。同样西部美也远不止是地域性概念。在空间上，这是带有世界性的现象。不但在美国西部，整个南北美洲西部，沿落基山脉、安第斯山脉的两麓，欧洲中部山区，西班牙所在的比利牛斯半岛，以至意大利所属小小的科西嘉岛的山区生活，在文学艺术中出现的时候，都不约而同地表现出某种共同性。如浪漫传奇色彩，硬汉子性格，侠骨柔肠的故事，以及新的经济和文明的侵入时与腹地原有的经济和文明的矛盾冲突。于是，驰马、猎牛、格杀、英雄美人，表现出一种阳刚之美，即我们现在所说的"西部美"来。这方面，我们不但可以举出像《原野奇侠》《冷酷的心》这样的电影，而且会联想起海明威的《老人与海》、杰克·伦敦的育空河畔淘金者的生涯、梅里美笔下的嘉尔曼、艾赫玛托夫的中亚细亚风情一类的形象，以及最近上映的西班牙电影《义侠佐罗》。至于在欧亚大陆的腹地——中亚和中国的西部，以帕米尔高原为结点的山脉辐射区，在这以伊斯兰宗教为精神纽带、丝绸之路为历史传统的广大地域，由于炎黄子孙世代生活于斯，长期受着这方面的历史熏染，我们对其间含纳的西部之美，更是储存着丰富的心像。以秦腔、道情、花儿、冬布拉与热瓦甫为代表的高亢、炽热、浓烈的西部感情和西北风情，《绿化树》《北方的河》中的民歌，马缨花的纯真与放浪形骸的统一，巧珍的忠贞与壮烈的统一，不都是典型的西部感情和西部性格吗？

　　这样一种世界性的现象，和这些地区大致相同的山村荒野的地理环境有关，和人们在这种环境中大致相同的拓荒生涯的艰苦性有关，和在这大致相同的自然环境、社会环境以及搏斗的命运所铸成的性格气质、所积淀的民俗风情有关，和19世纪以来这个地区的基本矛盾——传统经济文化和新经济文化的冲突以及这种冲突造成的悲剧命运有关。这种悲剧命运常常表现为传统道德在新潮头之中，以优美的形式为旧势力、旧思想殉葬，如《人生》中的巧珍；或者是传统的优秀道德被新潮头中的恶势力所撕碎，如杰克·伦敦的《北方的奥德赛》。这已是比较文化研究的领域了，且不去说它。

三

从时间上看，西部美是一种历史性概念。

拿我们中国来说，秦皇汉武、唐宗宋祖，每当历史的曲线向上回旋，我们的民族焕发出一种蓬勃的青春之力的时候，这种时代整体的精神状况，就不但弥散在经济、军事、政治生活之中，而且总要在文化艺术中弥散开来，形成一个时期文艺特有的内在气质和艺术风格。譬如，构成盛唐之音的各种艺术品种——诗、书、文、乐、舞、戏，从题材、内容、思想、格调、艺术形式上就都无不体现出盛唐的精神和气派来。所以，盛唐之音即是盛世之音。诗——自陈子昂得风气之先的高蹈胸怀，到李白冲决羁勒的浪漫极致，那勃发的生命力、创造力，从边塞诗、军旅生活的壮美动荡和田园诗山居生活的明丽静穆中升腾而出。书——和诗仙李白齐名的草圣张旭，以腾龙走蛇、翻卷飞动的墨线，传达了狂放拓新的时代信息。文——"浩浩乎，平沙无垠"，"沙草晨牧，河冰夜渡"，"寄身锋刃，腷臆谁诉"，李华的《吊古战场文》在苍莽悲壮的色调中埋伏着安边立功、积极奋斗的生活态度。乐则有《秦王破阵曲》的急骤强烈，舞则有"公孙大娘"的腾跃胡旋。而从唐代开始流传的玄奘取经的故事，经过八九百年的演变加工，终于由明代的吴承恩写为中国第一部西部小说。玄奘师徒取经，是宗教文化方面开拓性的业绩，而作者用神魔小说的形式将西部自然环境和社会斗争集中为九九八十一难，加以拟神化或拟魔化，扬励我们民族不达目的不止息的拓荒精神，不也是艺术上的开拓吗？

四

　　历史发展的螺旋在同一趋向上是相与呼应的。写到这里，你或许能够领悟到，在西部美的历史性之中，已经蕴含着它的当代性了。我们的民族，经过了浩劫和回瞻，在返视中反思，终于选定了一条建设中国化的社会主义的新途。我们在这条路上开拓，干前人没有干过的事业。我们又特别提出了开发大西北的口号。我们的事业需要民族精神和民族文化在同一趋向上的呼应与激励。我们的时代需要在美的境界中得到吐纳和升华。在历史的回音壁前，生活在呼唤着新时代的"盛唐之音"，西部文艺就这样被推上了前台。历史性与当代性、世界性与民族性，在需要开拓精神，需要"盛唐之音"这一点上和鸣了。

　　这不仅是一种推论，更是近几年创作实践勾画出来的轨迹。社会的欣赏心理和作者的美学追求，在经历了禁锢、解放、活中有乱、多中有滥之后，前年、去年以来，强者、执着追求者、改革带头人、硬汉子精神终于压倒了精神离异者形象、多余人情绪和奶油小生式的趣味。五部中长篇小说（《改革者》《男人的风格》《花园街五号》《故土》《北方的河》）、五部电影（《血，总是热的》《最后的选择》《不该发生的故事》《在被告后面》《我们的田野》）将在文学史中站出来为这一意味深长的变化作证。

　　从这个视点上对我国当代文艺条分缕析，可以看到一条开发西部美的贯而不连的虚线：电影（如果称为"西部片"的话）——从《天山的红花》《生命的火花》到《牧马人》《人生》；诗歌——从毛主席的《沁园春·雪》的"数风流人物还看今朝"、《念奴娇·昆仑》的"环球同此凉热"、《清平乐·六盘山》的"不到长城非好汉"，以及《吐鲁番情歌》《复仇的火焰》到"新疆边塞诗派"的树旗；小说、散文——从《在和平的日子里》《柴达木手记》

到王蒙、路遥、赵燕翼、陶正、李斌奎、唐栋、戈悟觉、多杰才旦、艾克拜尔、赵熙、陈忠实、李小巴,特别是张贤亮的中、短篇小说。在这个基础上,西部美登上了理论研究的大雅之堂。西影明确以抓西部片为己任,有了我国第一个《西部电影》杂志;"笔耕"研究组正在撰写《西北作家论》,试图由微观到宏观,对西部美作一番涉猎……

一个新的实践美学的课题提出来了,在文艺的时代精神、民族精神、乡土和民俗特色的追求上,这都不是一个可以等闲视之的课题。

五

于是,我们影影绰绰地有了这样轮廓的感觉:题材内容上,主要是西部边塞的、军旅的、民族的、乡土的、开发的。

精神气质上,主要是各类开拓性的业绩中迸发出来的积极向上的人生态度和奋斗精神。

美学追求上,主要是一种阳刚之美,旷达、恢宏、雄奇、古朴,自然也有机巧灵秀,但绝不是小家碧玉。写这一类作品的作家,对于阔大的阳刚之美有更敏锐的感应神经,他们思想感情和艺术的共鸣箱中,有着更灵异的和弦。

生活环境上,要能够捕捉到典型的西部风情和西部民俗,造成一个西部世界特有的氛围,以及特有的艺术天地,使人感受到包含在这些自然和社会环境中的鲜明的西部意识和浓烈的西部美。

人物性格和心理素质上,艰苦的奋斗生涯、曲折多舛的命运铸就了豪爽朴拙、率直刚强、矢志不移的特色。即使在女性如水的柔情中,也含蕴着山般的坚定和火样的炽烈。他们是经过生活的磨砺或准备去经受磨砺的,不是脆弱的,或者是将向脆弱告别的。西部生活有自己特有的味,西部人也有自己特有的神。

情节常常带有一定的传奇色彩,人物命运大起大落,遭遇闻所未闻。色彩是浓烈的,是阳光下的西北,沙砾中的西北,风暴中的西北,而不是偏重于蕴藉、朦胧的。

……

这一切,和美国西部片的历险遇艳、双雄相并、弱肉强食不同。

我们并不是要将这些感觉作为中国西部文艺的模式规定下来——这不利于西部文艺的发展,但作为长期以来形成的一些特定的审美经验,对我们决不会没有参考意义。

六

发展西部文艺,开拓西部美,西北的文艺工作者毋庸说责无旁贷。问题不光在责任,更是其优势。站在历史与现实坐标点上的西北文艺工作者,在思想、生活、艺术和心理上有自己特殊的敏感区。在生活基础方面,对西部题材的占有、对西部民情风物的熟悉、对西部性格特色的把握,受西部美世世代代的实践和陶冶,延安时代所形成的理想色彩浓重的革命现实主义传统在陕西地区的嫡传,等等,都是其他地区所不可企及的。这是一块我们可以超越外地、超越前人的领域,是一个能够比较自然地将文艺的历史传统与文艺的当代性结合起来的领域,是一个能够让作家个人优势、地区优势和民族优势同时得到发挥的领域,是一个我们可能也应该独占鳌头的领域。

今天,我们赞叹:美哉,西部!

明天,人们一定会同时赞叹:美哉,西部文艺!

1984年9月,西安岚楼

西部潮与当代潮

一

不论怎样评价，大家都承认，在 20 世纪 80 年代中后期的中国文坛和艺苑上，存在着一股"西部热"。

这是风行一时的"西北风"录音带《西部摇滚》的歌词——

你和我踏入中国的西部，

茫茫的西部，

到处可看见硬汉子的脚步，

坚实的脚步。

古老的太阳照着那年年翻新的黄土，

岁月的烽烟没有动摇古老的风俗。

历史走过了一个文明又一个文明，

西部留下了一代人又一代人辛苦。

啊，西部，

硬汉子脚步带我找到悲怆的号子，

热烈的鼓；

硬汉子脚步带我找到天山的风采，

长城的风骨。

啊，西部！

你和我踏入中国的西部，

茫茫的西部，

到处可看见硬汉子的汗珠,

豆大的汗珠。

残酷的风沙天天吹打着古铜色的胸脯,

星移斗转没有改变语言的质朴。

历史走过了一个里程又一个里程,

西部铸造了一代人又一代人成熟。

啊,西部,

硬汉子眼睛引我看到脱缰的马群,

飞扬的金谷;

硬汉子眼睛引我看到沸腾的大路,

高歌的船夫。

啊,西部!

1987、1988年,这种西部风格的歌曲,像《我家住在黄土高坡》《船夫》《我热恋的故乡》《女儿歌》《你会爱上它》,以及经过现代迪斯科节奏和通俗唱法改造的老的西部风格的歌曲,像《花儿与少年》《在那遥远的地方》《信天游》,伴之以西部风格的舞蹈和服装,几乎响遍全国。这就是文艺界冠之以"西北风"的音乐的"西部潮"。"西北风"造就了一批风靡全国的通俗歌手,他们有的自称为西部歌手,狂热的听众则奉他们为西部天宇的歌星。录制着这些歌手节目的盒带,像《西北热》《流行风》《西部跳动》《西部风情》《西部狂热》《信天游》《陕北1988》等等,市场行情看涨,销量名列前茅。

这同时,美术和摄影也刮起了类似的西北风热。在第六届全国美展中,陕西一位青年画家用现代观念处理的延安时期题材的作品《玫瑰色回忆》,荣获金奖。用现代装饰感改造的西部草原生活的作品《蒙古吉祥》,荣获银奖。超乎悲喜激情之上的现代冷漠感,悄无声息地弥漫在这一届美展的不少画面上，而这种冷漠感在选择可见的构图、色彩、线条时，在选择形象和意象时，是那么青睐西部、偏爱西部！在这前后的全国第十六届摄影展览，又是一位陕西青年摄影家以三代农民对知识的渴望为题材，抓拍了一位农家孩子趴在磨盘上做作业的场面，命名为《希望》，获得金奖。这帧照片是静态的，却流贯着生命衍生的热忱、憧憬未来的热忱。另一幅陕西青年摄影家抓拍的黄土地上激越的安塞腰鼓（前景为一位仰卧着抢拍的摄影记者），获得银奖。这帧照片充满了动感，却又流贯着大地的沉稳与厚实。很怪，还有一组陕西的作品获得三等奖，它的题材是老的——中年画家刘文西坚持深入陕北，和群众同甘共苦，但用了最现代的、新潮的制作方法，造成了浮雕和光栅般的陌生感，而因此获奖。

西部戏剧在《桑树坪纪事》轰动之后，更坚实地迈着步子——剧作家的目光更多地关注着西部的社会主义建设生活。而有的则致力于开掘西部城市风情和文化，想搞一种带有西部味的市井戏剧，为进京演出的陕西人民艺术剧院创作、演出的《古城墙》和《安家小院》即是。这对西部文艺的偏斜是一种十分必要的校正。

西部电影不必说了（不是不必说，而是要在《中国西部电影论》一书中集中说）。尽管对它毁誉参半，而且毁之烈、誉之殊者那么空前，那么轰动。作为中国电影史上的一个重要现象，它是存在下来了，而且将会在漫长的岁月中接受研究、经受检验。在获得众多的国际、国内大奖之后，它一度显得沉默。到了近两年，冷锅里扑出热栗子，又爆响了一部《黄河谣》，再度引起了那么一点轰动。有人认为这是西部片活力的再现，有人认为这不过是夕阳西下的绚丽，是"滴血黄昏"。不论怎样，它在艺术上给予我们增益，反映了西部片继续走向精致，这是大家认可的。西部电影界在反思之后也开始调整自身。我们看到了《陕北大嫂》。它以一个新的视点与革命战争中人性人情的美丑启发你：原来革命战争也可以这么写。它又以一个新的视角开拓了西部片的新领域,它写了西部人民与革命那种撕不开、扯不断的血缘关系;写了除过土地,还有革命,给西部人民的心灵灌溉了那么灿烂的真、善、美;写了西部人除过在强劲中,也在柔情中显示自己的崇高和力量。它又启发你:原来西部片也可以这么写。如果再稍稍回溯一下《默默的小理河》和《一个和八个》,就蓦然发现,我们原来至少在某种程度上忽视了西部片的这一条从未间断的线。其实还有另一条更有力的线,在西部片的创作中也一直没有间断,现在正在更广阔的天地中延伸,它就是反映中国西部社会主义的开发、建设和革命的电影创作。过去有《暴风雨中的雄鹰》《农奴》《沙漠绿洲》《天山的红花》《军垦战歌》《生命的火花》《瀚海潮》等,现在又正在创作反映西部沙漠核爆炸前一刻惊心动魄悬念的《绝境》,反映国家第一测绘大队、青藏公路建设和欧亚大陆桥、塔里木油田开发的影片,这是最古老和最现代在一种全新意义上的交融、碰撞。西安电影制片厂在自己的题材规划中,将大西北风情系列、延安时期系列、西部开发建设系列和西部历史题材系列作为四个重点来抓,反映了对西部电影繁荣的全方位理解和多层次调整。

西部文学更不必说了(不是不必说,而是大部分话都在《中国西部文学论》这部书里说过了)。这个话题,我曾经谈到的,仅就情况方面,有这么一些要点:中国西部文学在近现代的发展有三个阶段;从题材上可以分五大类,题旨上可以分三大类。中国西部已经形成了实力雄厚的作家群,其中的佼佼者,完全可以作为中国当代文学的代表者,跻身于世界文学之林。中国西部文学现象,不仅仅有相当多的作品,而且小说、散文、诗歌、报告文学品种齐全,还有一支研究、评论队伍,一批研究、评论成果,还有一批有经验、有水平的资深编辑和组织者——这是中国文学一个完整的方面军、集团军;中国西部文学在新时期文学探索和创新的各个主要方面,都留下了自己深深的足迹。比起西部经济在全国的序号来,西部文化在全国格局中的位置是更显赫、更重要一些的。这几年的进一步研究,使我更明确了一点,需要在这里补写几句,那就是,我感到新时期中国文学的总格局,是五圈一线的格局。五圈,大致是黄河北的京津作家群、东北作家群、黄河南的吴越(包括沪、宁、杭)作家群、湖广作家群,以及黄河西部延长线上的西部作家群。一线,指黄河一线,溯河而上,鲁军、豫军、晋军、陕军各不相让。陕西文学,实际上是中国文学圈与线的交结点。这大概就是"文学大省""文学重镇"的意思吧。

电视,除了电视剧外,本是以传播为重点的,这几年也卷入了这股文艺上的西部潮。电视剧,有了像《雪岛》《庄稼汉》这样质量不低的作品。文艺专题充分发挥了传播西部文艺的职能,西北、西南十一家电视台组成的中国西部电视集团,连续推出了《西部之声》《西部之舞》《西部民俗》,甚至——《西部小吃》。除了每片本身的意义,这种系列性播扬,无异于集团军炮火的覆盖,在观众心理上所起的总体传播作用,是可以想见的。全国对地域文化和文艺的传播,还未见有这样的声势和气魄。日本人也手痒,几次催促笔者完成关于西部文艺的电视专题系列片——《西部天籁》。

当我们挂一漏万地在这里谈西部文艺最近的情况时,不应该忘记新时期文学发轫时的一些耐人寻味的史实。说怪也不怪,现代文艺思潮与技巧的尝试,竟然有不少是从"第三世界"的西部开始的。

我们还是先看音乐。新时期音乐创作的现代潮,交响乐《懵懂》,又名《X第一号》,瞿小松作曲,是开先河的作品。无论是《懵懂》还是《X第一号》,这名字起得再好,当时很多人却因为欣赏不了、听不明白而"懵懂"。也有人感到这是第一个没有主题、难于理解的"X"作品。瞿小松一反常规,在这个曲子中,极力避免听众引起确定性的联想,全曲无清晰的旋律与明确的题旨,但濡溶着、流动着深远的乐感氛围和文化精神,是那种有内意蕴的无标题音乐。——而这首交响乐的素材是来自西部黔贵山区,后来也被用来作为反映贵州山区生活的影片《良家妇女》的音乐。瞿小松并不是西部人,他是京华人士，是现代艺术和新潮文化因子的携带者和实践者。他和他的伙伴谭盾、苏钢等人被称为"第五代音乐家"。他们不仅在音乐上，而且在绘画、摄影和理论上都有自己的声音。瞿小松的夫人刘索拉虽然是学音乐的，却以一部《我别无选择》的小说而蜚声文坛，被称为中国新时期第一部现代主义的中篇，成为第五代作家中的一员。刘索拉是陕北人，她的父辈是延安时期的老革命。

新时期美术的现代探索似乎也是从西部开始的。我们都还记得和北京的"星星画展"时间不分先后、内容不分轩轾的，有四川青年画家罗中立的现代纪实性油画《父亲》，有陈丹青的《西藏组画》。他们之后，有西部画家许多意象的、印象的和变形的作品出现。西部高原、阳光、雪山、草原、戈壁、夕照在色彩上的强烈反差性组接，只有西部才有的恢宏、厚重的历史感觉，很少人工痕迹的由造化设定的天籁似的线条——绵延的曲线和折钢裂铁似的直线，都和现代人、现代艺术的内在追求、内在气质一拍即合。

《野山》以我国第一部成功地体现了现代艺术的纪实精神，尝试了各类现代纪实手段而获得七项"金鸡奖"。《黄土地》以成功的音画语言对象征感、人生感、历史文化感的追求，使得我们的电影界对自然、对人、对生活事件乍然获得了一个全新的角度，开了眼界，开了思路。当文学上已经开始探索工业题材作品如何由表现行业化的生活到辐射社会化的生活、由写人的职业生活和政治生活扩展到写人的文化心理和感情感觉时，电影还只是亦步亦趋地将这些探索的成果"挪"到银幕上。是《黑炮》，是西部的电影家根据西部作家的小说作品拍摄的这部电影，最早发现了电影可以运用自己独有的语言——音画、色彩、蒙太奇组接，通过大胆的假定来表现生活的困窘和荒诞。

色彩和道具所造成的环境的假定性和荒诞性，原来可以如此巧妙地呈示或暗示出人物的内心活动来。这是现代表现派艺术意识较早在中国银幕上的映现。

此外，我以前还谈到，纪实小说作为一种完整的样式、大型的长篇成果，恐怕王蒙的系列中篇《在伊犁》和艾青的长篇《绿洲笔记》这两部反映西部生活的纪实作品是开先河者。贾平凹自己曾说过，论文化寻根的作品，文学舆论往往从韩少功那篇宣言式的文章算起，其实他在此之前，在《商州初录》《又录》《再录》等大量作品中已经有了这方面明确的追求。正如有的论者所说，这些作品对商州的地理概貌、风土人情、历史基因、社会现状，从时空上拉开距离，作了俯瞰式的展现。有时甚至将商州山区具体的生活故事和民间传说，直接组接到商州方志的大的文化历史背景中，用结构主义的办法暗示出所有的人和事都不过是在一个历史的、文化的大舞台上演出的。他学习原本意义的中国文人古典小说传统，掌握了以平实的神秘感抓取读者的向往之心，和对人物大、小两个空间的组接和统摄。他也学海明威的简洁和福克纳的繁散，而从日本的川端康成则得到更多的启示。这些启示最主要的就是如何在本民族文化基因和文化心理的基地上来表现现代人的思想、情绪和心理。贾平凹是公认的第一批文化寻根小说作家。有几年，南美作家马尔克斯的名著《百年孤独》，因其以大胆假定的亦真亦幻的所谓魔幻现实主义的手法成功地反映了现代人眼中的这块闭塞落后而又古朴淳清的地方，而大为风行。最早引进这种现代魔幻艺术意识的你道是谁人，竟又是当时还在西部、写西部的西藏作家，他叫马原。

总体来看，文艺的西部潮不论其表现形态多么丰富，内里总埋伏着两个坐标，西部的与现代的坐标。几乎所有的西部文艺作品，西部的与现代的两个坐标都在意蕴中、人物关系和人物心态中，在美学追求和艺术形式中，交叠着、渗化着。西部生活和西部文化对现代意识、现代艺术是如此敏感，而现代艺术家对西部又是如此亲昵。

这是怎么了？发生了什么事情？在西部和现代之间有什么苟且？有什么暧昧？有什么默契？有什么缘分？什么东西使它们总是如影随形地相伴？夫

唱妇随般地感应？从什么时候起，我们突然发现，那些西部味很强的作家、艺术家竟然大都是现代味很强的作家、艺术家？又是因为什么，那些西部意识很强的作品，恰恰同时是现代意识很强的作品？

当西部生活在政治上、经济上急速地走向新时代，成为当代中国、当代世界生活有机的一部分，西部文艺也开始急切地寻找自己和新时代沟通的渠道，寻找在自己的土壤上建设现代艺术的稳固支点——这就是历史意识和现代意识的结合，民族、地域意识和世界意识的结合。

在无际的地平线上，西部和现代紧紧地拥抱了。萧索而落寞的西部，变得那么热烈、灿烂。

那么，西部潮与现代潮深层的感应大致表现在哪些方面呢？

表现在：西部文化内在构成的多维向心交汇和世界新大陆文化多维离心交汇的感应，西部历史文化的动态多维组合和当代世界文化综合发展趋势的感应；西部人多族杂居状态和现代人跨社区生活状态的感应，西部人因杂居带来的心态杂音和现代人文化心理的杂色的感应；西部人在村庄和部族自然经济基础上的流动生存状态，以及反映着这一生存状态的动态生存观，和现代人在现代宏观商品经济基础上的流动生存状态以及反映着这一生存状态的动态生存观的感应；西部随处可见的前文化自然景观、人文景观、心灵景观，和现代某种超越文化、排拒文化的社会情绪、社会心理、社会思潮的感应；西部人原始生存和艰难发展的悲怆感、忧患感和现代人超高速发展的焦虑、忧患感的感应；西部人由于空间疏离造成的孤独、人在自然包围中的孤独和现代人由于心灵疏离造成的孤独、人在"物化人"包围中的孤独的感应；西部人文山川的阳刚之气和它的人格化和现代竞争社会所要求的强者精神和它的人格化的感应。

二

西部文化内在构成的多维向心交汇和世界新大陆文化多维离心交汇相感应；西部历史文化的动态多维组合和当代世界文化的综合发展趋势相感应。

关于这个问题，我在《中国西部文学论》中已经提出（见该书第三章第一至五节和第十一章第一、二节），后来又在《多维交汇的西部文化和两极震荡的西部精神》的长篇论文中做了更详尽的论述，这里不赘言。为了理解问题的方便和论述的逻辑需要，只是做一个提要式的简介。

欧亚大陆从地形上看，像一片四轮葡萄叶。在四个叶端，分别是地中海地区、波斯地区、印度地区和中国东亚地区，由于靠近海洋，文化经济发展较早，在古代形成了世界四大古文化区。而葡萄叶的叶掌，则是以帕米尔山结为核心的大高原、大雪山、大戈壁，缺乏生存条件，不但本地文化经济长期处于落后、封闭状态，而且隔离、阻塞了四大古文化区的必要交流。这种阻隔当然不是好事，但隔离机制又有助于四大文化在独自的发展中形成自己的个性，而最后必然带来它们向中亚（即中国西部）文化低谷地区的汇流，使这里形成多维文化交汇的结构。因为这是由欧亚大陆的边缘向中心地区的文化汇流，我们称之为多维文化的向心交汇。

这种向心交汇，使中国西部形成四圈四线的交汇型的文化地图。四圈，即新疆文化圈、青藏文化圈、蒙宁文化圈、陕甘文化圈。这四圈鲜明地反映着地中海文化、波斯文化、印度文化、蒙古文化和中国中原文化在西部地区不同成分和不同程度的组合交融。四线，即将这四圈文化和世界四大文化联成网络的丝绸之路、唐蕃古道、草原之路、南方丝绸之路。

但是，在世界文化格局中，同时还有另一种文化交汇现象。这就是世界四大古文化，在美洲、澳洲和非洲部分地区和那些地区的本体文化发生交汇、融合。这种交汇不是内向的聚汇，而是外向的辐射型交汇，我们称之为多维文化的离心交汇。离心交汇在漫长的时间里孕育的美、澳、非新大陆文化，在许多方面，特别是深层结构方面，和中亚文化、中国西部文化有相似之处。尽管两者是在不同时空中发展的，发展的程度有很大的差异和差距，但内在的同构却使他们在这里那里产生自觉的呼应和不自觉的感应。

我们着重谈到过中国西部、美国西部和苏联西伯利亚文学艺术中许多呼应和感应现象。如中国西部和苏联中亚、西伯利亚某些地区同文同种、地区经济和文化的毗连，如中、美诗歌的深刻影响，如中、美、苏西部文学中的"硬汉子"形象、"大山人"系列和"大性格"的类似，等等。

美、澳地区属于新开发的大陆，那里已经发挥了多维文化交汇的优势，使自己成为世界发达地区。中国西部如何发掘、认识、发挥多维文化交汇的优势，改变自己的落后面貌，不仅在文化内在结构上和现代文明相感应，而且在精神、物质成果上和现代文明相辉映呢？这个任务摆在了我们面前。这是文化结构上西部和现代的感应。

多维交汇型的西部文化还和现代文明（也包括现代思维）综合发展的总趋势相感应。交汇是自发的综合，综合是自觉的交汇。

人类各民族文化的发展，大致可以归纳为这样三个阶段：古代的隔离发展，近现代的选择发展，当代的综合发展。

由于自然的（如地理与语言的阻隔）、社会的（社会结构、生产水平、国家制度的差异）、心理的（神话、歌谣、传统、图腾的自成体系）原因，各民族、各社区的文化艺术为了维系自身的发展，必须在内部形成一套自我延续的机制。它是文化类型形成并具有独立性、文化区域划分并形成自我循环的先决条件。各种传统，没有这种隔离发展阶段，是不可能形成的。

但是，隔离同时在集聚着、激活着交流的要求，交流则又破坏着隔离。这是内中的辩证法。当近现代的历史进步打破文化发展的隔离机制之后，失去了时空限制的各民族、各社区文化，被推到同一条历史进步的起跑线上比试，人类文明便进入了选择的发展阶段，亦即竞争的发展阶段。这个阶段的特征是：第一，普遍的共振性，某一地区、某一民族的某种文化思潮或文明成果，常常超越地区、民族的范围，引起普遍的回响和流布。第二，竞争淘汰性，以对世界历史进程的适应和促进为标准，在竞争中淘汰不适应者，发展适应者。第三，冲突演进性，不是稳态平衡发展，而是在民族意识（社区意识）和世界意识这两个基本因素的冲突中，在矛盾统一的辩证过程中，使文明得到发展。中国五四新文化运动前后近一个世纪中，典型地经历了文化的选择发展过程。漫长的封建社会对文明的窒息，到了清代后期，中华民族、中国社会产生了"别求新声于异邦"的要求。那以后贯穿而下的是，19世纪末关于"中体西用"的争论，20世纪初的"夷夏"之辩，五四时期的欧化与国粹之争，20世纪20年代的东西方文化比较的研究与论争，20世纪30年代以"新儒学"为代表的东方文化本位论的兴起，20世纪40年代关于民族化与大众化的讨论和实践，20世纪五六十年代"洋为中用"的讨论，一直到20世纪80年代"全盘西化"论的再度兴起和破产、弘扬民族文化在新的高度上引起关注，等等。这些都反映了我国文化在近现代发展中艰难的选择。人类文化的选择发展阶段，反映了商品社会的不平衡进程，带有自由竞争和高度垄断的社会达尔文主义的盲目性和残酷性。在这个阶段，文化的发展较少考虑人的心理平衡要求，而较多考虑商业性和实用性；较少连续和平衡，而较多断裂和偏激。

第二次世界大战以来，特别是20世纪70年代以来，综合发展的文化进程方式逐步在世界兴起。它克服了选择发展阶段的片面性，即在竞争和淘汰中常常忽视吸收、融会对方的优长和精华，而重视综合当代在世界文明各个领域提出的问题，积极主动反映这些问题的共同趋势和发展可能，重视各民族、各社区文化中于当今时代仍有生命力的因素。同时，在文明发展中既重物又重人，既重客观又重主观，既重历史又重审美。例如，20世纪70年代以后，西方兴起了对现代主义纠偏的后现代主义。美国学者詹明信解释，现代主义是扩大了的资本主义亦即帝国主义的产物，后现代主义则与帝国主义之后的"多民族资本主义"相联系，它的最一般的特征不是从时间的角度，而是从空间的角度来把握世界。由时间观念到空间观念的转化，就是从一维到多维的转化，就是从否定性的淘汰发展到综合性的认同发展。苏联学者甘图诺娃认为，后现代主义在自己的探索中吸取了、融合了欧洲、北美、东方、非洲各地的指导经验和审美经验。又例如，从领导科学的角度，江泽民同志曾提出"现在是20世纪最后十年，已经快要进入21世纪了，应该提倡矩阵式领导"。矩阵是指多种元素按照一定的序列和规则排成多行、多列的矩形。矩阵式领导是指既要注重垂直领导，又要加强平行联系，形成一个立点端正、纵向畅通、横向协调、内部顺展的有机系统的管理方式。这不是别的，就是综合性思维在管理体系中的运用。而人才学领域也相应地提出了要更新"专才至上""专才取胜"的小科学观念，树立"通才至上""通才取胜"的大科学时代的人才观。通才就是知识领域广博，知识构成多维交汇的人，就是善于发挥综合思维的功能，擅长智慧杂交的人。所有这些都意味着，当人类文明进入综合发展阶段时，类似于中国西部这种多维交汇型文化结构会有多少优势、多少潜能。

在发展中国家，在文明后进地区，例如中国西部，文化进步的综合过程就是前面谈到的以西部和现代两个坐标来建设、发展文明的过程。它表现为，现代人寻根，"物化人"寻魂，世界意识寻找民族土壤为依托，民族意识寻找世界格局来展开。马尔克斯的《百年孤独》和整个拉美的"爆炸文学"，体现了这一综合过程，中国西部文艺也体现了这一综合过程。人们感到，高度物质文明不仅带来了人的异化，也带来了文化艺术的异化。为了人的全面发展，不能不着手解决物质文明与精神文明的矛盾，不能不把历史主义与伦理主义、功利性与非功利性、对立竞争和互补完善结合起来，进而不能不把世界意识与民族意识结合起来。愈来愈多的人感觉到，世界进入信息时代、科学时代，每一局部地区的政治、经济、文化变动都可能具有全局意义。世界一体化程度大大增加，世界在文化心理上正在变小，地球在现代科技面前是可以玩弄于股掌之中的星体。这种自觉的世界意识的普及，必然会从新的深度上唤醒民族意识。因为世界文化综合发展、扩大认同的同时，突然感到一种失去个性的空虚。这就为在文化道德方面、在审美感受方面，挖掘和恢复各民族产生于前资本主义社会形态基础上的传统，提出了心理补偿要求，力图不以失去民族本位为代价来认同世界现代化进程。于是各国各地寻根热迭起。中国西部既是世界几大文化交汇之处，又是中华民族根之所在，现代寻根热不能不纷纷选择这块土地来作精神漫游。

同时，西部文化向现代境界的迈进也得力于它文化的交汇型和思维的综合性。正由于没有世界意识的刺激，就没有民族地域文化的自觉，因此寻根作为一种现代行为和现代心理，必然渗透着世界意识的内容。而且寻根的目的不是自我封闭，而是明晰每个民族、每个地域世界现代化进程中的历史投影。这是寻根过程和目的的世界性。从结果来看，文化寻根既是现代文化和传统文化的渗透，也是对传统文化做新的审视和开掘，并将它重新带回到现代社会中来。这一点，在当代中国西部作品和传统中国西部作品的不同中，可以鲜明地感受到。当每个民族、每个地域都以自己富有个性的文化艺术参与到世界文化艺术系统中来，便形成由许多独特之美合流的综合的世界文化发展局面。这种局面，是近现代以来两种意识长期进行悲剧性冲突之后所达到的新境界。这将是各民族、各地域文化在更深意义上对世界文化做出的贡献。

从古代开始形成的中国西部文化的多维向心交汇，就这样和美澳发达地区的多维离心交汇文化产生了深层感应，就这样为现代文化的综合发展和现代思维的综合趋势提供了良好的文化底色，就这样在一个新的历史环境、一个新的文化背景、一个新的思维高度上，显示出自己的优势来。这也就是为什么西部文艺最初的尝试和提倡，很快便蔓延成一种热潮，引起国内外关注的原因吧。中国西部文化的结构，大体符合了人类文化发展的走向。

三

西部人多族杂居状态和现代人跨社区生活状态相感应，西部人因杂居带来的心态杂音和现代人文化心理的杂色相感应。在过去的专著和论文中，我曾对西部人多族杂居的情况、杂居对西部人心理的影响以及文艺作品对这些特点的反映，做过分析介绍。中国的少数民族绝大部分在中国西部，西部是少数民族的故乡。由五十多个少数民族组成的西部民族博览会和西部民族百花园，在政治思想的认同和社会组织、行政管理的建设上，在经济文化的发展上，在民间各种亚文化、潜文化的导引和研究上，都给我们提出了许多新的课题。在马克思主义的指导下，解决好西部民族地区的政治、经济、文化建设，将是西部对建设中国特色社会主义独有的贡献。

西部少数民族的分布和居住，大约有四种情况。第一种是相对集中于一个地区，且人数较多、地域较大，基本形成了纯一的民族社区经济和文化，而且集体定居，形成村落，主要从事农耕活动。如新疆维吾尔族和宁夏回族，他们的流动性不大，长期生活在纯一的、稳定的社区中，心灵中的杂色杂音较少。第二种情况，虽然相对集中，但以游牧为主，居无定所，且一族之内分支部落极多，如内蒙古的蒙古族、青藏的藏族、新疆的哈萨克族，他们的流动性较大，虽然一般不超出本民族的大圈子，但在各部落、派系之间流动则是常事，容纳不同生活习俗、生产方式和价值标准要多一些，适应性也需要更强。第三种情况是几个较大民族交界地区的杂居状态，或许多小民族杂居的状态。如在青海海北和甘肃甘南的祁连山腹地这个广大地区，恰好处于中国西部四个文化圈（其实也可以说是民族圈）的交接处，是青藏、新疆、蒙宁、陕甘四圈多民族文化交汇的旋涡。自古以来民族杂居，你中有我，我中有你，而且经过通婚、信仰、习俗的长期变异，产生了许多新的小民族，如东乡族、裕固族、保安族和部分撒拉族。他们和汉、藏、蒙古、哈萨克各族杂居于此（自然也有自己的小社区），有差别有统一，有隔离有交流，有冲突有合作，四面交通，八方往来，在心态、情感和文化心理上，呈多维交汇的杂色杂音。第四种情况，是已经离开土地和牧场，并且从本民族、本部落的肌体上分离出来，进入城镇特定生活社区，从事工商、行政或各类脑力劳动工作的少数民族。他们连本民族完整的小社区也没有了，以单个的个体和家庭进入了五方杂处的城市居民组织。他们不但要面临多民族杂居的现实，还要承受由牧区、农村到城市，由部族、村社文化到城市文化的形形色色的喜怒哀乐和价值杂交、价值转移。作为杂色的心态，这一部分人的内心世界就更为丰富了。

其实居住杂化和心态杂色，也是一种多维文化交汇。人是文化的带电体，杂居就是不同带电体，不同心理场、文化场的靠近和交叠。杂居虽然主要表现为无意识和潜意识文化的交汇，总又是进一步进行有意识文化，甚至意识形态文化交汇的心理基础。当然，杂色心态首先是长时期多维文化交汇的心理沉积。

无须说，杂居状态和杂化心态使西部人的文化容受能力、智慧杂交能力、视角转换能力都较强。你从杂居地区的民族能很快掌握多种语言，从他们能较快适应新的生活环境，并且建立新的人际关系等方面，可以确定无疑地感受到这一点。这是西部人的一个优势，只是这种优势还处于自发状态，有待于在一体化的、多维的现代文化结构中得到充分的发挥和科学的提高。

跨社区生活已经愈来愈成为现代社会的一种常见现象，这是现代商品经济所要求的交换决定的。交换市场不受社区限制，商品无国界。这不但使得直接从事商品交换的这一部分人不能不超越原有社区的局限，随着市场的扩大，走向更阔大的社会，走向世界；也使得在商品经济基础上从事其他相关职业，包括庞大的上层建筑中的人员，不能不将自己的眼光和心灵面对着一体化的世界；而且使得并没有流动或很少流动的人，也不能不卷进这个日益复杂的世界，因为流动的世界、流动的人群来到了他们面前，商品和商品经济相关的活动将每一个使用商品的人裹挟进自己激越动荡的湍流，这是连瘫痪在床的老人都不例外的。从某种意义上说，现代人既在自己居住的小社区中生活，被亲缘、地缘、业缘等等关系固定着，又是地球村这个大社区的一个居民，被国际大循环的全球一体化经济流通所固定着。复杂的世界将自己全部的复杂性在人的心里留下影像，人也就不能不在自己的心里预备一面能够照出这些复杂的镜子，变得有能力应对这个复杂的世界；否则便难以适应现代生活。

这是从社会生活的变化来说。从人自身来说，也愈来愈复杂化。人类总体文明素质的提高，人作为主体在愈来愈广阔和深刻的程度上得到确认，得到张扬，当个体的人从群体的人中分离出来，当精神的人从自然的人中——亦即"思想着的人"从"生活着的人"中——分离出来，人的复杂程度不但日益提高，而且能够得到从未有过的充分的展示。

所有这些，既是现代社会对人的要求的提高，也是人自身素质的提高。"社会变得复杂了，人变得复杂了"，这两句街头巷尾常常能够听见的慨叹，其实真切地反映了现代生活的总体走向。它可能会带来这样那样的问题。例如某些人道德水平的下降，也可能会带来这样那样的失衡；例如对价值观念某些具有进步意义的变化看不惯，骂娘。但总体上，人的复杂化、社会的复杂化是人的更大解放，社会的更大进步的标志，它符合人类对社会的终极要求和对自身的终极关怀。

自然，西部人因民族杂居带来的心态杂色和现代商品经济给人的文化心理带来的复杂化是两种背景、两个阶段上的复杂，却为西部人在走向现代社会的过程中，铺垫了必要的文化底色和心理承受能力，有利于西部加快现代化进程。需要特别说明的是，这并不意味着忽略或否认自然经济的简单再生产带给西部人的种种弱点。

四

西部人在村社和部族自然经济基础上的流动生存状态，以及反映着这一生存状态的动态生存观，和现代人在现代宏观商品经济基础上的流动生存状态，以及反映着这一生存状态的动态生存观相感应。

《河殇》的作者武断地认为中国历史处于一种"超稳态结构"之中而停滞不前，认为中国社会内部缺乏动的活力，只有静的惰力。且不论其政治上有怎样的目的，仅就纯学术的观点来看，也是不科学的、片面的。他们立论的基础仅仅是中国黄河流域的土地文化区。对土地文化区生存状态的分析，也失之偏激和片面。其实，中国西部和中部和东部，生存状态并不完全一样。如果说中国的中原地区主要是农业文化，显得相对静止；中国西部却主要是游牧文化，生存方式以动为主，生存意识中有不可忽视的动的活力。

农业文化区基本的生存状态，是"守土为业"。因为人们要世世代代在这片固定不动的土地上劳作，才能生存繁衍。所以"守土"的能力成为人生存能力最主要的标志。守为高、守为上，反映到意识上，便是静为善、静为美。守土为业就能平安度过一生，甚至发家致富，荫庇子孙。人生一世，只有躲避天灾人祸才挪动，动和灾祸伴生。动穷动穷，动则穷；动乱动乱，动则乱。女人要远嫁，儿子要入赘，总是有低人一等、拿不到人前的原因。爱倒腾的人，是根基不厚的人或无根的人。万一倒腾发了家，即因动而富，那是不义之财，是暴发户，遭人白眼，受人唾骂。商事是流动的事业，因而无商不奸，因商致富必须以名望做交换，付出道德的代价。"三十亩地一头牛，老婆娃娃热炕头"，才是农业文化区理想的人生境界。土地、房屋是什么呢？是"不动产",是将人焊接在一个地方不能动弹的人生基座。在这个基座上建立起一整套价值观念和生活习俗。"热土难离,穷家难舍","金窝银窝不如自己的穷窝","在家样样好,出门事事难","父母在,不远游"。走得再远,年三十必须赶回家团圆,"团圆"就是一种封闭的静态的人生聚会。伤别,成为中国古代诗歌的一个永恒而固定的题材。离别与伤感同在,伤别诗之多,中国乃世界第一。也有壮行诗,那也是悲壮,"风萧萧兮易水寒,壮士一去兮不复还",出行与悲怆仍然是同义词。在农业文化区的人看来,离土、离乡,这个"离"字(也就是动字)总包含着某种风险、某种不祥。因而亲人离家,要"饯别""饯行",亲人离而终归,要"接风""洗尘",用中国食文化的隆重仪式,祝福游子的平安,庆贺动态人生的结束。在路遥的小说《人生》中,永不安分的高加林最后选择了黄亚萍而背弃了巧珍,巧珍又按照她母亲那一代的标准,选择了马栓,原因很多,许多文章做了精辟的分析。其中有一个原因,论家几乎没有提到,恐怕大多数读者甚至作者本人也未必意识到,那就是动态的和静态的生存观的差距。高加林的不安分是什么呢?是现代人动态选择性生存观。他希望离开束缚着自己父辈的土地,他希望在人生道路上不停地选择、竞争,更快、更高、更强地发展自身。他虽然在这次动态生存的搏斗中失败了,重又回到土地上,他终究还是要走的,要作土地的浪子远行的。正是为了这种远行、这种游动,他毅然斩断了自己对巧珍的爱。这爱是真切的,但却是动态人生的羁绊。为了动而背弃爱,显示出一个"动"字在高加林心中那种至上至贵的,甚至高于初恋之情的位置。巧珍嫁马栓,行动上是自己的选择,精神上是被迫的选择,她强迫自己按照母亲一代的价值坐标结婚,这就是按静态人生的标准,成立一个固着在土地上,窒息在窑洞里的,可以"拴"住"心猿意马"的静态家庭。她曾经想改变自己的生活方式(她说,以后要像城里人那样,给高加林过礼拜天),在高加林带来的新的生活机遇面前,作一次动态的奋飞。但精神上还稚嫩,还处在

"被拯救者"地位的巧珍,是无力自己救自己的。当高加林这一精神支柱一旦抽身,她身上长期形成的静态文化心理便淹没了"小荷才露尖尖角"的动态文化萌芽。这一对年轻人的分手,是两重意义上的胜利:强大的静态生存观,终于通过巧珍的出嫁,"拴"住了一颗心猿意马的心;同样有生命力的动态生存观,也终于通过高加林的决断,使他在精神上、感情上完成了离开土地的艰难的起飞。

这是在农业文化区和游牧文化区接壤之地的陕北,发生的一场富有时代意义的人生辩论。由高加林的家乡再往西,正式进入中国西部的腹地,情况便有了很大的不同。中国西部社区的人口构成,除了汉族地区的世袭农民外,主要有六个群体:一是生活在广大地区的游牧民族群体,如维吾尔、哈萨克、蒙古等少数民族。二是在新开垦的处女地和新开发的工矿区中生活的集团性移民群体,如几百万生产建设兵团和石油、地矿工人。三是军队和军事科研基地的流动生活群体,用所谓"铁打的营盘,流水的兵",形容他们是很贴切的。四是历代失意的官僚和落魄的文人和他们的后裔组成的流放者群体,如清代的林则徐、纪晓岚,现代的艾青、王蒙、张贤亮。这是西部的知识阶层。五是由失去土地的农民构成的个体的、盲目流动的移民,俗称"盲流"的那一类人。六是在精神上不堪现代生活的困窘而来西部寻根,寻找失去了的精神传统,寻找真性真情真的自然,寻找文化补偿的心灵行旅者群体,如作家中的张承志、马原、张曼菱等人。

这里,不论是游牧之"游",移民之"移",流动之"流",盲流之"流",行旅之"行",都确凿无误地包含着一个"动"字。流动的生存状态,动态的生存观,是中国西部除世袭农民而外的这六种人口群体共同的特征。他们的生存方式不再是"守土为业",而是"移畜就草""移人就业"。在这里,一切价值标准都和"动"字有关。动为贵,动为上,动者为尊。冬天来临之前,哪一位哈萨克的小伙子能够动得最快,最快地拆掉帐房,最快地将整个牧群撤离夏草场，赶往冬草场，又最快地在新草场上重新拉起自己的帐房，便会受到大家的夸奖、姑娘们的青睐。因为"动"的能力，意味着生存能力、生存智慧。也因此，在草原上和在土地上有着完全不同的习惯，当姑娘待嫁时，不是去打听男方有多少"不动产"，即土地、房舍和存粮，而是在赛马、叼羊中考验男方有多大的"动"的能耐。在农业区，永远不离开土地的小伙子，"不动"的小伙子，是姑娘们可以信赖和依托的男性；在游牧区，永远在马背上运动的小伙子，才是姑娘们可以信赖和依托的男性。西部所有这六种人口群体，在人生的道路上，都经历过或必将经历两次或多次生活的选择，适应或必须适应两次或多次生活的转弯。命运把他们从原有的生活环境和人际关系、社区结构中剥离出来——这种剥离有时是那么惊心动魄，那么苦痛和酷烈——放到一个新的生活环境和人际关系、社区结构中去，强迫他们在新的起跑线上，从零开始竞争。然后，极可能又剥离一次，又选择一次，又竞争一次。流动生存状态和动态生存观就这样锻打了西部人的适应能力、选择能力、竞争能力。就这样焕发出埋藏在他们心中的奥林匹克精神，就这样用人生的雪暴，用精神的沙暴，用感情的风暴，在西部人的心灵上搓磨出厚茧，使他们变得格外地刚强起来。

对上述西部六种人口群体、人生状况和感情状态的描绘，构成了中国西部文学主要的题材类别，如西部民族题材、西部开发题材、西部军旅题材、西部流放和盲流生活题材、西部行旅者寻根题材等。所有这些题材内容，也无一例外地含纳着一个"动"字。

无"动"则无西部人生；无动则无西部文化、西部文艺。

我们再来看看现代社会和现代人的生存状态和生存观念。

好像是巧合，美国未来学研究者提出了在现代社会萌生、在未来社会成形的"新的游牧民族"的概念，而且在《未来的震荡》一书的第二部第五章，列专章对这个问题做了详尽的评述。这一章的题目就叫《四海为家：新的游牧民族》。他为我们描绘了这样一群跨世界游动的人群：

  罗布是华尔街的一位董事，每周五下午四时半，夹上公文包、取下大衣下班。他乘电梯下降二十九层来到地面，再花十分钟穿过熙熙攘攘的街道来到华尔街直升机场。十一分钟后他到达肯尼迪机场，转乘环球航空公司的大型客机向美国西部飞去。他习以为常地在飞机上吃晚餐。一个小时十分钟，他愉快地走出俄亥俄州的哥伦布机场，半小时后坐家用汽车回到家里度周末。三年多来，周周如此，在五百英里的距离上去来自如。每年行程50 000英里。

  罗布的情形并不是十分不寻常的。加利福尼亚的一些牧场主每天早晨从太平洋沿岸的家里出发，飞到120英里以外的英皮里峡谷去经营自己的牧场，傍晚再回来。宾夕法尼亚州一位工程师的孩子，只有十几岁，为了矫正畸齿，定期飞往德国法兰克福去治疗。更有位十一岁的美国孩子，已经能够独立完成环球飞行。芝加哥大学哲学家麦基翁博士在整整一学期中，每周来回200英里，去纽约的新社会研究学院讲课。旧金山的一位年轻人和檀香山的女友为了周末约会，每周要轮流在太平洋上空飞行2000多英里。有位新英格兰的主妇定期飞到纽约理发。

空间距离随着社会的发展而日益缩短，人生和一个固定地方的联系则日益短暂而脆弱。对现代人，特别是对未来人来说，流动、旅行、迁徙，已经成为第二天性。现在一个美国人一生旅行的里程，大致相当于七十年前一个美国人一生旅行里程的三百倍。最近二十五年中，美国国内旅行平均里程增长速度比人口增长速度快六倍。1967年3月到第二年3月的一年中，有三千六百六十万美国人更换过家庭住址。1961年，占有英格兰和威尔士总人口的11%的人，在他们的家里未住满一年。法国每年有8%至10%的人迁居。在国际商业机器公司的董事们中间流传着一个笑话，说他们公司的缩写"IBM"

这三个字母表示的意思就是，"我们一直在迁居"。美国学者威廉·怀特认为："按照定义，几乎可以说，企事业组织的忠实成员就是那些离家在外……四处奔波的人。"西方学术界和舆论界早已提出"企事业团体的吉普赛人""整个欧洲正经历着一场国际性大迁徙浪潮""现代社会正在进行一次庞大的人口交流"这样一些观点。

阿尔温·托夫勒由此提出他的论点："我们亲身经历了这样一个过程，即对人类生活来说，一块土地已经大大降低了它的重大意义。我们正在培育着一种新的游牧民族，他们移居迁徙的规模大，地域广泛，意义深，这是很少有人怀疑的。"他认为，经济愈发达的国家、文化知识愈高的层次，这个现代游牧民族的雏形就越清晰。

需要说明的是，笔者在《中国西部文学论》中提出西部人动态生存状态和动态生存观念的论点时，并没有读到托夫勒的这本著作。我们是各自根据自己面对的研究对象，即中国西部人的流动迁徙和西方人的流动迁徙，走到一条思路上来的。与其说这是研究思路的巧合，不如说这是西部和现代生存实际在不同层次上的感应。

生存观念、生存意识，一个重要的表现，就是对家的观念，对家的意识。对土地文化区的人来说，"家"是什么？是房舍，是牢固地扎基于土地上的多面体生存空间。在"家"里，也就是指在"房子"里。对游牧文化区的人来说，"家"是什么？是帐房，是可以随时搬动的、游走的多面体生存空间。是马背，是可以驰骋于大地之上的生存状态。在"家"里，也就是指在马背上。对现代一体化经济结构和社区组织的人来说，"家"又是什么？是汽车、飞机，是游动于甚至游离于土地之上的多面体生存空间。在"家"里，对这些人来说，主要是在"路"上。因此现代人的那种"家"的感情，已经不是地缘和亲缘之情，而是业缘（事业）和情缘（感情）。家的观念的不同，在生活的一切方面显示出来。比如说，在婚姻的稳定性这样的问题上，就能显示出来。

这样，我们便切实地感觉到了西部在动态生存观方面和现代的感应。无须说明的是，这两种动态生存观是处于社会经济文化的不同阶段的产物，它们是有很多不一样的。比如，西部的迁徙流动现在主要还是为了维持简单的再生产和低水平的生存条件，现代的迁徙流动则是为了实现宏观经济的大循环，满足人类生存较高的物质和精神需要。又比如，西部的流动，常常是群体的流动，是原有小社区（如部落）的整体搬迁。这种小社区的整体流动，人并不能从原有的社区生活组织、人际关系和文化圈层中分离出来，它总是维持着原有的生活结构和心理氛围，带有相当的封闭色彩，甚至在某种程度上是一种封闭的挪动。而现代"游牧部族"的流动，则主要以经济竞争、商品流通和个人精神需求为目的，每一次迁徙都是人在某种程度上对原有生存环境的剥离，甚至是对原有文化土壤团粒结构的一次破坏。而在迁徙之后，由于不再介入以地缘、亲缘为基础的生活结构和人际关系，个性和主体的张扬便有了相当大的自由度，有了活力。但这种"不介入"也带来了问题，便是传统道德、责任感和归属感的淡漠乃至丧失。中国西部群体的社区的流动，能够保持对民族的、地域的认同感和忠诚感。在现代西方的流动中，这一切都被冲毁了，只有对公司、对协会、对职业的忠诚，亦即对事业和利益的忠诚，而没有了对地缘、亲缘的归属感，也没有依靠伦理维系的长存的友谊。因此人生常常使人感到冷酷。这促使现代西方社会伦理观发生质的变化，由亲缘、地缘伦理体系（即家国同构的政治伦理体系），向业缘、情缘伦理体系（家国分离的经济伦理体系）转化，由和谐为本的伦理观，向竞争为本的伦理观转化。这又是中国西部动态生存意识向现代转化时不能不预先考虑到的。

尽管两种动态生存不可同日而语，我们仍然要着重指出二者在文化心理的深层结构上的相似。这种相似使二者有可能越过几个历史阶段相认同、相呼应。这便是西部动态生存观在现代的积极意义。具体说，有这么几点：第一，动态生存意识有助于西部人解决原有的生活难题，促进他们去寻找新的生活条件和人生前景。第二，动态生存意识相对地有利于维护选择人生的自由和思考人生的自由。第三，动态生存意识一代一代锻炼了西部人的生存能力，并且在漫长的岁月中沉积为一种文化心理遗传基因，有利于西部人适应现代商品生产社会的各种人格要求，如角色意识、应变能力、心理能力以及竞争的机制。有篇报告文学写道，新疆维吾尔族人靠卖烤羊肉串走遍天下。在广州的外汇市场上，新疆人的活跃位居广州人之后，名列第二，以致新疆不得不在广州的三元里地区派出公安机关长驻。从中我们不是可以看到在动态生存意识化育下的阿凡提式的机巧和智慧吗？

五

西部随处可见的前文化自然景观、人文景观、心灵景观和现代某种超越文化、排拒文化的社会情绪、社会心理、社会思潮相感应。

需要首先说明一下的是，"前文化"这个概念含义很多，我在这里主要是指前社会文化，特别是前现代文化。不可引起混乱。

现代社会，是科学的理性社会。社会的现代化过程，在某种意义上就是社会的科学化过程、理性化过程。总体上看，也就是社会的文化化过程。但是，现代社会愈理性化（科学也是一种理性），人愈理性化，潜藏在人的自然本体中的非理性化欲求就愈受压抑，就愈容易反激出宣泄的需要来。这也许是一些大科学家、大哲学家、大文豪晚年笃信宗教的一个潜在的原因。甚至他们中间的一些人，在人的非理性要求受到过度压抑而失衡时，得了精神性疾病，甚至自杀。

现代社会又是走向有序化和一体化的社会。覆盖全球的宏观经济循环为社会一体化建立了基础框架。科学技术超地域、超国界的全球性传播加速了一体化。思想、政治观点汇成流派、汇成体系，又用党派、政权、制度、阵营凝结为全球性的格局，也使一体化得到强固。信息社会的现代交通、通信、传播和全球性的电子计算机网络，不但使时空在整个世界几乎同步，而且空前地统一了思想、舆论、兴趣。瑞典科学家的一项发明，很快就成为全世界的财富。南极洲建立了一座新村，也很快会引起全人类的兴趣。世界愈是一体化，人类愈思念个性化，向往个体性，个体思维在沉重的压抑下解脱出来。生活愈变得有序，变得连你该不该笑、该不该哭，怎么笑、怎么哭，对谁、对什么事情笑还是哭，都要按规则（又不仅是礼仪的规则，还包含着人际关系甚至政治交往的规则）行事，人就愈眷恋无序，眷恋随心所欲的童年的天真和初民的耿直。

而人类又是怎样在自己辛勤创造的文化中被弱化啊！文弱、文弱，这个中国词组合得何等科学。人类创造了文化，每一项文化成果都极大地扩展、延伸了人类认识世界、改造世界的能力，也提高了人类消费世界、享用世界的水平，但每一项文化成果又反过来削弱了人体。人类在文化的进程中，愈来愈成为科技的人、理性的人，成为政治动物、经济动物，而自然母亲给予我们的真性、真情、真力，在一天天削弱、退化。皇冠车使人日行千里却失去了"夜行八百"的飞毛腿，万宝空调使人在炎夏凉爽如秋却再也难于承担烈日下的体力劳动，菲利浦电视机使人能够看到整个世界甚至天宇，却使你对目力所及的眼前事物没有了反应。当人类由生到死都被包裹在这层密不透风的文化膜、科学膜之中，只能通过文化膜间接地、半透明地感知世界，而不能用自己的眼、耳、鼻、舌、身、心直接地触摸、尝味这个世界时，那长期受欺凌、受歧视的自然本性怎么能不愤怒、不咆哮、不反抗呢？当现代社会的文明将人类弱化得再也不能产生原本意义上的鲁滨孙和斗牛士时，人类又怎么能不急切地呼唤奥林匹克精神呢？

现代社会开始露头的某种超越文化、排拒文化的情绪、心理和思潮，就其积极意义上来说，是人类撕破文化膜到前文化的、大自然的天地中做的一种健身呼吸，是人类对正在蔓延的文化病的一种心理治疗。当然，这种情绪、心理，特别是思潮，也有消极意义。如果由超越文化发展到憎恶、反抗文化，而且形成思潮、形成理论，那就更错误。这一点，我们将在后面分别加以分析。

突破文化膜对人的弱化，一般有两个渠道。一是实践感受、实践强化的渠道，即近年来兴起的文化寻根型和回归自然型旅游。这两种类型的旅游已经形成热潮，大有超过城市消费型和文物考察型旅游的势头。再一个就是模拟感受、模拟强化的渠道，即近年来文艺创作兴起的文化寻根热和"人与自然"热。为什么模拟的渠道选择了文学艺术呢？因为其他的意识形态和各类学科，像哲学、伦理学，都是理性文化、抽象思维文化，只有文学艺术是感性文化和灵性文化，是具象思维和灵象思维文化。也只有文学艺术能够再造描写对象本来的面貌，通过形象性、感情性和个别性、偶然性来感染人。这种特点可以说正和人内心潜在的无序性、非理性要求暗合。

无论是对大自然和前文化状态的实践感受还是模拟感受，都不约而同地将关注转向了中国西部。因为中国西部是前文化生态和心态最丰富的地方，这是它拥有的一笔得天独厚的文化资源。

西部的自然风光中，没有或较少有文化膜的附着物和散落物。西部的雪山、草地、河源、湖泊，就其实际的存在来说，大都是纯自然的，没有社会实践活动的改造，是造化的赐予，是天籁的秘响，有着特殊的真切感和纯净感。当你面对这地老天荒、完全超脱于人世社会的景观时，一种历史的、哲学的、人生的、生命的沉思和感慨便不由生出。这些阅尽人间春秋的高山大河似乎在以沉默为语言，告诉你：人世喧嚣处的生命，是具体的、琐屑的、忙碌而不知何以忙碌的、形而下的。而这里，西部，则有在无边无际的宏阔的时空中循环的大生命、真生命、形而上的生命。这里是沉默的，却可以思接千载、神通万里，因之十分喧闹。为生命所累、为生命所苦的现代人，希望能在应当喧闹的地方求得沉默，例如在闹市的人群中；而在应当沉默的地方，却神往于精神上的喧闹，例如在大自然中。

西部社会风习中的前文化因素，对现代社会心理是一种平衡。物质生产与精神生产是不平衡的，是在矛盾、冲突、差别、离异中求得大一统的。自然经济、村社和部族文化从历史的角度来看是落后的，从伦理的角度来看却很复杂，有落后、保守的一面，也有淳厚朴实、重义轻利的一面。后者在调节、润滑社会的运转上，有着积极意义。特别是在非意识形态领域，在民风民习中包含的那种朴素的、原生态的人伦哲学、群体认同、天人合一、崇尚天然和综合的、整体的把握世界的致思方式，对于现代社会商品交换对人心的侵袭，对于实用主义、个体自足、天人对立和过分实证的、精确的、微观的把握世界的致思方式，是一种平衡和补偿。

西部非文字表述体系的文化较为发达，对文字符号给予现代社会的笼罩和现代人的制约，也是一种平衡、补偿。西部初期的文化财富和其后的许多文化传统，都是采用民间口头纵向传递的形态保存、延续下来，如各民族的创世神话和英雄史诗，便是通过阿肯弹唱等民间口头说唱一代一代流传下来的。它和通过现代印刷术的大面积横向传播有很大不同。它不是通过文字符号的翻译（这种翻译而且是二度的，即记录、整理、创作时的一度翻译，和欣赏、接受时的二度翻译）来传播的，因而较少受符号表述时的局限、翻译者表述时的局限、接受者对符号理解和再现时的局限的制约。这里每一种制约，都是一次失真。它也不是通过现代印刷进行的横向的大面积的同步传播，可以在相当程度上避免同步覆盖所导致的个性消失和整体文化的共性侵蚀，更多地保留原生的生活画面和情趣。此外，西部的非语言表述体系也较为发达，大量的文化财富和生活的、心理的经验，既通过语言（又分文字和传说、弹唱），又通过音像（如歌舞）和自娱（如民俗）性的表述系统，集中起来，传播开去，留存于后世。社区疏离所造成的处理复杂政治关系和人际关系的钝拙，使得语言使用的深度和广度受到限制。西部人更深更广地和自然交流，他们常常通过非语言表述的歌声、舞姿，某种婚丧嫁娶和祭祀的仪式来表达自己的喜怒哀乐，交流感情，协调社区精神。非语言、非文字表述，相对于精确、丰富的现代语言文字文化来说，当然显得粗糙、简陋，却也有某种优越性。这种表述方式的轻符号、重感觉，轻形式、重意会，轻微观内容、重总体情绪，以及它的现场交流和自娱参与特色，应该说都是值得日益发展到精致程度的现代文艺参考的——而且也正好与现代文学艺术许多新探索暗合。这正表明了两者之间的感应。

应该承认，以上粗略涉及的这一切，表明了西部人心中的非文化自我（非现代文化自我）因子较多，人的自然本性、人的传统本性（前现代文化本性）保存较好。这对被过量物质文明压抑着的、相当程度上物化了的现代人，是一种人性的召回，一种生命的复生。不是要现代人回到前文化状态中去，而是要现代人在保存、发展已有的文化智能的基础上，同时恢复、发展正在退化的非文化智能，恢复、发展我们和宇宙用多种语言，甚至沉默来对话的能力，这是主体和客体在无边的领域里感应、默契和呢喃的能力。这种能力的重新发现和在新境、新界中的发展，将是人在未来社会全面发展的一个重要表征。

在现代后工业社会开始出现的反文化情绪，大多是朴素、自发地表现于民间的日常生活中，有的则被提炼为意识形态，提炼为一种观点、一种主义，并扩大传播为一种思潮。它的情况很复杂，不能一概而论，需要作具体的分析，作区别的对待。我感到，现代的反文化情绪大致有这么几种意思。

第一，反唯文化。认为人应该在发展文明的同时，重视自己的自然生命；在承认人是一种社会的存在（文化的存在）的同时，也重视人是一种类的存在。故而应该寻求一条路子，使人在日益文明化、社会化的现代，能够保持住自然赐给我们的真情真性真态。我感到这种看法是有一定道理的，只是需要进一步看到，人的自然本性在一个文化的社会中，不可能抽象地存在着，它归根结底总会带上这样那样社会意识文化的色彩。作为一种补偿、一种追求未尝不可，但要实在地获得这种"真"性，又是不可能的。

第二，反符号文化。例如非非主义，认为文字语言符号是存在于主体和客体之间的一种假象，文字和语言使我们反而认不清这个世界了，是对真世界的否定（"不是这样的"）。而"非非"，即"不是不是的"，就是要否定文字语言符号对真世界的否定，非其非，求真是，让人类直接与客体世界相通。这种看法，就发现文字符号在认识过程中的局限性和负作用方面，是敏锐的，有可取之处，但是他们走到了另一个极端，反对与文字、语言相联系的整个现存的文化形式、文化成果。认为文字语言成为现代社会的"世之界限"，现代世界成为一座文字语言的海市蜃楼，是彻底的错误，应该完全轰毁。甚而主张对现代社会作"前文化还原"，退回前文字时代，重新探索人类文明发展的"亿亿种可能"。这就掉进了全面否定历史、否定现实，甚至否定未来的虚无主义泥淖，在历史悲观主义的深渊中不能自拔，显然是我们不能同意的。即便这样，他们主张勇于探索，开辟新的文化世界、文化自我，开发人类被现存文化窒息了的"文化外"的认识潜力和创造潜力，还是有启悟力的。

第三，反传统文化，也反主张批判继承传统的现实文化。由此出发，他们反对一切文化规范和行为准则，包括社会主义的文化行为规范。这种主张，不但理论上错误，而且直接导致现实社会政治、经济、文化生活的混乱，危害性很大，需要认真的分析、批判。

在中国和外国的历史文化演进中，可以说一直存在着一条若明若暗的反文化情绪的虚线。中国上古时期曾经出现过一段文化的灿烂发展期，老子和庄子早于我们几千年，超前体察到了文化繁荣给人带来的困窘。他们反对一切人为之事，反对文化规则和精神传统。老子说，"五色令人目盲，五音令人耳聋"。他反对当时的伦理观念，主张"绝仁弃义"；反对传统的理性法则，主张"绝圣弃智"。他认为人的一切痛苦都是文化造成的，只有"绝学无忧"，抛弃了学问文化，才能避免忧患。庄子走得更远，他把反文化的老子推向极端，明确提出"灭文章，散五采"，主张取消一切文化。庄子是在人类思想史上第一个触及人的物化处境的哲学家，最早提出了反物化的哲学命题："物物而不物于物""胜物而不伤""不以物挫志""不以物害己"，总之，"不囿于物"。他似乎对自己的主张抱悲观主义的态度，认为这一切都无济于事，社会的发展将使人的物化命运无法扭转。得救之途只有"堕肢体，黜聪明，离形弃知"。谓之"坐忘"，倒很有点现代非非主义者的洒脱。在西方，尼采陈述过"道德对生命本能的压抑"的观点；别林斯基慨叹过"智慧就是痛苦"；海德格尔看到了"存在（指社会文化存在）的冥暗"；弗洛伊德则处处感到"超我对本我的压抑"。所有这些，都反映了中外思想家对文化压抑人类的感知，都是对反文化社会情绪的不同表述。他们有的以科学的精确，有的以文学的感慨，有的从积极方面，有的从消极方面，陈述了反文化问题。而在不同的历史文化背景之下，他们这些见解所起的作用也是迥然而异，有的积极，有的消极，有的带有破坏性，需要我们在具体的历史条件和文化背景之中加以具体的分析评断。其实，马克思关于人的异化的理论，十分深刻地论述了资本主义工业文明对人本性的压抑。他指出"劳动的异化，人失去他的本质而变成为物"，他评述了英国工人破坏机器的反资本主义文明的行为。马克思主义以历史唯物主义的态度，在特定的时代、阶级、社会文化关系中对这方面的问题作了历史的、具体的分析，而且从中找到推动历史进步的积极力量和积极情绪，这就是推翻资本主义而建立一个新的制度。在马克思主义者看来，物质文明愈加速发展，精神文明的建设愈应该受到重视。从这个意义上说，中国共产党人提出的相辅相成抓好社会主义物质文明和精神文明的建设，为现代社会物对人的压抑、文化对真性的压抑找到了一条积极解决问题的正确的道路。

正因为现代反文化情绪有如上的复杂性，我们应该对西部和现代在这方面的感应做两点论的分析。既看到这种感应的正效应（如前所述），也要看到它可能产生的负效应,负责任地指出它,尽可能地预防它、转化它。

比如说,既然这种感应是现代潮从西部潮的某些原始形态的生活与心理中获得某些结构效应,某些平衡和补偿,那就不可否认,结构效应并不会是纯结构的,它不可能将内容完全从结构上剥离干净,必然会挟带着一些内容上的东西。一方面,平衡和补偿的需要,使现代生活从挣脱文化困境出发,主要关注到西部那些原始的、古朴的生活和心理内容,而忽略西部在现代化进程中充满生机和活力的生活内容和心理内容。平衡和补偿的需要,使现代潮在这种感应中处于主动地位,他们并不负有全面地、历史地评价西部,并设法从积极方面改造西部的任务,他们只是以现代潮的反文化情绪为主坐标,借西部的前文化来浇自己心中的块垒,因而脱离西部全面的真实,夸大到曲解西部的情况就难以避免,完全借西部生活之形装现代人之魂,把西部生活和西部形象搞得不伦不类、不尴不尬。对这种将"感应"变成"迎合"的负效应,西部文化的研究者已经提出质疑。这既是一种伪西部现象,又是一种伪现代现象。但是这双重的"伪",作为特定时期的一种存在,作为西部潮与现代潮感应融会初期的一种幼稚病,却又是一种真实。我们应该分析,却不能忽视。

在现代潮从反文化情绪出发感应西部的过程中,我们应该注意以西部生活、西部精神、西部历史进程的全部真实为土壤,避免从先验的想当然出发,随心所欲肢解西部;应该注意将特定的西部现象,放到特定的历史进程中做历史的、辩证的分析理解,避免将西部变成一个抽象的、凝固不变的、遥远而又古朴的神话,来被动地和现代对应;应该特别关注西部文化在内在结构上和现代的沟通,把握西部生活的内在精神,把握这种内在精神积极、进取的一面,反映出西部如何主要以自己的"优根"、优势和现代精神相感应;还应该特别注意反映在现代化进程中,西部精神和文化心理的积极能动作用……这一切,都要求我们的作者和学者根除自身在看待西部时的任何一点优越感、任何一点贵族式的倨傲不恭，否则，必然要在自己的创作和写作中流露出来，而不为西部人民所接受。

六

西部人原始生存和艰难发展的悲剧感、忧患感，和现代人超高速发展的焦虑感、忧患感相感应。

在我们民族的审美心理中，西部总是和悲壮、悲怆、悲悯等意象和情绪联结在一起，和悲剧感联结在一起。近代德国美学家J.伏尔盖特在《论悲剧的美学》中，指出构成悲剧的三要素：一是强烈的、异乎寻常的苦难（包括身体和精神两方面）；二是人性的伟大，即内在精神气质上的崇高和类崇高；三是比较典型的有代表性的悲剧命运。这三个要素在西部中国的自然景观和历史、现实生活中都有丰富的蕴藏。

从西部的生存环境看，有两种主要的自然意象，构成了西部悲剧气质的原型。一是落日。太阳是光明、温暖、繁荣、欢愉的象征。红日西沉，接踵而来的就是黑暗、阴冷、凋零、悲凉。黑暗使人孤独无助，夜色使人忧郁顿生。日落西山的悲剧效应已经成为人类共有的文化心理。当妈妈对怀抱中哭闹的孩子说，"再闹，晚上把你放在门外"，连不谙事理的稚童也明白这意味着什么。

一是西风。西风日渐，接踵而来的就是萧索的秋天和冷峻的冬季。春的生机和夏的繁盛——成了过眼烟云，百草衰败，百虫蛰伏。无色无姿无声的秋冬，使人的心境和大地那样一片寂寥。消沉的人更其消沉，为万物难逃的劫难而悲哀；超脱的人更其超脱，为枯荣盛衰的梦幻而悲悯；积极的人准备着更严酷的搏斗，心头弥漫着悲壮。文人雅士的笔下，"碧云天，黄叶地""西风紧，北雁南飞""快倚西风作三弄，短狐悲，瘦猿愁，啼破家"等愁肠百结的诗句便纷至沓来。

自然之夜在日落西山中来临，与人生之夜产生感应，自然之冬在西风渐紧中来临，与人生之冬产生感应。这是天人异质同构在西部产生的生命共感现象，它构成了西部悲感的一个重要的源头。

从西部人的精神气质和人生命运看，也有两种人物形象，构成了西部悲剧气质的原型。

一个是"扶伏民"，这是悲哀者的原型。《太平御览》四夷部十八、西戎六"扶伏"条记载，轩辕黄帝的臣子茄丰曾被流放到玉门关以西的地方。也许这是中国历史传说中第一个西部流亡者。据说他是怀着强烈的原罪感躬腰西行的，因此他的后裔便被称为"扶伏民"。也许茄丰血缘上的后裔，现在已经找不到了，但是他精神上、心理上的后裔，在漫漫的历史长廊里躬腰西行的政治流亡者、精神流亡者、生活流亡者，以及他虐型和自虐型的流亡者行列中，我们见得太多了。这个匍匐于西部地平线的"扶伏民"形象，透露出了西部人悲剧型文化心理的一个重要方面。

一个是"夸父"，这是悲壮者的原型。这个和"扶伏民"精神状态完全不同的传说中的英雄，也是在奔向西部的壮烈历程中完成自己的形象的。夸父雄心勃勃，要和"坐地日行八万里，巡天遥看一千河"的太阳神做一次马拉松式的竞赛，他要追上太阳，拉住它，不让它掉到地平线下面去，让西部、让世界永远光明和温暖，永远没有悲剧。他赤脚朝着西部疾行，终因饥渴而毙命。这位英雄轰然倒下时，仍然壮心不已，抛出手杖化作一片桃林，给光裸的大地以绿荫，以果实。这是西部精神悲壮的原型，其中渗合着对社会发展、对人类生存强烈的忧患感和责任感。夸父是否有后，已经无从考察，我们却从千千万万开拓西部的先行者身上，看到了他的遗传基因。最早西巡的周穆王，出使西域的张骞、班超、朱士行、法显、玄奘，和西部各民族联姻的解忧公主、弘化公主、文成公主，贬谪西部、屯垦西部的林则徐、左宗棠，以及从西汉开始一直到20世纪社会主义时期遍布西部各省的几百万生产建设兵团和石油、地矿、冶金、科技大军,所有这些历朝历代的西部开发者,这些要让阳光永驻西部的人,都是夸父的子孙。这是一个远比扶伏民壮大的英雄家族。他们尽管不都像夸父那样悲壮地结束生命,但他们艰苦拼搏的业绩、无私奉献的精神和追求光明理想的执着意志,无一不像夸父那样豪强悲壮,充满了历史责任感。

可以说,中国西部悲剧精神的积极因素和消极因素,都蕴藏在这两个原型中了。夸父和扶伏民,是我们理解西部悲剧感和忧患感的两把钥匙。

西部精神的悲剧美,已经在西部文艺中有了丰富的表现。限于篇幅和各段结构的均衡,我仅就文学方面的情况做简略的评价。笔者正就这个题目独立成书。

在叙事性文学中,西部的悲剧美大约有几种表现。

人境相悖的悲剧,主要由人与环境的矛盾导致。像长篇小说《桑那高地的太阳》,在对悲剧性的展示中,很突出的一点,就是通过人的境遇的改变(兵团战士由内地来到边疆),人和环境在重新组合中新产生的矛盾,来揭示这一代人内心具有历史信息的悲剧色彩。他们既不肯屈服于环境,又不得不屈服于环境,产生了巨大的心灵痛苦。

史美相悖的悲剧,主要是道德与历史的错位导致。《麦客》中水香与顺昌的爱情悲剧,实际上是传统道德对人性中搏动的历史要求的扼杀。这种扼杀主要是通过这一对婚外恋人自身心理上旧道德对合理感情的扼杀来实现的。"他虐"通过"自虐"得以完成,就更有了深刻性。《人生》中对此表现得更为丰富——高加林的悲剧,是传统社会道德对人物命运"他虐"完成的;巧珍的悲剧是传统社会道德通过人物"被拯救者心理"的"自虐"来完成的;而在德顺爷身上则体现了一种身处"虐"中而不知其为"虐"的麻木之悲。灵肉相悖悲剧,主要是人心中形而下欲求和形而上追求的矛盾导致的。在《灵与肉》和《一个唯物论者的启示录》系列中篇中,这是贯穿始终的悲剧基线。食、色之欲和理想精神追求，构成许灵均、章永璘的深刻悲剧。这是一代知识分子的悲剧。

形神相悖的悲剧，主要是理想与现实的矛盾导致的。这是一种理想人格不能实现的悲剧，是张承志作品经常采用的悲剧形态。张承志作品中那个"我"，是理想人格的化身。他在西部大地上作精神漫游，总是找不到和理想人格相吻合的现实土壤。于是，追求的失落和失落的痛苦，成为人物恒定的心理贯穿线。痛苦成为一种幸福，一种虽不可实现却依然保持崇高的幸福。

动静相悖的悲剧，主要是静态生存和动态生存的冲突，或换一个角度，保持文化个性和开展文化交汇的冲突导致的。中篇小说《唱着来唱着去》所反映的北疆阿勒泰中苏边境民族杂居地区，动态的民族文化，包括血缘的交汇，如何影响着民族文化个性和血缘的纯一。主人公赛义江在动态生存社区对文化开放的认同和民族加于他的保持血缘的纯一所要求的感情限制的冲突，构成深刻的同化与反同化悲剧。

天人相悖的悲剧，主要是人与自然的矛盾导致的。中篇小说《环湖崩溃》触及了这种悲剧。作品中写道，1958年强制牧民定居务农，大量开垦草原，最后大自然反过来报复了人类，使这里农业、牧业都难于发展，天人相悖造成了悲剧。

这里所谈的叙事文学中的几种悲剧形态，在具体作品中当然不是这么清晰、可以明确分类的，它们常常交织地出现在西部文学作品中。

在抒情性文学中，西部的悲剧美大约可以归纳为三种表现。

分合悲剧模式。主要反映中国主体文化中表现为家国同构、天人合一、伦理中心的和合精神核心，与中国西部游动生存状态和动态生存观相冲突产生的。主要表现为离情别绪、离愁别恨的抒发和咏叹，从古到今中国西部诗歌中大量的伤别诗、乡愁诗、闺怨诗都程度不同地感应着这种分合悲剧。具体地看，这些诗虽然写的思亲友、思征夫、思故乡之悲苦，从整体上把握，却反映了和合精神和动态人生冲突的悲苦。为家（尽孝），需要静；为国（尽忠），需要离家赴任或别亲从戎，不能不动。真是自古忠孝不能两全。按家庭伦理的标准，需要在家侍奉尊长，携妻将雏，这是静；按社会历史的标准，需要别家远行，介入社会，从事社会的政治、经济、文化活动，这是动。历史评价和伦理评价总处于矛盾之中，也是自古难于两全。进一步，从静态的家中出去了的，便有思乡之愁，家里也有思游子、征夫之愁。终于没有从家走出去了的，又有人生无法实现之悲苦，向往比家更高的人生境界而不可得的悲苦。于是吟唱出多少感天动地的诗句："可怜无定河边骨，犹是春闺梦里人""感时花溅泪，恨别鸟惊心""但见沙场死，谁怜塞上孤""羌胡无尽回，征战几时归"……于是创造出多少蕴寓着分合的诗歌意象群：离异意象群——牛郎织女；团圆意象群——月亮、鹊桥；距离意象群——流水落花、高天远云；接连意象群——鱼、雁……

兴亡悲剧模式。如果说命运悲剧主要表现为"分、合"二字，那么历史悲剧则主要表现为"兴、亡"二字。"兴、亡"更替是历史循环的必然，一切兴盛都是以衰亡为前提，为代价的，有亡乃兴，兴亡都蕴含着悲剧。西部文艺主要通过各民族创世史诗和古歌咏叹兴亡，如巨型长诗《福乐智慧》《十二木卡姆》《格萨尔王传》等，都从一个宏阔的时空中记叙和感叹了历史的兴亡。写西部征战的抒情散文《吊古战场文》，拉开时空距离，从战后的视点、后人的思考中写战场，表现出深长的历史兴亡的悲怆，将一个已经悄无声息的古战场写得何等惊心动魄。看那描绘中的悲哀："浩浩乎，平沙无垠，敻不见人。河水萦带，群山纠纷。黯兮惨悴，风悲日曛。蓬断草枯，凛若霜晨。鸟飞不下，兽铤亡群……"听那想象中的慨叹："尸填巨港之岸，血满长城之窟。无贵无贱，同为枯骨，可胜言哉！鼓衰兮力尽，矢竭兮弦绝，白刃交兮宝刀折，两军蹙兮生死决。降矣哉？终身夷狄。战矣哉？骨暴沙砾。鸟无声兮山寂寂，夜正长兮风淅淅。魂魄结兮天沉沉，鬼神聚兮云幂幂。日光寒兮草短，月色苦兮霜白。伤心惨目，有如是耶！"亡是一种悲哀，无须多说；兴亡迭替是一种悲哀，亦无须多说；兴，难道也是悲哀么？是的。胜利和成功了，又会有君弃之悲、世弃之悲，忠奸相搏之悲，争名逐利之悲。这些盛世的悲哀，也在西部抒情文学的弦上弹奏出自己的声音。

枯荣悲剧模式。这主要是自然界的枯荣变换、盛衰更替在人们心理上所引起的同构感应，发展为文、为诗，前面已经谈到了。

当代西部文学，特别是新时期以来的西部文学，表现西部悲剧美更为深刻、内在。这最主要表现在，许多作家能够突出西部文化开放、交汇的特点，从世界文化的互渗、古今文化的反差这样一个大背景上来展示西部人精神上的悲剧色彩。如张贤亮笔下的章永璘，除了带着西部知识分子在极"左"思潮下的原罪感，还可以看到俄国民粹主义者的悲剧心理。张承志笔下的精神强者，也常常带着一点西方传统文化中人文主义、浪漫主义的情调，感觉受到"牛虻"的马丁·伊登的影响。王蒙《杂色》中的曹千里和契诃夫笔下的马车夫，在被生活抛弃孤独难耐这一点上不是也有某种精神联系么？

西部文化也有着对悲剧意识的消解因素，那主要是大自然和酒。西部自然即是悲剧感的一个根源，又是悲剧感的一种消解因素。大自然教人强健和旷达，教人宏阔而振作。酒是西部生活的宠物，它不像在中国内地，主要使人超脱避世，从消极一面来消解人生的悲苦。在西部，酒是强壮人世、扬神励志之物，它促使人积极入世，用精神的振作消解生活的悲苦。

现代社会存在着深刻的悲剧感。现代社会悲剧最深刻的原因，在于物质生产和精神生产的失衡，在于社会发展和心理承受失调。我们可以在这两方面看到它和西部悲剧感的感应。

首先，现代社会剧烈动荡，急速发展，造成人的困窘、焦灼，导致种种的文化心理病变。

人生的加速流动造成心理的高频震荡。现代人经常毫无准备便投身于完全陌生的新社区生活和异域文化环境，心理上出现迷惑和震荡，有时甚至使得适应能力崩溃。

现代社会政治、文化、经济在激烈竞争中的高速发展和矛盾纠缠，常常诱发各种突发事件（如战争、案件、破产、政变），临危抉择的超常压力，过度刺激的心理病变，使现代人经常陷入亢奋的痛苦。

现代社会超量的感觉轰炸和过重的信息轰炸，构成人类不胜其苦的心理、感情和思考的噪音。一方面，它迫使人们疲于处理信息、融解感觉，以跟上时代潮流，保持每一秒钟都岌岌可危的一定序号的社会位置；另一方面，它使人的感觉麻木，使人厌恶和排拒信息的接收和处理。"恶心！"这是现代社会青年人中流行的口头语，正是感觉轰炸、信息超重造成的厌恶、疲惫、反感、愤懑等心理病变的一种宣泄。感觉的过度刺激歪曲了我们体察现实的真实程度，认识上的过度刺激干涉了我们思考能力的科学程度。现代人越来越锐敏的感性和越来越深刻的理性都在发生病变。

现代社会随着生存状态的改善，生存正在急剧恶化。噪音、沙化、吸毒、空气污染等各种各样难于控制的生理和社会的恶性病变，对日益减少的资源和财富分配不公造成的抢劫、杀戮、地区争端和局部战争，等等，使人类驻足的这个小小的地球村，到底能够在多长的时空里、多大的程度上承载正在以等比级数增长的人口，这使人们开始缺乏信心和渐增恐慌。现代人对世界的终极思考，悲观远胜于乐观。

这些发生在20世纪末的文化病变，或使人产生现代焦灼感，追求疯狂的介入，或使人产生现代冷漠感，追求病态的超脱。现代人便这样由两条相反的路同时陷进了精神泥潭难以自拔。他们似乎在中国西部发现了希望，辽阔的带有崇高感的大地，没有文化污染的空气是一片多好的精神家园，而西部人旷达中的奋进和奋进中的旷达，无异于两剂疗救现代文化病的药方。这是现代和西部一种逆向的感应。

其次，也许更深刻的现代悲剧，还来自现代经济的活跃、激荡，将人不断地从原有的生存土壤和精神家园中剥离出来，和人的落叶归根的本能要求构成的心理怪圈。生活和情绪愈动荡，心灵愈希冀安静。和生存之根、精神之根的时空距离、文化距离愈遥远，寻根归家、落叶乡土的心情愈迫切。流动产生的流失感，离土产生的归家情，成正比例上升。这是现代人的一种流行病，一种时髦而又深刻的悲哀，是现代人与生俱来、与日俱增而且难以克服的心理怪圈。以此故，当离开乡土的美国黑人作家提出"寻根"这个课题时，很快引起了世界性的回归性流动。当中国知识界也开始感到"寻根"对他们是那么必要，成千上万人的目光便回落到西部。这是现代和西部一种同向的感应。

七

西部人由于空间疏离造成的孤独、人在自然包围中的孤独和现代人由于心灵疏离造成的孤独、人在"物化人"包围中的孤独相感应。

美国有一首西部歌曲叫《孤独的牧羊人》，听这首歌，感受到的是异域情调，但中国西部人、游牧者们听这首歌，旋律是陌生的，情境则是熟悉的，带着西部色彩。这个感觉，是伊犁一位乌兹别克女歌唱家、电视演员告诉我的。还有几位内地的作家、评论家，一道驱车于青海湖畔，当录音机放出《孤独的牧羊人》时，他们经历了一次新的美学发现，他们惊呼：这回真懂得了牧羊人的孤独。

中国西部地广人稀，拥有国土面积的四分之三，只居住着国人总数的十五分之一。这是西部社区疏离的一个原因。更主要的原因，是它以自然经济为主体的农、牧业生产方式。西部的可耕地，很少像东北、华北大平原那样大面积地集中成片。一座海子的边沿、一条小河的谷地，零零星星，疏疏落落为人类的生存提供一点绿地，散布着一些小小的村落。社区不能再扩大，也不能太密集，因为土地母亲狭小的胸脯上，承载不了过多的儿女。他们只有疏散，只有稀释，移人就土，移畜就草，才能生存繁衍。西部的草原虽然辽阔，但牧民赖以生存的牧群，需要比耕地大得多的草场才能养活。如果一个牧民之家有一百头牛羊，起码需要一千亩以上的冬、夏草场，才能构成勉可循环的生物圈和食物链。这是由草原载畜量决定的两座帐房起码的空间距离。西部社区的疏离，在自然经济的农牧业阶段，简直是不可避免的事。人被土地包围着，土地被雪山、草地、戈壁分离着，西部便有了孤独的远村。人被牧群包围着，牧群被草原包围着，牧群越离得远，牛羊越吃得饱，西部便有了孤独的帐房。

这样一种生存状态，使社区与社区、人与人绝少交流，甚至无法交流。这也迫使社区与社区、人与人在无法交流的状态下建立一整套封闭的、内向的、自给自足的生存循环机制，以致慢慢减少了交流的需要，甚至无须交流了。西部的农民、牧民，只有全面掌握衣、食、住、行的本领，才能生存。这使他们常常成为什么都得干、什么都会干、万事不求人，但总体生活水平不高的那种"能人"。年深日久，世代相传，孤独的生存状态不可避免地转化为孤独的文化心理，孤独的情绪氛围。啊，我那西部"孤独的牧羊人"！

这当然不是西部文化的优势，但也在某些方面转化为优势。西部社区疏离所造成的人际孤独，极大地发展了他们与自然直接进行实践交往、思维交流、情绪交感的能力。他们不善表达，善沉思；不善言辞，善意会；不善舞文弄墨，善轻歌曼舞。他们拙于社会交往和人际周旋，却和大自然，和他的牧群、草场、远山、流云，有着自如的对话和细妙的感应。他们在文化传播符号——语言，在现代传播手段——报刊书籍、广播电视、会议文件之外，创造了独处大自然中和外部世界交流的"手语""眼语""心语""情语"。这是孤独给予西部人的天籁。

中国西部的孤独，情况很复杂，其中有的还有生存精神和审美心理上的原因。例如西部的大景观、强者和硬汉，就是造成孤独感的一个原因。大者为美，是那种孤独崇高之美。不论在自然还是人文景观中，大者、强者之间都常常保持着较大的空间距离。相当的距离是它们（他们）生存和具有崇高之美的必要条件，失去距离也就失去了他（它）们的强大，也就失去了他（它）们所以为大美的原因。只有小树、小山才能丛生，密集地挤在一起。大河需要广阔的流域来汇集，大山只有地壳的运动才能隆起，千年老树总是集地之精华，伟岸地、孤独地耸立着。虎是兽中强者，很少成群结队，它们每一只都需要一座山林来养活，它们永远是孤独的山林之王。鹰是禽中强者，也总是孤独地和悬崖峭壁为伍。

人也是如此。君子之交淡如水，精神劳动本来就是孤独的个体劳动。精神上的强者，常常是不同领域里的启蒙者和先行者，不喜欢拥挤在一个空间。所谓"江山代有才人出，各领风骚数百年"，也包含着一个精神的强者常常像大江大河一样，需要广阔的时空流域来化育、汇集的意思。星河灿烂的时代也有，更多的是在历史的淘汰之后，剩下代表性的、孤独的强者，隔着时代的银河相望。别看他们异地异代而处，却可能是真的知音。知音往往并不是日夜厮守在一起的人。

精神强者一般都是深刻的思考者。高强度的思考需要高强度的孤独。在思考进入极致时，思考者常常在心灵上绝尘弃世，实行自我放逐，这使他们很不合群。孤独的弱点加上过人的成就，极易遭到群体的排拒和嫉妒。嫉妒和排拒愈益使他们孤立。更有甚者，精神的强者常常有超前于现状、超前于常人的见解。超前就是一种对现状和后续的批判。于是常常在精神上遭到社会的放逐。异人被诬为异类，这是经常发生的历史的误会。车尔尼雪夫斯基、列宁、鲁迅、毛泽东和他的战友，都有过精神孤立、精神放逐的遭遇。他们可能身在闹市，却感到无人对话、无人交流的孤独。他们甘于寂寞地处在那个万头攒动的主体文化结构之外，执着地探求着。鲁迅的感叹"现在成了游勇，布不成阵""两间余一卒，荷戟独彷徨"，就透露出探求者的孤独。有时这种放逐远远超出了精神的范围，他们便不约而同来到了偏远的西部，来到了政治、军事、经济、文化的"边区"或"圈外"，另行经营一个新的天地。车尔尼雪夫斯基、列宁来到了西伯利亚。一个在那里写下了长篇小说《怎么办？》，画出了自己心中的理想社会彩图；一个在那里写下了论著《什么是"人民之友"以及他们如何攻击社会民主主义者？》，为新制度扫清道路，铺下理论基石。毛泽东和他的战友由南到北，用脚走出一个有力的弧度，纵贯半个中国，直指西部，来到了陕甘宁边区，来到了保安、延安这些西部边城，在这里既用理论，也用政治的、军事的、经济的、文化的行动，实践着一个新社会的雏形。鲁迅虽在上海滩没有来，而他的心早已经和这些在西部边地的人走到了一起，多次在文章和电稿中表示了自己的向往和钦佩。

先行者在后面的大队还没有跟上来时，启蒙者在整个社会还没有启蒙之前，都有一段漫长的孤独，成为精神的流放者、心灵的游历者。这是又一种西部的孤独。我们看到，这种孤独实际上已经将西部和现代连接起来了。

如果从更广阔的思路上来思考现代孤独的成因，除了上面提到的，还有这样一些话题——

现代人整体文化素质的提高和内心生活的丰富，促发孤独。孤独常常是智慧的苗圃，是思考的沃土，是驰骋感情的旷野。现代人也就常常将孤独看成自己的领土，自己的财富。现代人的对话与交流，要求有丰富的信息内容、思考内容、情绪内容。因而一切语言以沉默为渊源，一切交流以沉默的劳动——收纳信息知识、沉思事物的内部联系、蕴集感受和情绪——为土壤。现代人认为，世界上最有资格说话的人、最想说话的人，不是喋喋不休者，不是津津乐道者，而是最为沉默者，亦即最好的思考者。是戴着眼镜的孤独的老猿，而不是穿梭往来的活跃的小猴，生活得更尊严，更有分量。现代人要说话，就要说那些别人和自己在沉默以前说不出来的话，即有信息、有见地的话。这样的话，只有孤独才可能赐给，感情也是这样。按现代知识分子的观点，无可言说无须言说、无可交流无须交流的爱，才是可以独享的爱，至高的爱。——内心世界的丰富，就这样导致了孤独的偏颇。

与此若即若离联系着的，是现代社会群体主体和个体主体的大幅度张扬，孤独和交流同时成为主体张扬的天空。群体认同需要交汇，个体自足则倾倒于孤独。以个体主体为基座的价值观、人生观的流行，造成一批孤独者——一批社会的"独行侠"。请看顾城的诗《远和近》："你／一会看我，一会看云／我觉得／我看你时很远／你看云时很近。"这种类似叔本华论述过的人的隔离感和对人际关系的悲观观念，造成了一批"迷乱和战栗的孤独的个体"（基尔凯戈尔）。

还有前面谈到过的，在现代生活的急剧流动中，个体不断地从原有的环境、原有的群体中被抛甩出来，使人孤独。从外部看，个体与环境、个体与社会群体难于组成的永恒的固定的关系，难于熔冶一体。从内心看，这种人和群体的不断游离，也就迫使人不能不为自己创造一个相对稳定的内部环境，以实现良性的精神循环。这就容易导致内向型、内存型的孤独。而现代文化动荡造成一部分人对生活采取消极的不介入主义，他们以超悲剧、超喜剧、超义愤、超真诚的油滑对待生活。这种现代冷漠、这种现代幽默的别名，正是现代孤独。

现代孤独也是一种逆反。人愈拥挤在城市，社区空间愈密集，愈要开辟和保留自己心灵中的小天地，没有绿地，哪怕在阳台上搞盆栽，也要将它密封起来。社会愈是一体化，人愈希望独处。生活愈是规范化，个性愈要求独立。身体的面对面，常常诱发心灵的背靠背。无法逃离的、频繁的人与人的交往，常常导致对这种"逃离"的罗曼蒂克的神往和对孤独的乌托邦之国的单恋。

现代孤独更是一种自救，尽管这种自救也许是无望的尝试。深知有被既在世界的喧嚣淹没的危险，深知有被既在文化机制操作的危险，仍然决心与世绝缘。这种绝缘的心灵气功，导致人格、诗格、文格的孤独。他们在生活中，在作品中，开始自言自语，本我、自我、超我相互对话，在自己一个人或极小的一群人的心境、身境与语境中，度过孤独的生涯……我们还要说，尽管这种自救非但是无望的挣扎，倒可能是更深的溺水，但的确有人在尝试。

在过去和现代的浪漫主义作品中，孤独一直是被欣赏的。德国的少年维特离开迷人的姑娘而远走，在一个完全生疏的地方生活。中国西部的藏族姑娘在失恋之后，也离开钟情的人去一个遥远的草场，在陌生的孤独中重新生活（《走出荒原》）。在荒漠中行走的西方圣徒和在雪路上磕长头的西部朝圣者，都在经受孤独的洗礼。浪漫主义主要不表现生活实在是怎样的，而表现生活应该是怎样的。这类作品常常将人物从现实社会关系中，从熙熙攘攘的人群里孤独出来，然后将他们放在一个仅仅有他或她或他们几个的主观设计的空旷背景下，去演出一个象征性的故事。这是适合表现孤独的构思。张承志、马原、董立勃笔下那许多时间、空间不具体的生活故事，实际上可以读成作者将人物提取出来，在一个象征的、孤立的环境里做人生的试验，做这种人生试验的公开的报告。

孤独不但深刻地影响到这些作品的构思、结构、人物关系，而且影响到这些作品人物总的神情和格调，影响到这些作品的艺术风格。无论是第五代导演的一些电影，还是第五代作家的一些小说、诗歌，还是第五代画家的一些油画，人物常常处在静观默察之中。无表情或表情起伏不大，无动作或动作幅度不大。对话减少，节奏降速，情节淡化。边地生活（空间距离），原始情调（时间距离），孤独心境（心理距离），从三个维度上将画面拉远，造成某些西部作品的神秘色彩。

我们对此暂且不做评价，但从中看到了西部孤独与现代孤独的某些感应。

八

西部人文山川的阳刚之气和它的人格化，与现代竞争社会所需要的自强精神和它的人格相感应。

应该说，中国传统文化就其主体结构和总的精神来看，不是扬励刚强、扬励进击的文化，而是以柔克刚、以天达人、以阴取阳、以儒和道补法的文化。这在中国的统治阶级文化、意识形态文化中，在宋明以后的历史中，表现得更为明显，更为集中。中国的封建社会，常常是以温情脉脉的家的伦理，与中庸平和的政治权谋来实现专制严酷的国的统治的。中华民族的阳刚气质和自强精神所以能够生生不已地传承发展下来，相当程度上是透过统治阶级文化的缝隙、游弋于意识文化主体的边沿得到实现的。是经由亚文化、副文化的领域，经由文化混交林和次生林带，经由民间文化和多民族文化的留存、传播、交流、再生得到完成的。不用说，我们又想到了西部文化，西部那混交的、次生的、多民族的文化。

有的西方学者从气质上、心理上将人分为统治型、超脱型、依赖型三类。我想不从气质心理学的意义上，而从社会文化学的意义上借用这种分类来阐述一些相关的问题。依赖型的人，缺乏独立自主的精神和阳刚雄强的气质，是不言而喻了。应该特地提到的是，产生于封建社会的自然经济结构，正是这种依赖型人格在中国一代一代生长的土壤。小生产者的自给自足，使他们过多地考虑一家一户的生存，心胸狭隘而目光短浅。低下的生产、生活水平，使他们最大的希望就是为温饱、为生存维持住简单再生产。他们也有牢骚、不满，也造反、起义，甚至像李自成那样夺取政权建立国家，但由于没有自己的政治理想，他们只能依赖他们所反对过的那个阶级——封建地主阶级的政治体制、政治结构和行政方式来"解放"自己。自然，这不可能给历史增添什么新东西，只是改个年号，轮着做皇帝，完成一次又一次历史的重复。即鲁迅说的，由"做奴隶而不可得的时代"争取到"做稳了奴隶的时代"。社会政治理想上的依赖性，决定了他们在历史的发展中只能扮演"被拯救者"的角色。于是"被拯救者心理"成为中国社会习以为常的心理。"被拯救者心理"，就是依赖别人来拯救自己，或依照别人的，甚至敌人的模式来拯救自己。他们从来不相信自己能够拯救自己，能够创造拯救自己、拯救社会的方案。这种"女性化"的人格，不但使中国的小生产者演出了一幕幕"镜花水月"的历史悲剧，而且给中华民族精神注进了多少阴柔萎顿的因子。

超脱型的人格和哲学，在中国源远流长，几千年来一直纵贯于民族精神之中。"隐士"文化可以称为中国的亚文化。"隐士"文艺则在中国艺术精神中占有更重要的地位。避世、出世成为中国知识分子一种重要的人生方式。"见素抱朴，少私寡欲""塞其兑，闭其门"则是中国知识分子追求的一种人生境界。不仅道家，甚至儒家也有这种淡泊之心，孔子就说过"用之则行，舍之则藏"这种恬淡超脱的话。老子提倡"不争，故无尤"，自己弃官而去，出函谷关，隐逸山林，不知所终。庄子主张用返回自然来解决人与社会的冲突，在人与自然的和谐中达到内心的和谐。他认为卷入社会的格杀和名利的角逐是最大的悲哀，主张保持心灵高度的逍遥自由，使自己成为永恒宇宙的一部分。陶渊明不愿"以心为形役"，不齿为五斗米折腰，辞官归田，躬耕南山，采菊东篱，在隐退中获得充实；范蠡、张良功成即身退；介子推烧死也不出山争功领赏；姜太公以直钩钓鱼，表示自己不计实利，听其自然，愿者上钩；等等等等。他们或是为了躲避兵燹灾荒，或是为了躲避政治窘迫，或是心性高洁，或是充满智慧，也有的其实是待价而沽，以"隐"钓誉，情况虽然很不相同，有两点大致是共同的：一是以阴柔为人格境界，一是以曲线来介入社会。老子说得透：不与人相争的人，天下没有人能和他相争。

即便是统治型的人格，在中国以儒为主的文化结构中，也主要不表现为单面的强权政治，而表现为冲和中庸的谋略政治。"谋"是和"阴"联系在一起的。宋太祖在创基立业时，重武轻文，发动陈桥兵变，雄强不可一世，但将江山握于股掌之中后，却以柔克刚，以杯酒释大将兵权，真是君子动口不动手，谈笑间"灰飞烟灭"。朱元璋以强者的手段，打出来个天下，后来却搞开了"深挖洞、广积粮、缓称王"的谋略。刘备觊觎汉室江山久矣哉，却偏躲到后园子里种菜，以示淡泊，曹操煮酒论英雄，一语点破，吓得他筷子掉地，又巧借"闻雷"来掩饰。这一个一个，都是真正的中国式的英雄。庸者为王，弱者胜强，大智若愚，难得糊涂，化百炼钢为绕指柔再以绕指柔熔百炼钢，"不为天下先"，等等，反映出中国政治文化的极高智慧和水平。但毋庸讳言，对民族精神雄强、阳刚的一面不能不是极大的压抑和消解。就连酒这种可以燃烧起人的热情和勇气的男子汉的专利品，进入中国主体文化大背景中之后，也带上了另一种相反的效应，有时竟成为寄托消极出世、退让人生之情的阴性的液体。一代枭雄曹操，竟然不是红脸汉子而是白脸老生，唱起了这样的酒歌："对酒当歌，人生几何"，"何以解忧，惟有杜康"。

西方学者对人气质的这三种分类，两千多年前的孔子用四个字对其做了相近的概括："中行""狂""狷"。"狂"者，志大言大，进取外露，近于统治型的人；"狷"者，性情褊急却又拘谨，"有所谨畏不为"，近于超脱型的人；"中行"者，介于两者之间，"依中庸而行"。孔子说"不得中行而与之，必也狂狷乎"，近于依赖型的人。这一类型的人，被中国以儒家为正统的文化所肯定。

在中国文化的根基儒、道、法三者中，道出世，超脱阴柔。儒入世，却以权谋取胜，仍近阴柔。儒道互补作为中国传统文化的基本结构，实际是一种以柔克刚、以阴补阳的结构。中国也有法家，近于"狂"，近于雷厉风行的统治型，但是在秦汉唐以前就独立成派的，其时是多型文化板块上的百家争鸣的时代。到了汉唐以后，中国传统文化趋于成熟，法家乃被消融、同化于儒道互补的结构之内，只依稀可见其蛛丝马迹而不足以成三足鼎立的一家了。看来，大中国传统文化精神中，特别是近五百年来，阳是受制于阴的。

但是不要忽略，中国自古以来还有西部文化的源流和板块。西部文化在中国从来都属于民间文化，它不可能成为社会的统治文化。西部文化在中国又从来都属于异质文化，所谓"夷狄之邦"的文化，它不可能成为国家的本体文化。因此，它有可能在中原儒道互补的文化圈外，较多地将自己原有的阳刚雄强气质留存下来，成为中国文化中极有活力的一支。它和内地文化气质上的差异，从《资治通鉴·唐纪》记录的一位突厥人的话可见一斑。他说："释老之流，教人仁弱，非用武争胜之术，不可崇也。"他劝他的可汗不学内地仁弱的文化，而要保持"用武争胜"的锐气。这股西部的阳刚之气，在古代曾经对中国文化的发展与改造起过重要的作用。隋唐两代的东西文化交流和南北民族迁徙，曾经怎样激活了民族本体文化内在的生机，使民族文化出现了空前的繁荣发展。历代中原与西北少数民族连绵不断的征战，又怎样促进了中原和西部经济文化的交流，而且强健着我们民族肌体内的雄性精神，这是大家都知道的了。我国宋代以前"尚武"，民族整体形象具有相当的男子汉气质，不能说与此无关。宋以后"尚文"，虽然宋明两代在科学文化方面达到极致，但烂熟了的文明却在相当程度上弱化了民族精神，所谓宋代"雌了男儿"，所谓连石狮子也在狰狞的形象中平添了一点中和之气与微笑之容，恐怕也是事实。这与西部文化在近五百年与内地相对的隔离难道没有联系么？

20世纪的中国进入了现代社会。鸦片战争以来，一百多年挨打的历史、几代受凌辱的创伤，不但使中国人清醒地看到了自己国家在经济上的落后，在政治上的腐败，更使中国人深深感到了我们民族在精神上的雌弱。在各种矛盾交错中急速动荡的现代社会，在知识信息爆炸中剧烈竞争的现代科技与经济，都要求有与之相同步的强者精神和以这种精神铸造的现代人格。没有这种精神和人格，中国在世界民族之林中何以自处！从某种意义上说，一百多年来无数仁人志士所探求的改造中华、振兴中华的伟业，同时也就是重铸民魂、重振雄风的伟业。毛泽东最为赞赏的鲁迅精神，就是敢哭敢笑，没有丝毫奴颜和媚骨的硬汉子精神、民族自尊自强精神。毛泽东倡导和培育的延安精神，也就是自己动手、自己动脑、自己挺直脊梁来拯救自己，拯救民族的自力更生、自强不息精神。共产党所代表的劳动人民,特别是工人阶级,在社会各阶层是最雄强、最刚硬的。因为只有他们一直躬身于社会最基本的实践,一步一步执着地推动着历史巨轮的滚动。从这个意义上我们可以说,新民主主义革命和社会主义革命,包括新时期的改革开放,都是为了焕发,而且已经极大地焕发了我们民族精神中的阳刚之气、雄强之气,彻底去掉民族精神中那种甘于落后、甘受欺凌的女儿态。

这时候,人们重新发现了西部,发现了站立在崇山峻岭、长河落日之间的那位大写的西部男子汉,听见了他那雄强的、高亢的男性之歌——

我是鹰——云中有志!

我是马——背上有鞍!

我有骨——骨中有钙!

我有汗——汗中有盐!

——杨牧《我是青年》

这位西部诗人向世界宣告,西部是骨中之钙,是汗中之盐,是云中之志,古老的西部是铁骨铮铮的青年汉子!

人们用现代的科学技术和现代的科学思维在中国西部发现了地下、地上同时存在的两个富矿。地下的物质矿藏,石油、煤炭、有色金属……;地上的精神矿藏,交汇体、动态感、强者气质……科学家、工程师和艺术家、研究者同时朝这里进发,当欧亚大陆桥就要在阿拉山口接轨的时候,中国西部文学讨论会也正在伊犁边城举行。

原来,西部文化是在剧烈的动态竞争中诞生发展的,以动制静、以阳主阴是本质、本色;原来,西部文化又是多维交汇的,这使它的内在结构中含纳着某种开放体系,能够容受、引进世界各国、周边各地文化中动态的阳刚的因子;原来……文艺学术,作为时代的晴雨表,作为社会最敏感的神经,得风气之先,开始出现了讴歌强者精神、塑造硬汉形象的小小的然而引人瞩目的热潮，并且很快就有了相当的成果。

我在《中国西部文学论》第七章第一节和第九章第二节，以近两万字的篇幅对此做了初步的描述。其大意是，在早期的西部作品中，就已经出现了叙事文学的硬汉子形象系列和抒情文学中的阳刚意象系列，还涉及了内地人的西部化和女性的刚化等极有价值的社会心理现象。张贤亮、路遥、唐栋、李斌奎、张锐、文乐然的一些小说中，硬汉子形象作为主角在驰骋，并且通过人物形象和生活形象、自然形象的交相辉映，洋溢出强烈的对力的呼唤。西部作家勇于在历史长河中流击水的豪迈气质，升华为雄性审美精神流贯全篇，在杨牧、周涛、章德益、昌耀、李老乡、张子选等人的诗歌作品中，则从各自不同的气质出发，经过立意—具象—意蕴这样一个诗化过程，创造出了雄性精神的意象系列：博格达的峰峦、慕士塔格的积雪、伊犁的骏马及其雄魂、天山的鹰和它的雄风、长长的冬日、茫茫的荒原、无边的寂寞、伟大的沉默、苍穹、雪线、流沙、断崖，等等。这些富有力感的意象，是创作和欣赏中力度的契机和脊梁，有着深广的审美启动力。

无独有偶，北京大学中文系教师曹文轩在他开设的"中国80年代文学现象研究"这门很受欢迎的选修课中，也专门用第十一章整整一章论述了"硬汉子形象塑造"问题。这部讲稿与笔者《中国西部文学论》同一年同一个月出版。曹文轩在"阳刚之美是中国80年代文学的主要美学倾向"这一论点的基础上，以西部文学为重点，谈到了硬汉子形象的几种类型（1.外在与内在相统一；2.躯体与精神不对称；3.男性化的女强人）；硬汉子形象活动的几个领域（1.艰难竭蹶的日常生活；2.风云变幻的政治舞台；3.险象丛生的大自然）；硬汉子形象的性格特征和精神标志（1.冷漠外表下储藏着深沉的情感；2.不可摧毁的意志和超出常规的韧性；3. 他们永远是打不败的）；塑造硬汉子形象的艺术手段（1.逼势；2.树立大容量的对立物）等几方面的问题。许多见解与笔者不谋而合，勾勒出西部文学阳刚美的轮廓，但思路更为开阔，材料也较充实，可供我们进一步深究这个问题。

九

西部不是一种读法，现代也不是一种读法。

当我们从西部潮与现代潮的感应的视角来读西部，读现代时，自然更多着眼于他们的联系，他们的优长之处。我们不应该忘记西部是不平衡的，西部的经济是落后的。西部的文化，就结构来说，虽然有它的优势，但由于西部处在漫长的原始形态的自然经济基础上，结构优势并没有迅速地、完全地转化为成果的优势，因而也是较为落后的。

就拿西部的文化结构来说，也要看到，理论上我们可以将一种文化结构从特定时代的文化内容中抽象出来，与另一时代的文化结构作类比，但在生活实际中，这是不可能的。文化结构总是挟带着它所处具体历史时代的经济、政治、思想、文化和实际生活的丰富内容。结构和内容密不可分，落后的内容当然会影响结构优势的发挥和感应。我们对西部与现代文化结构上的感应也就绝对不能理解为两者内容上的沟通。这只是一种精神、气质上的感应，应和。

当代西部文学艺术，作为西部潮与现代潮感应一个表征、一个结晶，情况也很复杂。既然现代潮并不都值得肯定，对这种与现代潮的感应自然也不能全盘肯定。感应并不是模仿、照搬、亦步亦趋地跟踪，对于西部文学中那些脱离生活和历史实际的"伪现代派"现象，我们应持清醒态度。在艺术上，有些感应也未必是成功的。

所有这些，我们都要做具体的、科学的分析。对西部潮、西部文艺的负面，我们不应该无视或忽视，也不应该草木皆兵。我个人始终是将这些负效应，作为一种精神现象、文艺现象在发展过程中的不足来看待的，既严肃地指出，也不全盘否定。

而我们在这篇长文中，也只是从总体趋势上来谈两者的感应。我已经在《西部的沉思》和《中国西部文学论》中指出了西部潮应该注意的问题，将来有机会还要做更深入细致的剖析。但所有这一切，都不会降低我对西部、对西部文艺由衷的热情。

我是一个被西部重新铸造了灵魂的东部人，我在西部第二次诞生。我爱西部如爱我的母亲。我总感到，冥冥之中的夸父是有道理的：西部不应该永远是太阳落下去的地方、光明消失的地方；总有一天，它会光明永驻；也总有一天，这里会升起新的太阳，那便是精神的重振和经济的腾飞。我愿意为此而劳作。我吁请更多的人为此而劳作。

像文章开始时那样，我向诸君再献上一首西部的歌——

  也许你还不了解它，
  它的绿洲，它的黄沙，
  它的牛羊，它的庄稼，
  它的胡杨林如诗如画。
  哦，我说你会爱上它，
  马奶子葡萄，哈密的瓜，
  秋到果园飘芳香，
  春来窗前看杏花。
  啊，走上一走，梦中常思恋它，
  我看上一看，醒时常思念它。
  啊，思恋，
  如醉如痴你会爱上它。
  也许你还不熟悉它，
  它的油海，它的钻塔，
  它的花毯，它的彩裙，

它的林荫道攀越山崖。

哦，我说你会爱上它，

天山的雪莲，伊犁的马，

客到草原有奶茶，

牧民弹起了冬不拉。

啊，走上一走，梦中常思恋它，

我看上一看，醒时常思念它。

啊，思恋，

如痴如醉你会爱上它。

请别忘了，这首歌的题目叫《你会爱上它》。永远别忘了，"你会爱上它"！

1991年春构思，秋草成